Azure OpenAI para aplicaciones nativas en la nube

Diseño, planificación e implantación
de soluciones de IA generativa

Adrián González Sánchez

Acceda a www.marcombo.info
para descargar gratis
contenidos adicionales
complemento imprescindible de este libro

Código: AZURE25

Marcombo

Primera edición original publicada en inglés por O'Reilly con el título *Azure OpenAI Service for Cloud Native Applications*, ISBN 978-1-098-15499-8 ©2024 Adrián González Sánchez.

This translation is published and sold by permission of O'Reilly Media, Inc., which owns or controls all rights to publish and sell the same.

Título de la edición en español: *Azure OpenAI para aplicaciones nativas en la nube*

Primera edición en español, 2025

© 2025 MARCOMBO, S.L. www.marcombo.com
Gran Via de les Corts Catalanes 594, 08007 Barcelona
Contacto: info@marcombo.com

Diseño de portada: Karen Montgomery
Ilustración: Kate Dullea
Traducción y actualización: Adrián González Sánchez
Corrección: Héctor Tarancón
Revisores técnicos: Jonah Anderson, Sergio González y Jorge García Ximénez
Directora de producción: M.ª Rosa Castillo

ISBN: 978-84-267-4035-9
D.L.: B 17128-2025

Impreso en Servicepoint
Printed in Spain

Libro ecológico
Impreso con papel procedente de bosques gestionados de manera eficiente, libre de cloro

Contenido

Prefacio

No puedo ocultar mi emoción. El comienzo de la década de los años 20 fue uno de los momentos más asombrosos de la era tecnológica por lo que supuso en su momento y lo que trajo después. Algunos lo llaman el "momento iPhone" de la inteligencia artificial, y mucha gente está descubriendo ahora el potencial real de la IA. Pero no creo que sea solo eso. Creo que se está entrando en una fase exponencial en la que todos los avances tecnológicos avanzan tan rápido que es difícil seguirles la pista. Pero eso es maravilloso. Varios años de progreso y competencia industrial en apenas unos meses. Lo que a menudo se consideraba imposible (o incluso mágico) es ahora una realidad..., y no ha hecho más que empezar.

Esa sensación de innovación y disrupción total es lo que sentí la primera vez que usé el anteriormente denominado Azure OpenAI Studio (ahora integrado dentro del Azure AI Foundry). Tuve acceso anticipado en mi anterior rol como especialista de IA de Microsoft. Era una versión muy temprana, y definitivamente no era la plataforma, ni las funcionalidades y el nivel de modelos que existen hoy, pero era muy prometedor. No se sabía que este servicio en la nube estaba a punto de convertirse en la superestrella de la era de la IA generativa. Y era una realidad, no un concepto ni un producto futuro. Era algo que se podía utilizar para crear implementaciones al estilo GPT, con diferentes modelos y compensaciones de coste/rendimiento, pero también con una complejidad de implementación y despliegue relativamente baja.

Tras unos meses de pruebas y seguimiento de nuevas funcionalidades, OpenAI lanzó ChatGPT. Boom. Nunca había visto un momento tan viral relacionado con las tecnologías de IA. Incluso en Microsoft, la sensación de ser testigo de algo extraordinario estaba ahí, cada día y cada noche, durante innumerables discusiones "nerd" con mis colegas. El momento clave fue el anuncio de la funcionalidad "chat" en Azure OpenAI Service, que permitió a cualquier empresa probar y desplegar por primera vez una instancia del tipo ChatGPT para sus propios fines. Luego vino Bing Chat (evolucionaría a lo que hoy llamamos Microsoft Copilot). Boom ×2. Fue la primera vez que se vio la combinación de motores de búsqueda clásicos con una experiencia de chat GPT en la misma pantalla... ¡y funcionó! La gente podía obtener una respuesta directa a sus necesidades precisas en lugar de buscar información utilizando palabras clave y tener que determinar la respuesta correcta por sí misma, y lo hacía con un lenguaje sencillo.

Sin palabras clave, sin combinaciones complejas de palabras. Solo pedir información y esperar una respuesta.

Pasaron los meses y empezaron desplegarse las primeras pruebas de concepto con Azure OpenAI. Formaba parte de un equipo de field, por lo que estaba muy cerca de la realidad de los clientes: su comprensión de lo que es la IA generativa, sus casos de uso, sus consideraciones de adopción, etc. También formaba parte de la comunidad de IA de Microsoft, que tenía mucha energía y creatividad para explorar nuevos enfoques, descubrir nuevas arquitecturas y conocer las técnicas y aceleradores más recientes. Créame, no era el único que se sentía afortunado en esos momentos. Era pura energía.

En un momento dado, y supongo que esto se debió a mi formación académica como profesor universitario, sentí que la gran cantidad de información —aunque muy útil para cualquier alumno o adopter (adoptante)— también era un poco abrumadora para cualquier empresa o persona que intentara iniciarse en la IA generativa y el servicio Azure OpenAI. Había mucha demanda por parte de empresas de todo el mundo, y esta tecnología merecía ser adoptada masivamente, de forma segura y responsable.

Fue entonces cuando empecé a esbozar los conceptos principales de una guía técnica para el desarrollo de aplicaciones con Azure OpenAI Service. Al principio, solo era una forma de llevar un registro de todas las URL e información que recopilaba cada día. Después, seguí añadiendo mis notas, basadas en mis propias experiencias de implementación. Por último, seguí cambiando o añadiendo contenido basándome en las preguntas y discusiones recurrentes que recibía de clientes, amigos e incluso familiares.

Era una gran base y sabía que podría convertirse en una guía técnica oficial, o incluso en un libro completo. Decidí hablar con mis colegas de O'Reilly y presentarles el tema. Estas conversaciones me llevaron solo unas semanas. El potencial estaba claro, pero el reto era enorme: crear contenido de alta calidad al nivel de O'Reilly, y de forma oportuna (lo antes posible) para que todos los adopters de la IA generativa pudieran empezar a leer y aprender.

Ha sido una de mis experiencias más desafiantes, pero también gratificantes. Me siento realmente honrado de escribir este libro. Tanta gente de Microsoft en todo el mundo podría haberlo hecho, y por esta razón me tomé la oportunidad muy en serio. Mi principal objetivo era crear algo que incluyera todos los elementos críticos para el aprendizaje de Azure OpenAI Service teniendo en cuenta el contexto —en constante evolución—, mostrando las mejores características y enfoques de implementación, pero sabiendo que pronto habrá otros y una mezcla continúa y cambiante de las funcionalidades y los modelos. Pero eso es parte del encanto, y la razón por la que me gusta tanto este libro y el proceso creativo que hay detrás de él.

Una de las cosas que más me gustan (y espero que a usted también) es la combinación del típico contenido estático de un libro con la interactividad de los repositorios en línea, las referencias a documentación en evolución... y el increíble poder de las entrevistas a invitados. Contar con tal cantidad de talento y conocimientos de un elenco de profesionales de la IA es un auténtico lujo, para ustedes como lectores y ávidos aprendices, pero también para mí como profesional de la IA.

Y qué decir de la posibilidad de trabajar con Marcombo para crear la versión en castellano y catalán de este libro. Un proyecto casi personal y sentimental que me permite acercar parte de mi trabajo a millones de lectores, que se sienten más a gusto aprendiendo en su lengua materna, sin la complejidad ligada a la lectura técnica en el idioma de Shakespeare.

Ahora espero que, si ha decidido empezar a leer este libro, esté listo para explorar cada pieza, desde los aspectos técnicos centrales hasta otros aspectos empresariales y éticos relevantes que le ayudarán durante sus primeros proyectos de IA generativa con Azure OpenAI Service.

Tu vecino (autor) y amigo,

Adrián

Cómo está organizado este libro

El contenido de este libro está organizado de forma que sigue los flujos de trabajo típicos de la adopción de nuevas tecnologías: la comprensión inicial de su potencial, la exploración de implantaciones técnicas, las consideraciones para la operacionalización y los requisitos empresariales. Dependiendo de la empresa y de su nivel de madurez, la secuencia puede cambiar. Por ejemplo, los equipos de IA experimentados tendrán una comprensión más clara de los aspectos empresariales y de la futura operacionalización, y después consolidarán la parte técnica. Independientemente de su contexto y el de su empresa, los siete capítulos del libro deberían cubrir lo que necesita para aprovechar Azure OpenAI Service en sus implementaciones de IA generativa:

Capítulo 1. Introducción a la IA generativa y al servicio Azure OpenAI

Una introducción general a la inteligencia artificial, la IA generativa y el papel de Azure OpenAI Service para implementaciones de nivel empresarial. Ideal si está comenzando su viaje de la IA generativa desde cero.

Capítulo 2. Diseño de arquitecturas nativas de la nube para la IA generativa

Un enfoque descendente para la arquitectura de aplicaciones de la IA generativa basadas en principios nativos de la nube, con los bloques de construcción más relevantes, incluidos los de la nube de Microsoft Azure. El paso previo clave antes de empezar a explorar Azure OpenAI Service.

Capítulo 3. Implantación de la IA generativa nativa de la nube con Azure OpenAI Service

El capítulo central para que explore las diferentes interfaces de Azure OpenAI, incluidos los playgrounds visuales y las API, así como los principales enfoques y patrones de implementación.

Capítulo 4. Capacidades adicionales de la nube y la IA

El complemento perfecto para el tercer capítulo. El lugar al que acudir si desea conocer todas las "piezas" relacionadas, como las bases de datos vectoriales, los motores de orquestación y otros servicios relacionados con Azure.

Capítulo 5. Operacionalización de la IA generativa. Aplicaciones

El capítulo más importante, desde mi punto de vista, si quiere entender lo que significa una implementación de IA generativa en la "vida real". Puede diseñar una arquitectura maravillosa y aprovechar al máximo Azure OpenAI y otros servicios, pero es importante implementar todas las medidas necesarias para asegurar, escalar, proteger y optimizar sus despliegues. Imprescindible si está creando aplicaciones de IA generativa para una empresa.

Capítulo 6. Elaboración de casos empresariales de IA generativa

Aunque domine todos y cada uno de los aspectos técnicos relacionados con sus aplicaciones de IA generativa con Azure OpenAI, deberá hacer que funcione desde el punto de vista empresarial. Esto significa crear casos empresariales sostenibles, respaldados por estimaciones de costes realistas y hojas de ruta de proyectos. Al fin y al cabo, no se adoptará ningún sistema de IA si estos temas no se discuten desde el principio.

Capítulo 7. Explorar el panorama general

Una visión general del estado futuro de los sistemas de IA generativa con la tecnología de Microsoft, junto con entrevistas con algunos de los mejores talentos del sector para ofrecer información clave de la gente sobre el terreno.

Mi objetivo es que esta colección de capítulos le ofrezca una visión de 360 grados de lo que significan hoy en día las implementaciones de IA generativa, lo que le permitirá iniciar sus nuevos proyectos con todos los conocimientos necesarios.

Convenciones que se utilizan

En este libro se utilizan las siguientes convenciones tipográficas:

Cursiva

Indica nuevos términos, URL, direcciones de correo electrónico, nombres de archivo y extensiones de archivo.

`Anchura constante`

Se utiliza para listados de programas, así como dentro de párrafos para referirse a elementos del programa, como nombres de variables o funciones, bases de datos, tipos de datos, variables de entorno, sentencias y palabras clave.

`Negrita de anchura constante`

Se utiliza para llamar la atención sobre fragmentos de interés en bloques de código.

Este elemento significa una nota general.

Este elemento indica una advertencia o precaución.

Uso de ejemplos de código

Si tiene alguna pregunta técnica o algún problema al utilizar los ejemplos de código, envíe un correo electrónico a *info@marcombo.com* y mencione el título del libro en el asunto del mensaje.

Agradecimientos

Gracias a todas las organizaciones y personas involucradas por ayudarme a conseguirlo. A mi esposa Malini, por aguantar tantas noches y fines de semana de escritura continua; al increíble equipo de O'Reilly (Megan, Melissa, Helen, Greg, etc.) por la oportunidad y fascinante metodología; a Marcombo, y especialmente a Jeroni y Rosa, por creer en este este proyecto y apoyar la publicación de este libro en castellano y catalán; a mis colegas de Microsoft por ser una fuente continua de inspiración y conocimiento; a todos los revisores técnicos (bravo Jonah Anderson, Sergio González y Jorge García Ximénez) y entrevistados por su riqueza de conocimientos, y a tantos profesionales y estudiantes de todo el mundo que muestran su interés en este tema increíble. Este libro es para todos ustedes. Disfrútenlo.

Introducción

La inteligencia artificial (por fin) está aquí. Aunque ciertamente ya estaba entre todos, se puede considerar la década de 2020 como el comienzo de una nueva era, más accesible y potente, para la inteligencia artificial moderna.

Si está leyendo este libro, probablemente ya sepa que la IA no es un concepto nuevo. Han pasado varias décadas desde su primera aparición (al menos como concepto, durante una famosísima conferencia universitaria en Estados Unidos (*https://oreil.ly/kk-Ey*), y ahora se puede decir que personas de casi todos los ámbitos de la vida empiezan a comprender el potencial y las consideraciones de la inteligencia artificial. Tras varios veranos e inviernos de IA y ciclos de bombo y platillo, por fin ha llegado la promesa de valor de la IA para las empresas y los particulares. También términos como la IA generativa, los transformers preentrenados generativos (GPT) y los modelos de lenguaje masivo (LLM).

La llegada de herramientas de la IA como ChatGPT de OpenAI, DeepSeek, o Microsoft Copilot están facilitando la interacción entre las personas y los algoritmos. Es más, la ola de IA generativa puede considerarse un elemento democratizador para la adopción de la IA en la corriente principal debido a su valor único para la comunicación basada en el lenguaje natural.

Y esto no es solo para el público en general. Las empresas, los políticos, los gobiernos, los observatorios, las startups, etc., hablan de IA generativa, adoptan la tecnología para mejorar sus servicios a los clientes y ciudadanos, analizan su potencial y piensan en cómo regular la IA.

Esa es la diferencia clave entre antes y ahora: *la conciencia colectiva*. Antes, las capacidades habilitadas por la IA se mantenían entre bastidores (por ejemplo, motores de detección y clasificación de rostros para repositorios de imágenes, procesamiento y generación de lenguaje natural [NLP/NLG] y tecnologías de voz para asistentes personales domésticos). Hoy en día, la mayoría de la gente es consciente de que detrás de una aplicación de tipo GPT hay una "máquina" con capacidades de IA y algoritmos potentes.

¿Y qué viene después de la concienciación? Muchas cosas dependiendo del actor implicado, pero si se observan los patrones típicos de las empresas y startups, sobre todo el aprendizaje y la comprensión de los elementos clave de la tecnología, y una voluntad imparable de adoptar, esto lleva a *la habilitación*, el elemento clave para la adopción. Durante muchos años, la mayoría de las organizaciones no podían aprovechar las potentes tecnologías habilitadas para la IA. Era un privilegio reservado a unas pocas empresas y centros de investigación, una especie de aristocracia de la IA con importantes barreras de entrada para la innovación y la competencia. Pero esto está cambiando, en muchos sentidos, gracias a la computación en la nube.

En las dos últimas décadas, nubes públicas como Amazon Web Services (AWS), Google Cloud Platform (GCP), IBM, Oracle y Microsoft Azure han permitido a empresas de todo el mundo obtener capacidades de infraestructura y, en función del caso de uso, acceder a servicios muy avanzados. En los últimos años, áreas como los datos masivos, la IA y la seguridad han sido las superestrellas y las razones clave para que los adopters se pasen a la nube y aprovechen las capacidades aaS (as-a-service), junto con posibles razones financieras y de escalabilidad.

Desde 2022, las capacidades de la IA generativa han subido repentinamente al escenario. Por ejemplo, Microsoft Azure incorporó Azure OpenAI Service, una plataforma como servicio (PaaS) basada en la nube con capacidades de nivel empresarial para aprovechar las funciones generativas de lenguaje, código e imagen (se verá más información al respecto más adelante). Esta fue la primera y más avanzada opción para los adopters de la IA, con una ventaja competitiva clave de las tecnologías de OpenAI. Pero usted, mi ávido lector, probablemente ya sepa esto. Y por eso está aquí, buscando una forma de aplicar la IA generativa utilizando modelos preconstruidos que se pueden personalizar e integrar fácilmente a través de API (interfaces de programación de aplicaciones) con todas las ventajas de seguridad y moderación que una empresa pueda necesitar.

Ahora es el momento de profundizar en cómo utilizar Azure OpenAI y otros servicios de Microsoft para diseñar, construir e integrar soluciones nativas de la nube que resolverán necesidades empresariales reales, con casos de negocio claros, que le permitirán ofrecer servicios de alta calidad a sus clientes y usuarios. Si está aquí, seguramente comprende las ventajas de la nube, pero necesita algunos conocimientos y orientación adicionales. De eso trata este libro: de la democratización real de la IA (ilustrada en la Figura I.1) para todo el ecosistema de innovación. Usted forma (o formará) parte de él. Utilice este libro para subirse a bordo.

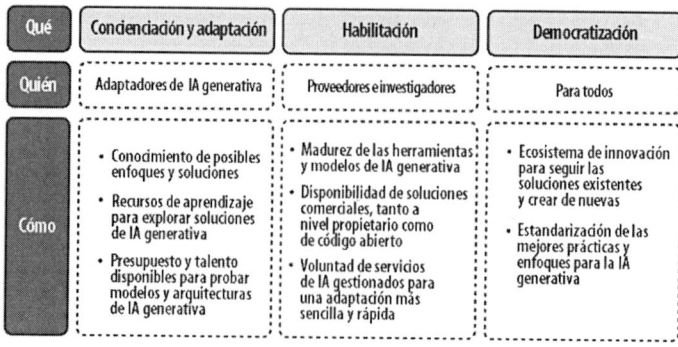

Figura I.1 *La democratización definitiva de la IA.*

Este libro es una guía aplicada que contiene los "bloques de construcción" tecnológicos (servicios gestionados que ofrecen un valor específico y se interconectan con otras aplicaciones, dentro de una arquitectura de IA de extremo a extremo) relacionados con la implementación de aplicaciones habilitadas para Azure OpenAI. Esto significa que aprenderá sobre configuraciones técnicas, pero también sobre temas relacionados con el negocio, como el retorno de la inversión (ROI) y la IA responsable.

Por último, pero no por ello menos importante, la experiencia de lectura se complementará con varias entrevistas a expertos en el Capítulo 7. La IA generativa y Azure OpenAI son temas que evolucionan rápidamente, por lo que quiero que este libro se convierta en un recurso vivo para sus próximos proyectos profesionales.

Introducción a la IA generativa y al servicio Azure OpenAI

Este primer capítulo cubre los fundamentos de la inteligencia artificial (IA) como una forma de contextualizar los nuevos desarrollos con la IA generativa. Incluye algunos temas de tecnología agnóstica que serán útiles para cualquier tipo de implementación, pero se centra en Azure OpenAI Service como el bloque de construcción clave para permitir el desarrollo de aplicaciones nativas en la nube con la IA generativa.

¿Qué es la inteligencia artificial?

Esta sección se centra en la evolución histórica de las tecnologías de IA, y los casos de uso relacionados, como una forma de desmitificar cómo es realmente la IA y de conectar los enfoques tradicionales con las nuevas técnicas y capacidades de la IA generativa.

Cabe empezar por sus orígenes. El término "IA" se acuñó en la década de 1950. Concretamente, el profesor John McCarthy definió la inteligencia artificial en 1955 como "la ciencia y la ingeniería de fabricar máquinas inteligentes". También es justo decir que el profesor Alan Turing introdujo previamente la noción de máquinas pensantes. En 1956, el Dartmouth College acogió la conferencia "Summer Research Project on AI", que tuvo un grupo de participantes de las universidades y empresas más relevantes. Aquella conferencia estuvo dirigida por el profesor McCarthy y otros investigadores de renombre, y fue el inicio del área de investigación de la IA. Desde entonces, ha habido varios ciclos de promoción, decepciones debidas a expectativas poco realistas (períodos a menudo denominados inviernos de la IA debido a la reducción de la financiación y del interés general por los temas relacionados con la IA), expectativas renovadas y, por último, una amplia comercialización de soluciones basadas en la IA, como altavoces con asistentes personales, aspiradoras autónomas inteligentes, etc.

Dicho esto, la IA ha evolucionado mucho durante las dos últimas décadas, pero la realidad es que al principio solo la adoptaron algunas de las empresas más grandes, como Microsoft (no, no necesariamente por su famoso Clippy), Google, Amazon, Uber y otros unicornios tecnológicos. Esa primera oleada de adopción creó una gran base para que pudieran ofrecer estas mismas capacidades como servicios gestionados en la nube a otros adopters de la IA, lo que les dio una clara ventaja competitiva. Esto inició la etapa de democratización de los datos y la IA que estamos experimentando actualmente, en la que empresas más pequeñas están desarrollando o aprovechando servicios basados en la IA, y esas soluciones ya forman parte de nuestro día a día.

Antes de entrar en detalles, demos un paso atrás y analicemos el contexto de lo que es hoy la inteligencia artificial y lo que significa para las empresas y particulares.

Nivel actual de adopción de la IA

El término "adopción de la IA" describe el modo en que las organizaciones de todo el mundo están implantando sistemas de IA o aprovechando las herramientas de la IA de otras empresas. El nivel de adopción de cada empresa depende realmente de varios factores, como la madurez tecnológica, el tipo de organización (grandes o pequeñas empresas, administración pública, startups, etc.), la geografía, etc. McKinsey indica que el nivel de adopción de la IA en 2022 (de su informe sobre el estado de la IA, era del 50 % de todos sus encuestados, con un aumento interesante a nivel internacional, y un aumento aún más significativo para los países en desarrollo. Además, también estiman que la IA podría añadir a la economía mundial generativa el equivalente a entre 2.6 y 4.4 billones de dólares anuales.

Además, el Boston Consulting Group definió el nivel de éxito y madurez de la IA como una combinación de la adopción interna más el conocimiento de la IA dentro de la organización, y solo el 20 % de las organizaciones son realmente pioneras en términos de adopción de la IA. Por último, pero no por ello menos importante, Gartner predice que, para 2025, el 70 % de las empresas identificarán el uso sostenible y ético de la IA entre sus principales preocupaciones, y el 35 % de las grandes organizaciones tendrán un director de IA que dependerá del consejero delegado o del director de operaciones.

Estas cifras demuestran que, aunque el nivel de adopción global está aumentando, sigue habiendo diferencias en la forma en que las empresas utilizan la IA y en su éxito. En próximas secciones se mostrarán múltiples ejemplos de sistemas basados en IA, tanto a nivel tecnológico como de casos de uso.

Las múltiples tecnologías de la IA

Hay diferentes formas de definir la inteligencia artificial, pero la realidad es que no hay una única tecnología bajo el paraguas de la IA. Exploremos las principales tecnologías de la IA:

Aprendizaje automático (ML)

Un tipo de IA que se basa en modelos estadísticos avanzados que aprenden de datos anteriores para predecir situaciones futuras. Pongamos por caso la clasificación de frutas a partir de sus imágenes. Para describir una manzana al sistema, diríamos que tiene una forma algo redonda y que su color es un tono variado de rojo, verde o amarillo. En cuanto a las naranjas, la explicación es similar salvo por el color.

El algoritmo toma estos atributos (basados en ejemplos anteriores) como guía para entender el aspecto de cada fruta. Al ser expuesto a más y más muestras, desarrolla una mayor capacidad para diferenciar las naranjas de las manzanas y mejora en su correcta identificación. Existen multitud de modelos de ML en función del tipo de algoritmo y tarea, pero algunos ejemplos relevantes son los bosques de decisión, la agrupación de k-means, las regresiones y las máquinas de vectores de soporte (nota: si desea explorar esta familia de modelos de IA, eche un vistazo a la hoja de trucos de algoritmos de ML microsuaves, que explica el tipo de tareas de los distintos modelos y sus requisitos de datos).

Aprendizaje profundo (DL)

El aprendizaje profundo puede definirse como un subconjunto del aprendizaje automático, con modelos que se basan en principios de álgebra y cálculo. El carácter diferenciador del aprendizaje profundo es que el algoritmo utiliza una red neuronal para extraer características de los datos de entrada y clasificarlos basándose en patrones para proporcionar una salida sin necesidad de entrada manual de definiciones. El aspecto clave aquí son las redes neuronales. La idea de las redes neuronales viene del hecho de que imitan el funcionamiento del cerebro, como un sistema multicapa que realiza cálculos matemáticos. Con múltiples niveles de algoritmos diseñados para detectar patrones, las redes neuronales interpretan los datos revisando y etiquetando su salida. Si se considera el ejemplo de la fruta, en lugar de tener que proporcionar los atributos del aspecto de cada fruta, hay que introducir muchas imágenes de las frutas en el modelo de aprendizaje profundo. Las imágenes se procesarán y el modelo creará definiciones como las formas, los tamaños y los colores.

Procesamiento del lenguaje natural (PLN)

El PLN combina la lingüística computacional (modelado del lenguaje humano basado en reglas) con modelos estadísticos, de aprendizaje automático y de aprendizaje profundo. Al principio, este tipo de modelos solo estaban disponibles en inglés (por ejemplo, BERT de Google AI), pero la tendencia actual es crear versiones locales o modelos multilingües para complementar otros como el español, el chino, el francés, etc. Dicho esto, el PLN ha experimentado una enorme evolución en los últimos veinte años. Los algoritmos de PLN solían ser específicos para cada tarea, pero las arquitecturas modernas les han permitido generalizarse mejor en tareas diferentes e incluso adquirir capacidades emergentes para las que no habían sido entrenados. Desde la perspectiva de Microsoft Azure, los recursos Azure OpenAI Service y Azure AI Language se basan en modelos de PLN.

Automatización robótica de procesos (RPA)

Se trata de un conjunto de tecnologías que reproducen las interacciones manuales de los agentes humanos con interfaces visuales. Por ejemplo, imagine que trabaja en RR. HH. y tiene que hacer la misma tarea cada semana, que podría consistir en comprobar cierta información relacionada con los empleados a través de una plataforma interna, después rellenar cierta información y, por último, enviar un correo electrónico personalizado. Las herramientas de RPA son fáciles de implementar, reducen la pérdida de tiempo y aumentan la eficiencia interna, por lo que los empleados pueden centrarse en tareas de valor añadido y evitar el trabajo monótono.

Investigación operativa (IO)

La investigación operativa es un área muy importante, a menudo incluida como parte de la familia de las tecnologías de IA, y está muy relacionada con el ML y los enfoques reforzados anteriormente mencionados. La Universidad de Montreal define la investigación operativa como "un campo en la encrucijada de la informática, las matemáticas aplicadas, la gestión y la ingeniería industrial. Su objetivo es proporcionar sistemas automatizados de toma de decisiones basados en la lógica, generalmente para tareas de control u optimización, como la mejora de la eficiencia o la reducción de costes en la industria".

La OR suele basarse en un conjunto de variables y restricciones que guían algún tipo de simulación que puede utilizarse para distintos tipos de actividades de planificación: gestión de la asistencia sanitaria limitada en hospitales, optimización de horarios de servicios, planificación del uso de la energía, planificación de los sistemas de transporte público, etc.

Estas son las principales categorías de las tecnologías de IA, pero la lista puede cambiar en función de la interpretación de lo que significa la IA. Independientemente de los detalles, es importante tener en cuenta estas tecnologías como un conjunto de capacidades para predecir, interpretar, optimizar, etc., basándose en entradas de datos específicas. Veamos ahora cómo se aplican estas diferentes tecnologías de IA a todo tipo de casos de uso, que probablemente aprovechen una tecnología o las combinen en función del enfoque de implementación.

Casos típicos de uso de la IA

Independientemente del nivel de complejidad técnica, existen muchos tipos diferentes de implementaciones de IA, y su utilidad suele depender de los casos de uso específicos que las organizaciones decidan implementar. Por ejemplo, una organización podría decir: "Nos gustaría recibir notificaciones automáticas cuando haya un patrón específico de nuestras cifras de facturación", y desarrollar algún modelo básico de detección de anomalías, o incluso uno básico basado en reglas, y esto podría considerarse una IA. Otras requerirán desarrollos más avanzados (incluida la IA generativa), pero deberán tener una justificación empresarial detrás.

Antes de explorar las consideraciones técnicas y empresariales para una empresa *adopter*, he aquí algunos ejemplos de aplicaciones basadas en IA:

Chatbots

Probablemente esté familiarizado con los chatbots —esos amiguitos que se incrustan en los sitios web—, así como con los bots telefónicos automatizados que permiten a las empresas automatizar su comunicación y atención al cliente. Se basan en capacidades lingüísticas y de PLN que les permiten (con distintos niveles de éxito) comprender la intención de lo que un cliente quiere o necesita, de modo que pueden ofrecerle una respuesta inicial o pistas para encontrar la respuesta final. También reducen la carga que supone para el personal de asistencia responder a las solicitudes iniciales, ya que los chatbots pueden analizar, filtrar y desechar casos en función del tema. La principal ventaja es la automatización y escalabilidad de las actividades empresariales (es decir, hacer más con menos), pero existen retos relacionados con la eficacia de los chatbots para tareas e información complejas. Dicho esto, los chatbots están evolucionando exponencialmente con la llegada de la IA generativa, están pasando de motores tradicionales basados en reglas a asistentes dinámicos capaces de adaptarse al contexto de la conversación.

Sistemas de visión por ordenador

Son aplicaciones de detección y clasificación de imágenes que se basan en tecnologías DL para analizar imágenes y vídeos. Por ejemplo, los dispositivos personales como ordenadores portátiles y teléfonos inteligentes se fundamentan en este tipo de tecnología para desbloquearlos con una imagen de la cara del propietario. La visión por computador también es compatible con el análisis avanzado de vídeo para aplicaciones.

Detección de fraudes

Ampliamente utilizada por las instituciones financieras, la IA puede ayudar a detectar patrones inusuales que pueden indicar algún tipo de uso indebido de los activos financieros, como las tarjetas de crédito. Podría tratarse de la traducción de una tarjeta desde un país remoto, compras inusuales, intentos repetidos de sacar dinero de un cajero automático, etc. Estos sistemas de IA se basan en distintos tipos de tecnologías (PLN, análisis del comportamiento, etc.) y hacen que la vigilancia sea más escalable, lo que permite que los humanos se centren solo en los casos críticos.

Asistentes personales con voz

Integrados a través de smartphones, altavoces, coches (véase el caso de Mercedes con Azure OpenAI), televisores y otros tipos de dispositivos, estos asistentes personales permiten interactuar con usuarios humanos simulando capacidades de conversación. Su uso está muy extendido para reducir la barrera de la accesibilidad (es decir, utiliza la voz y no requiere capacidades visuales, de escritura y lectura) y permite a los usuarios liberar sus manos mientras activan funciones, como apps, reproductores de música, videojuegos, etc. También existen problemas de privacidad relacionados con estos sistemas, ya que pueden actuar de forma puramente reactiva o "escuchar" continuamente las conversaciones humanas.

Personalización del marketing

La verdadera máquina de generar negocio para grandes empresas como Google y Meta. La capacidad de entender primero las características relacionadas con un usuario (su edad, ubicación, preferencias, etc.) y conectarlo con los objetivos comerciales de las empresas que anuncian sus productos y servicios es la característica clave del negocio en línea moderno. Los departamentos de marketing también utilizan la IA para segmentar su base de clientes y adaptar sus técnicas de marketing a estos diferentes segmentos.

Recomendaciones de productos

Empresas como Netflix y Amazon ofrecen recomendaciones de productos basadas en su conocimiento de las necesidades de los usuarios. Si alguien busca equipamiento deportivo, Amazon puede recomendarle productos relacionados. Lo mismo ocurre con los programas de televisión y las películas de Netflix, y otras plataformas de streaming: son capaces de hacer recomendaciones basadas en lo que ha visto anteriormente. Todo se basa en los datos del cliente y en modelos de IA relativamente complejos que se explorarán más adelante.

Robots

Algunos ejemplos son la aspiradora Roomba, las increíbles creaciones de Boston Dynamics, que incluso pueden bailar y realizar tareas complejas, la humanoide Sophia, etc.

Vehículos autónomos

Este tipo de sistema está equipado con distintos conjuntos de tecnologías avanzadas, pero algunos de ellos aprovechan técnicas de IA que permiten a los coches comprender el contexto físico y adaptarse a situaciones dinámicas. Por ejemplo, estos vehículos pueden conducir de forma autónoma sin necesidad de un conductor humano, y pueden tomar decisiones basadas en diferentes señales visuales de la carretera y de otros coches. El piloto automático de Tesla es un buen ejemplo de ello.

Sistemas de seguridad

Esto incluye tanto la ciberseguridad como la seguridad física. Al igual que en la detección del fraude, la IA ayuda a los sistemas de seguridad a detectar patrones específicos a partir de datos, y métricas, con el fin de evitar el acceso no deseado a recursos valiosos. Por ejemplo, Microsoft Copilot for Security detecta patrones ocultos, refuerza las defensas y responde más rápidamente a los incidentes con IA generativa. Otro ejemplo serían las cámaras con IA que pueden detectar situaciones u objetos específicos a partir de las imágenes de vídeo.

Búsqueda en línea

Sistemas como Microsoft Bing, Google Search, Yahoo, etc., aprovechan cantidades ingentes de datos y modelos de IA personalizados para encontrar las mejores respuestas a las consultas concretas de los usuarios. No se trata de un concepto nuevo, pero se ha visto cómo este tipo de sistemas ha evolucionado mucho en los últimos años con las nuevas aplicaciones Microsoft Copilot y Google Gemini. Además, se verán algunos ejemplos de IA generativa y aplicaciones de búsqueda web en el Capítulo 3.

Mantenimiento predictivo

Un caso muy relevante para las aplicaciones industriales, que aprovecha diferentes tipos de datos para anticipar situaciones en las que la maquinaria y los equipos industriales pueden necesitar mantenimiento antes de tener problemas específicos. Se trata de un ejemplo perfecto de comprensión de datos pasados para generar predicciones, y ayuda a las empresas a evitar posibles problemas y abordar las actividades de mantenimiento de forma proactiva.

Obviamente, estas aplicaciones pueden ser transversales o específicas de distintos sectores (por ejemplo, agricultura, sanidad), pero se basan en las mismas piezas tecnológicas. Ahora que ya las conoce, además de sus aplicaciones típicas, cabe centrarse en cómo pueden aprender los modelos de IA, ya que esto será relevante para el tema general de la IA generativa de este libro.

Tipos de enfoques de aprendizaje de la IA

El ser humano empieza a aprender cuando es un bebé, pero la forma en la que lo haga dependerá del proceso que siga. Puede aprender por sí mismo, basándose en sus propias experiencias positivas o negativas. También puede aprender de los consejos de los adultos, que previamente aprendieron de su propia experiencia; esto puede ayudar a acelerar su propio proceso de aprendizaje. Los modelos de IA son muy similares, y la forma de aprovechar las experiencias previas (en este caso, los datos y modelos) depende del tipo de enfoque de aprendizaje del modelo de IA, como se puede ver en la Figura 1-1.

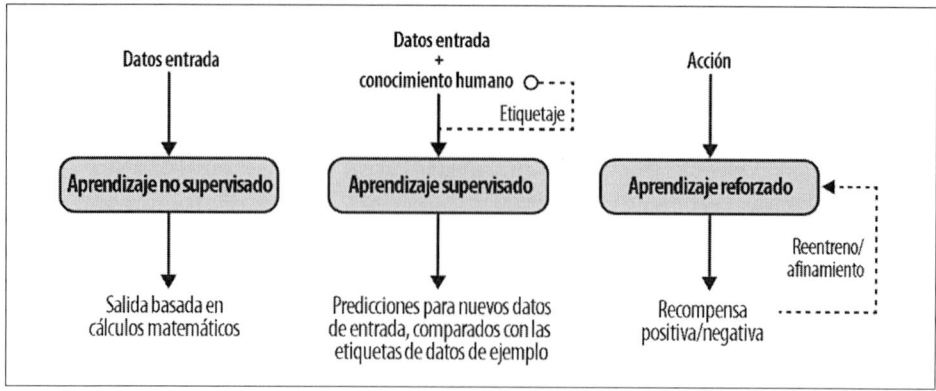

Figura 1-1 *Categorías de aprendizaje de modelos de IA.*

Cabe ver cada enfoque de la Figura 1-1:

Aprendizaje no supervisado

Se basa en técnicas no supervisadas que no requieren la anotación de datos humanos ni apoyo para que los modelos de IA aprendan. Este tipo suele basarse en operaciones matemáticas que calculan automáticamente valores entre entradas de datos. No requiere ningún tipo de anotación, pero solo es adecuado para determinados tipos de modelos de IA, incluidos los utilizados para la segmentación de clientes en el marketing. El rey de las técnicas no supervisadas es lo que se llama "clustering", que agrupa automáticamente los datos en función de patrones específicos y parámetros del modelo.

Aprendizaje supervisado

El aprendizaje supervisado es un tipo de aprendizaje muy importante para las implementaciones de IA. En este caso, los modelos de IA utilizan no solo los datos de entrada, sino también los conocimientos de expertos humanos (expertos en la materia, o PYME) que pueden ayudar a la IA a entender situaciones específicas etiquetando los datos de entrada (por ejemplo, ¿cuál es la foto de un perro? ¿Qué es un patrón negativo?). Suele requerir algún tipo de anotación de los datos, lo que significa añadir información adicional (por ejemplo, una columna adicional para un conjunto de datos basado en tablas, una etiqueta para un conjunto de imágenes). En general, se trata de un proceso manual y hacerlo bien repercutirá en la calidad de la aplicación de la IA, ya que es tan importante como la calidad del propio conjunto de datos.

Aprendizaje reforzado

Por último, están los métodos de aprendizaje reforzado (RL). Sin entrar demasiado en detalles técnicos, el principio fundamental es la capacidad de simular escenarios y proporcionar al sistema recompensas positivas o negativas en función del resultado obtenido. Este tipo de patrón de aprendizaje es especialmente importante para la IA generativa debido a la *aplicación del aprendizaje por refuerzo a partir de la retroalimentación humana* (RLHF) a Azure OpenAI y otros modelos. Concretamente, el RLHF se reentrena en función de las recompensas de la retroalimentación humana (es decir, revisores con conocimientos temáticos específicos). Se explorarán los detalles en el Capítulo 3, ya que el RLHF es muy relevante para la creación de modelos Azure OpenAI.

Los modelos aprenden de diferentes maneras dependiendo de la arquitectura interna, el tipo de fuentes de datos y los resultados esperados. A efectos de este libro, es importante diferenciar y comprender las diferencias de alto nivel, ya que se referirán algunas de ellas en el contexto de la IA generativa.

La IA generativa ha llegado para quedarse, así como Azure OpenAI Service, ya es un factor clave para su adopción y democratización. Se explorarán ahora los fundamentos de la IA generativa para entender cómo funciona y qué puede hacer por usted y su organización.

Acerca de la IA generativa

El término "IA generativa" se refiere al campo de la inteligencia artificial que se centra en crear modelos y sistemas que tengan la capacidad de generar nuevos contenidos, como imágenes, texto, música, vídeos, diagramas, etc.

Como ya sabrá, este término ha cobrado mucha relevancia en los últimos años, pero no es nuevo. Se puede hablar de modelos probabilísticos en los años 90, los modelos de variables latentes y los modelos gráficos, que pretendían captar y generar cierta distribución de datos. Además, los recientes avances en el aprendizaje profundo, específicamente en la forma de redes generativas adversariales (GAN) y autoencoders variacionales (VAEs), han contribuido significativamente a la popularización y el avance de la IA generativa.

El término "IA generativa" ha cobrado fuerza a medida que los investigadores, las empresas y los profesionales han empezado a explorar el potencial de estas técnicas para generar resultados realistas y creativos. El resultado es ahora evidente, ya que la IA abarca una amplia gama de aplicaciones y técnicas, como la síntesis de imágenes, la generación de textos, la generación de música, etc. Obviamente, se trata de un campo en evolución y tanto el mundo académico como la industria siguen innovando.

Como puede verse en la Figura 1-2, la capacidad de generación puede considerarse una extensión de otros tipos existentes de las técnicas de IA, que están más orientadas a describir, predictaminar o prescribir patrones de datos, o a optimizar escenarios específicos. Las técnicas avanzadas de IA, como la IO y la IA generativa, permiten pasar de la "mera comprensión" a la toma de decisiones y acciones automatizadas.

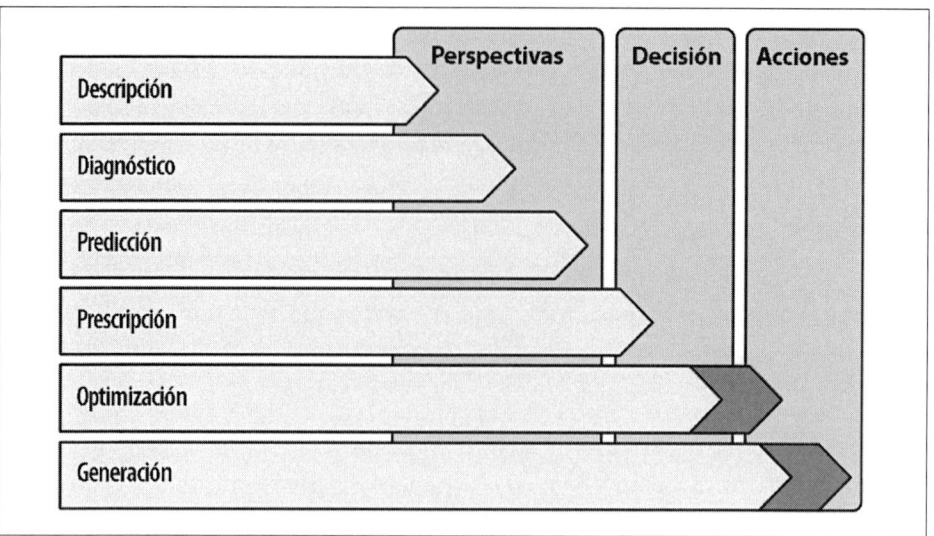

Figura 1-2 *Tipos de capacidades de la IA.*

Desde un punto vista técnico, estos modelos funcionan de una manera muy particular. En lugar de "solo" predecir un determinado patrón para una entrada de datos (por ejemplo, pronosticar la prima de seguro ideal para un cliente concreto), generan varios resultados de una instrucción específica. La interacción con el modelo generativo de IA se produce en forma de pregunta-respuesta, y esto incluye tanto instrucciones directas de humanos (basadas en instrucciones de lenguaje natural) como acciones automatizadas.

El término "ingeniería de instrucciones" ha surgido más recientemente en el contexto del PLN y el desarrollo de modelos lingüísticos. Aunque no hay un origen específico ni un momento definitivo en el que se acuñara el término, ha ganado popularidad como forma de describir el proceso de diseño y perfeccionamiento de las instrucciones para obtener las respuestas deseadas de los modelos lingüísticos.

La ingeniería de instrucciones consiste en elaborar cuidadosamente las instrucciones que se dan a un modelo lingüístico para obtener el resultado deseado. Incluye la selección de la redacción, la estructura y el contexto adecuados para guiar al modelo hacia la generación de la respuesta deseada, o la realización de una tarea específica. En la actualidad se están desarrollando métodos sistemáticos para diseñar instrucciones eficaces, ajustar los modelos a tareas específicas y mitigar los sesgos o comportamientos no deseados en la generación del lenguaje.

De la dinámica pregunta-respuesta mencionada anteriormente, como se puede ver en la Figura 1-3, *el prompt* es la pregunta, y la respuesta se denomina *compleción*. El término "completion" en el contexto del PLN y los modelos lingüísticos se refiere a la generación o predicción de texto que completa una pregunta o entrada dada, y su uso se fue extendiendo a medida que se desarrollaban modelos más grandes y potentes, como el GPT de OpenAI. En resumen, en los modelos lingüísticos el término "completion" surgió de la evolución del campo de los modelos lingüísticos, lo que ha reflejado la capacidad de los modelos para generar o predecir texto que rellena o completa un determinado contexto o indicación.

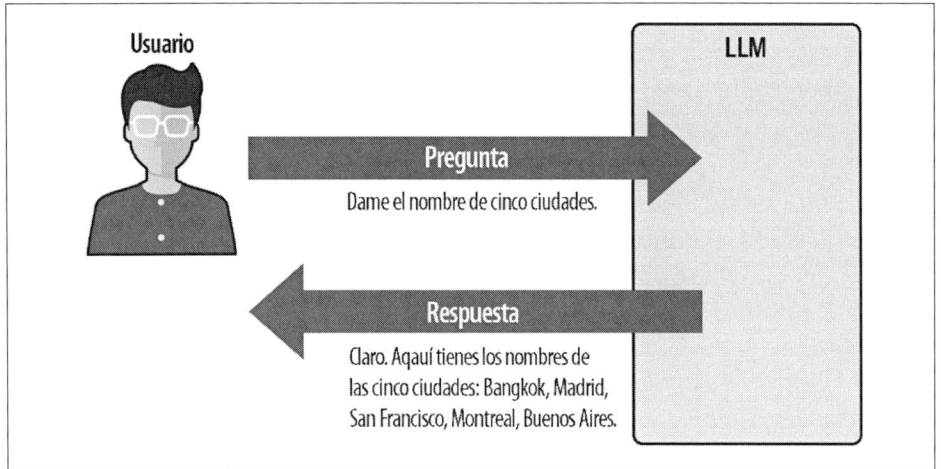

Figura 1-3 *Preguntas y respuestas (prompts y completions).*

La IA generativa es un nuevo tipo de inteligencia artificial, y su principal ventaja para una amplia adopción es la capacidad de permitir la comunicación entre los usuarios y los modelos de IA generativa a través de preguntas y respuestas en un lenguaje natural. Esto cambia las reglas del juego, pero cabe ver ahora el principal tipo de capacidades que se pueden obtener de estos modelos.

Capacidades principales de la IA generativa

Es cierto que el lenguaje y la información basados en texto son un aspecto clave de la IA generativa. Sin embargo, las indicaciones basadas en el lenguaje pueden servir para otros fines. Las empresas y los investigadores trabajan en varias corrientes:

Lenguaje

Además de la funcionalidad básica de tipo ChatGPT, con preguntas y respuestas entre el modelo de IA y el usuario humano, hay otras tareas relacionadas que se basan en la lingüística, pero van un paso más allá. Qué pasaría si se pudiera utilizar el lenguaje como catalizador de creación de:

Código

Técnicamente, un lenguaje de programación es solo eso..., un lenguaje. Los LLM son buenos manejando el inglés o el español, pero también lo son entendiendo y generando código, y manejando Java, Python o C++ como cualquier otro idioma hablado. Puede que esto no sea intuitivo, pero tiene sentido tratar los lenguajes de programación como cualquier otro lenguaje. Y eso es lo que hace la IA generativa.

Melodías

Basándose en notas musicales, los LLM pueden generar melodías al tiempo que generan frases regulares. El potencial de la IA generativa en este ámbito está aún por explorar, pero muestra resultados prometedores para la creación musical.

Letras

Otro ejemplo de lingüística, las letras de las canciones pueden construirse a partir de criterios específicos explicados mediante un prompt, en el que los usuarios pueden especificar el tipo de palabras, la inspiración, el estilo, etc.

Razonamiento

Los modelos de razonamiento, originalmente lanzados como la serie O de OpenAI, son modelos que logran un rendimiento cuantitativo superior gracias a un proceso multipaso que permite analizar tareas complejas y solventarlas paso a paso. En líneas generales, son modelos más costosos y lentos que los de lenguaje, con aplicaciones diferentes.

Imagen

El principio de la creación de imágenes es sorprendentemente intuitivo: escribir la descripción (con un lenguaje natural sencillo) de una imagen potencial, para incluirla como parte del "prompt", y luego esperar a que el motor generativo de la IA devuelva uno, o varios resultados, que coincidan con ese "prompt" basándose en su propia interpretación con las imágenes consumidas anteriormente. Este tipo de capacidad es muy interesante para las actividades creativas y de marketing, en las que los profesionales pueden aprovechar las herramientas de generación de imágenes como fuente de inspiración. Un buen ejemplo de ello es Microsoft Designer, o las capacidades de creación de imágenes de Microsoft Copilot.

Audio

Imagine una tecnología que le permita grabar su propia voz durante unos minutos y luego reproducirla y replicarla para el fin que desee. Una especie de licencia de voz escalable que aprovecha los datos de audio para detectar patrones y luego imitarlos. Hay sistemas que incluso pueden generar música y otros sonidos (por ejemplo, con la integración de Microsoft Copilot con la aplicación basada en IA de Suno creación musical).

Vídeo

Al igual que con la generación de imágenes, la entrada puede ser una indicación que describa escenas específicas con diferentes niveles de detalle, para las que el modelo entregará una escena de vídeo de acuerdo con estos detalles. Un buen ejemplo sería OpenAI Sora.

Otros

Las capacidades generativas no se limitan únicamente a estos formatos y tipos de datos. De hecho, existen aplicaciones de IA generativa para crear datos sintéticos, generar compuestos químicos, etc.

Estas son solo algunas de las capacidades que ofrece la IA generativa. Hoy en día, tanto el lenguaje como el razonamiento, las imágenes y los vídeos tienden a converger gracias al concepto de multimodalidad y nuevos modelos que agregan todas las capacidades. Son bastante impresionantes, pero sin duda no son el último paso de la nueva era de la IA, ya que hay actores muy relevantes que se están asegurando de que así sea. Cabe ver a continuación quiénes son los principales contendientes.

Actores relevantes de la industria

Aunque este libro se centra en Azure OpenAI Service, que está relacionado tanto con Microsoft como con OpenAI, es importante comprender el panorama competitivo de la IA generativa. Como ya sabe, este campo está siendo testigo de importantes avances y peticiones. Los investigadores y las organizaciones trabajan activamente para desarrollar modelos y algoritmos innovadores que amplíen los límites de las capacidades de la IA generativa. He aquí algunos ejemplos de actores relevantes que aceleran la competición:

OpenAI

Probablemente el actor más importante de la ola de la IA generativa. Ha creado tanto herramientas propias, como ChatGPT, como otros proyectos de código abierto, como Whisper. Los orígenes de OpenAI se remontan a diciembre de 2015, cuando fue fundada como organización sin ánimo de lucro por Elon Musk, Sam Altman, Greg Brockman, Ilya Sutskever, John Schulman y Wojciech Zaremba. Su misión es garantizar que la inteligencia artificial general (AGI) beneficie a toda la humanidad.

OpenAI se centró inicialmente en realizar investigaciones y publicar artículos en el campo de la inteligencia artificial para fomentar el intercambio de conocimientos y la colaboración. En 2019, OpenAI creó una filial con ánimo de lucro llamada OpenAI LP para conseguir financiación adicional para sus ambiciosos proyectos. El objetivo de la empresa es desarrollar y desplegar una AGI que sea segura, beneficiosa y esté alineada con los valores humanos. Su objetivo es crear tecnología de IA de vanguardia garantizando, al mismo tiempo, un uso responsable y ético de la misma. Han democratizado el acceso a diferentes tipos de modelos de IA:

- *Modelos GPT conversacionales*, con su conocida aplicación ChatGPT, que se basa en modelos lingüísticos de IA. Se basa en la arquitectura GPT (*generative pre-trained transformer*), que es la de modelos lingüísticos de última generación conocidos por su capacidad para generar texto similar al humano y participar en interacciones conversacionales. ChatGPT está diseñado para comprender y generar respuestas en lenguaje natural, lo que lo hace idóneo para aplicaciones de chat. Se ha entrenado con una gran cantidad de datos de texto de Internet, lo que le permite adquirir conocimientos y generar respuestas coherentes y contextualmente relevantes.

- *Modelos de IA generativa* para texto (GPT-5, GPT-4o y otros), código (Codex), imágenes (DALL-E 3), vídeos (Sora), y razonamiento (o1, o3-mini, etc.). Algunos de estos modelos están disponibles, como se verá en el Capítulo 3, a través de Azure OpenAI Service.

- *Modelos de voz a texto de última generación*, como Whisper, disponible como repositorio de código abierto, pero también como API de pago de OpenAI. Además, los modelos Whisper están disponibles a través de Microsoft Azure, junto a modelos voz-a-voz como el Realtime API de OpenAI.

Microsoft

Junto con OpenAI, el otro actor clave y uno de los primeros en adoptar las tecnologías de la IA generativa, gracias a la inversión multimillonaria en OpenAI y a la asociación entre ambas empresas. Además de Azure OpenAI Service (el tema principal de este libro, que se verá en profundidad en los próximos capítulos), Microsoft ha adoptado los LLM como parte de su pila tecnológica para crear una serie de copilotos de IA para todas sus soluciones de productividad y en la nube, incluyendo Microsoft Copilot. Además, han lanzado los modelos pequeños de lenguaje y multimodales como Phi-4, lo que ha establecido un nuevo estándar para la industria desde el punto de vista del tamaño/rendimiento. Se estudiarán más detalles en los próximos capítulos, pero la estrategia de la empresa se ha convertido en AI-first, con un gran enfoque en la IA generativa y la entrega continua de nuevos productos, plataformas, características e integraciones.

Hugging Face

Hugging Face es una empresa tecnológica especializada en PLN y aprendizaje automático. Es conocida por desarrollar la biblioteca Transformers, que proporciona un marco potente y flexible para entrenar, ajustar y desplegar varios modelos de PLN. El objetivo de Hugging Face es democratizar y simplificar el acceso a modelos y técnicas de PLN de última generación. Fue fundada en 2016 por Clément Delangue y Julien

Chaumond. Inicialmente, la empresa comenzó como un proyecto de código abierto con el objetivo de crear una plataforma impulsada por la comunidad para compartir modelos y recursos de PLN. Su Hugging Face Hub es una plataforma para compartir y acceder a modelos pre   entrenados, conjuntos de datos y procesos de entrenamiento. El hub permite a los usuarios descargar e integrar fácilmente diversos recursos de PLN en sus propias aplicaciones, lo que lo convierte en un valioso recurso para los desarrolladores e investigadores. Además de sus contribuciones de código abierto, Hugging Face ofrece productos comerciales y servicios. Sus modelos están disponibles a través de Azure AI gracias a la corporativa entre ambas empresas (*https://oreil.ly/eR8a0*).

Meta

Anteriormente conocida como TheFacebook y Facebook, Meta es una empresa multinacional de tecnología centrada en los medios sociales, la comunicación digital y las plataformas tecnológicas. Fue fundada por Mark Zuckerberg, Eduardo Saverin, Andrew McCollum, Dustin Moskovitz y Chris Hughes en 2004. En los últimos años, han creado una estructura organizativa de IA muy potente, con investigadores de IA relevantes y significativas contribuciones de IA de código abierto. Han publicado varios modelos, incluidos sus LLM más recientes, Llama 3 y CodeLlama, una interesante opción centrada en los datos con un buen rendimiento (basado en puntos de referencia del sector) y menores requisitos informáticos que otras soluciones existentes. Los últimos modelos también están disponibles a través de Microsoft Azure, con nuevas funciones para afinarlos y evaluarlos a través de Azure AI Foundry, como parte de la exclusiva asociación Meta-Microsoft, que posiciona a Microsoft Azure como el proveedor en la nube preferido para los modelos de Meta.

Mistral AI

Empresa francesa especializada en inteligencia artificial. Fue fundada en abril de 2023 por investigadores que anteriormente trabajaron en Meta y Google DeepMind. Mistral AI se centra en el desarrollo de modelos lingüísticos generativos y destaca por su compromiso con el software de código abierto, en contraste con los modelos propietarios. Sus modelos Mixture of Experts (MoE) están estableciendo el estándar para modelos lingüísticos más pequeños, y están disponibles a través del catálogo de modelos Azure AI, incluido el modelo Mistral Large o Mistral OCR.

Databricks

Una plataforma de inteligencia de datos (disponible como servicio nativo en Microsoft Azure) que ha lanzado sus propios LLM, incluido un modelo inicial de código abierto llamado Dolly 2.0, entrenado por sus propios empleados, y el primer LLM de código abierto con fines comerciales. En 2024, lanzaron nuevos DBRX modelos (versiones base y de instrucción), también disponibles a través del catálogo de modelos Azure AI.

Google

Google es otro competidor clave y uno de los innovadores de IA más relevantes. Su plataforma Google Cloud Platform (GCP) introdujo nuevas funciones basadas en IA en Google Workspace y G-Suite, y la plataforma Vertex AI de Google Cloud se utiliza para crear y desplegar modelos de aprendizaje automático y aplicaciones de IA a escala. Al igual que Microsoft Azure, Google Cloud ofrece herramientas que facilitan a los desarrolladores la creación con IA generativa y nuevas experiencias impulsadas por IA a través de su nube, incluido el acceso a herramientas de IA generativa de bajo código. Por último, Google lanzó Gemini (antes conocido como Bard) como alternativa a ChatGPT de OpenAI y Microsoft Copilot.

NVIDIA

Pionera en la IA generativa, que ofrece una plataforma completa que permite la innovación y la creatividad para resolver retos complejos. Su plataforma incluye computación acelerada, software de IA esencial, modelos preentrenados y fundiciones de IA. Desde el punto de vista de Microsoft, existe una creciente colaboración entre ambas empresas, que incluye la disponibilidad de su servicio de fundición de IA generativa en Microsoft Azure y la inclusión de modelos de IA de NVIDIA en el catálogo de modelos de IA de Azure.

Anthropic

Una empresa de IA fundada por antiguos empleados de OpenAI. También tienen su propio bot de estilo ChatGPT, llamado Claude, accesible a través de una interfaz de chat y API en su consola de desarrollador. Claude es capaz de realizar una gran variedad de tareas conversacionales y de procesamiento de texto manteniendo un buen grado de fiabilidad y previsibilidad. Sus modelos Claude están disponibles a través de una API.

Amazon Web Services (AWS)

AWS tardó algún tiempo en lanzar productos relacionados con la IA generativa, pero recientemente anunció su plataforma AWS Bedrock, un servicio de IA fundacional para conectarse directamente con modelos de IA generativa. Ofrecen sus propios modelos y otros de terceros, como Cohere o Anthropic.

IBM

IBM anunció su nueva plataforma WatsonX, que incluye su propio catálogo de modelos, un entorno de laboratorio/juego e integraciones habilitadas para una API.

Cohere

Una empresa que da prioridad a los LLM, con su propia oferta de modelos lingüísticos y su chatbot de productividad Coral, que funciona como asistente de conocimientos para las empresas.

En la Figura 1-4 se puede ver la evolución exponencial del mercado de la IA generativa con una cronología de nuevos modelos por empresa, especialmente después del lanzamiento de ChatGPT en 2022, con un 2023 repleto de lanzamientos de modelos y plataformas.

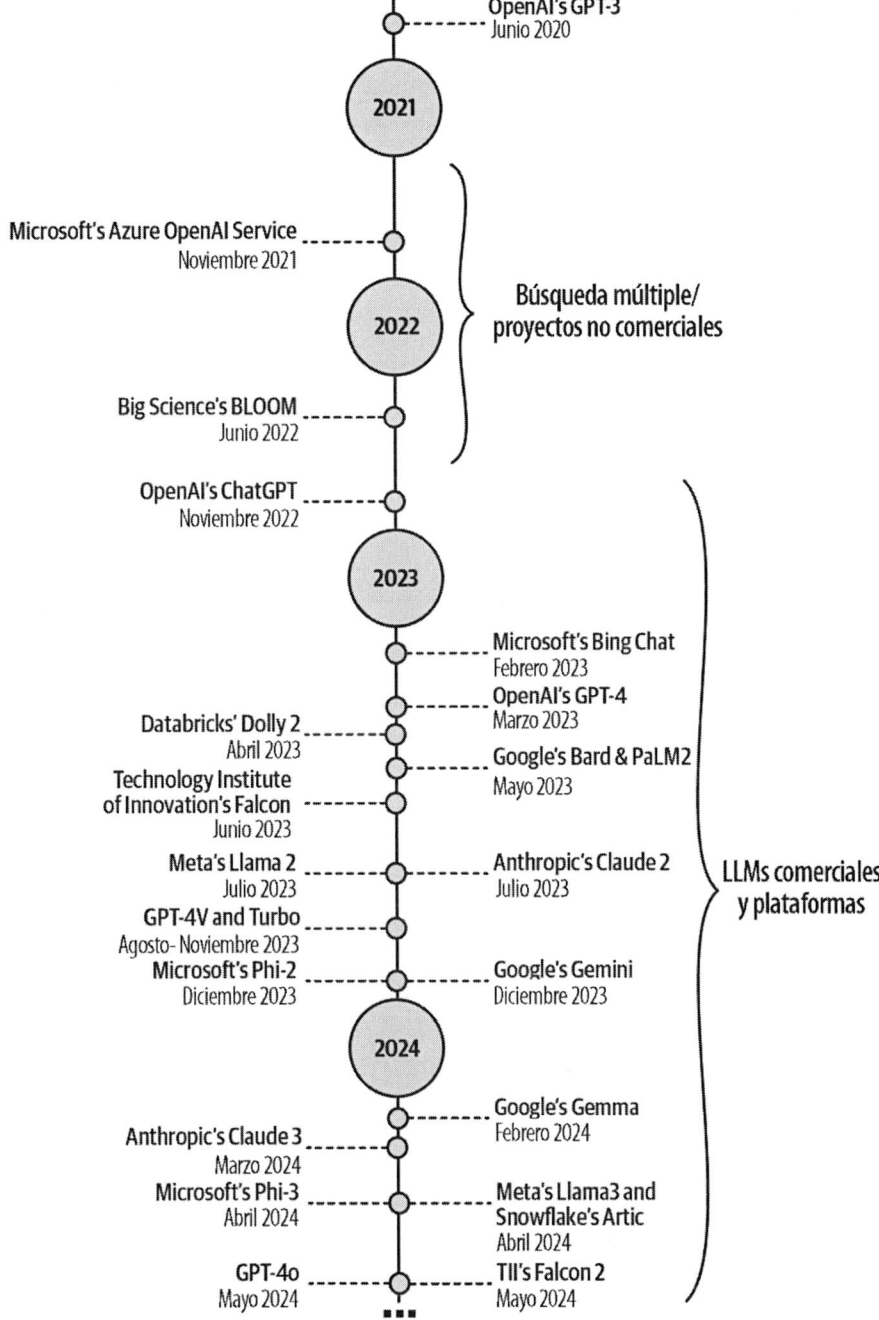

Figura 1-4 *Cronología simplificada de la IA generativa.*

Esta cronología es una versión muy simplificada de los avances y lanzamientos de distintos equipos de código abierto y otras empresas. Para más detalles, tanto el informe sobre el *Estado de la IA 2024* como el Informe sobre el *Índice de IA de Stanford* contienen multitud de datos sobre modelos de investigación y comerciales, así como sobre otros actores relevantes que no se han mencionado aquí. La lista de innovaciones en la IA generativa evolucionará sin duda en los próximos meses y años, y las futuras implementaciones de modelos existentes como Llama 4 de Meta y GPT-5 y o3 de OpenAI se centrarán probablemente en la eficiencia de los modelos.

Cabe ver ahora por qué la IA generativa es un tipo especial de inteligencia artificial, y explicar un nuevo concepto llamado modelos de fundamentos, que es el diferenciador clave cuando se compara con los modelos lingüísticos tradicionales.

El papel clave de los modelos fundacionales

Hay varias razones por las que la IA generativa es una disrupción total. La percepción de un nivel de rendimiento nunca visto es una de ellas. La capacidad de interactuar utilizando un lenguaje sencillo para enviar ciertas instrucciones e interpretar los resultados es otra. Sin embargo, uno de los aspectos fundamentales para que la IA generativa aporte el valor que se ve hoy en día es la noción de *modelos de base*.

Los modelos de base son modelos preentrenados con una gran cantidad de información (por ejemplo, LLM) capaces de realizar tareas muy diferentes. Esto es algo nuevo, ya que los modelos tradicionales de IA/PLN se centran en tareas unitarias, un modelo específico por tarea (por ejemplo, traducción de idiomas).

Por ejemplo, los modelos Azure OpenAI como GPT-5 y GPT-4o pueden hacer muchas cosas aprovechando un solo modelo. Pueden realizar diversas tareas relacionadas con una capacidad generativa específica, como texto/lenguaje, y ayudarle a analizar, generar, resumir, traducir, clasificar, etc., todo ello con un solo modelo. Además, si los modelos son capaces de manejar distintos tipos de entradas al mismo tiempo, como texto e imagen, son calificados como *modelos multimodales* (por ejemplo, GPT-4V). Puede ver las principales diferencias en la Figura 1-5.

Este enfoque flexible ofrece múltiples opciones para el desarrollo de nuevos casos de uso, y más adelante (en los Capítulos 2 y 3) verá cómo Azure OpenAI facilita la configuración, las pruebas y el despliegue de estos modelos básicos. Pero ¿qué representa en términos de la disrupción de la IA? Cabe ver primero una de las razones fundamentales por la que la IA generativa y empresas como OpenAI acapararon tanta atención en los últimos años.

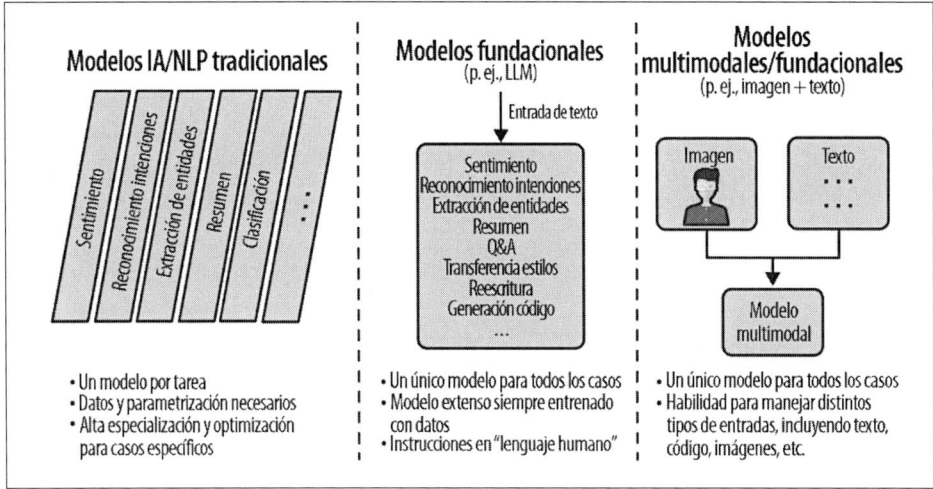

Figura 1-5 *La IA tradicional frente a los modelos fundacionales.*

El camino hacia la inteligencia artificial general

Antes de profundizar en la parte central de este libro, es importante contextualizar todas estas innovaciones de dentro del estado general de la inteligencia artificial, y los debates actuales sobre *inteligencia general artificial* (AGI) debido a las inesperadas capacidades de GPT-4 y otros LLM posteriores.

Es posible que recuerde algunas referencias cinematográficas a lo que mucha gente imagina como inteligencia artificial: Skynet, Ultrón, *Yo, Robot*, etc. Todas ellas mostraban algún tipo de inteligencia superior, normalmente representada por fuertes y peligrosos robots humanoides que evolucionan con el tiempo, y que planean de alguna manera reemplazar o incluso destruir a la raza humana. Pues bien, aunque el propósito de este libro no sea mostrar una visión ingenua de lo que es la IA y sus capacidades, empezaremos por desmitificar y aclarar el nivel actual de desarrollo de la inteligencia artificial para que todo el mundo pueda entender dónde estamos y cuáles son las expectativas realistas de un sistema de IA. A tal efecto, he aquí tres tipos de IA en función de su alcance y nivel de inteligencia:

IA estrecha (narrow)
   El tipo actual de las capacidades que ofrecen los sistemas y tecnologías de la IA. Básicamente, se trata de una IA que puede obtener una muestra relativamente grande de datos pasados y, a partir de ahí, generar predicciones para tareas muy específicas, por ejemplo, detectar objetos a partir de imágenes nuevas, reconocer personas a partir de voces de audio, etc.

IA general (o inteligencia general artificial)

El próximo objetivo de los investigadores y las empresas de IA. La idea es generalizar el proceso de entrenamiento y el conocimiento que genera para la IA, y aprovecharlo en otros ámbitos. Por ejemplo, ¿cómo hacer que un asistente personal con IA sea consciente de los cambios de contexto? ¿Y adaptar lo aprendido a las nuevas situaciones? Esto no es 100 % factible hoy en día, pero es probable que ocurra en algún momento.

Súper IA

El tipo de inteligencia artificial que las películas y los libros muestran continuamente. Sus capacidades (cognitivas, físicas, etc.) son muy superiores a las humanas, y en teoría puede superarlas. Sin embargo, este tipo de superinteligencia es actualmente una visión futurista de lo que podría ser una inteligencia artificial. Todavía no es factible y probablemente no sucederá en los próximos años, o incluso décadas (esta opinión será diferente según a quién se pregunte).

Volviendo al tema de la IA generativa, los debates actuales se centran en la etapa actual o el tipo de inteligencia artificial. Pero la verdadera pregunta es: ¿se sigue hablando de IA restringida? ¿Está cerca la IA general? Es una pregunta justa dado el nuevo nivel de rendimiento y flexibilidad de los modelos fundacionales para realizar diversas tareas. Independientemente de la respuesta (que puede ir de lo técnico a lo filosófico), la realidad es que la IA generativa en general, y Azure OpenAI Service en particular, están proporcionando capacidades con las que nunca antes se había soñado.

Hubo un análisis temprano de las capacidades del modelo GPT-4 del equipo de Microsoft que exploraba esta relación entre los modelos fundacionales, y habla de "rendimiento cercano al nivel humano", y de una "versión temprana de un sistema AGI". Asimismo, empresas como OpenAI han declarado la búsqueda de la AGI como uno de sus principales objetivos.

Se han cubierto todos los fundamentos relacionados con los temas de la IA generativa, incluida la evolución desde la IA tradicional, los desarrollos recientes y los debates en curso sobre el rendimiento y el impacto de la IA generativa. Cabe explorar ahora los detalles de Azure OpenAI Service, especialmente en la historia que hay detrás y sus capacidades básicas.

Microsoft, OpenAI y Azure OpenAI Service

Microsoft, uno de los principales incumbentes tecnológicos, y OpenAI, una empresa de IA relativamente joven, han colaborado y trabajado juntos en los últimos años para crear tecnologías impresionantes, incluidos superordenadores de IA y LLM. Uno de los principales aspectos de esta asociación es la creación de Azure OpenAI Service, el motivo principal de este libro, y un servicio cognitivo PaaS que ofrece una versión de nivel empresarial de los servicios y API existentes de OpenAI, con funciones adicionales de seguridad nativa en la nube, gestión de identidades, moderación e IA responsable.

La colaboración entre estas empresas se hizo más famosa en 2023, pero la realidad es que tuvo varias etapas con hitos muy importantes tanto a nivel técnico como empresarial:

- Comenzó en 2019, cuando Microsoft anunció una inversión de mil millones de dólares en OpenAI para ayudar a avanzar en sus actividades de investigación de IA y crear nuevas tecnologías.

- En 2021, anunciaron otro nivel de asociación para construir modelos de IA a gran escala utilizando los superordenadores de Azure.

- En enero de 2023, anunciaron la tercera fase de su asociación a largo plazo a través de una inversión plurianual y multimillonaria para acelerar los avances de la IA, y garantizar que estos beneficios se compartan ampliamente con el mundo.

Obviamente, cada paso de esta asociación ha profundizado en el nivel de colaboración y las implicaciones para ambas empresas. Las principales áreas de trabajo son las siguientes:

Infraestructura de IA generativa
Creación de nuevas tecnologías de supercomputación de IA en Azure para dar soporte a aplicaciones escalables para aplicaciones de IA generativa tanto de OpenAI como de Microsoft, y adaptación de los servicios existentes de OpenAI para que se ejecuten en Microsoft Azure.

Gestión de modelos generativos de IA
Convertir a Microsoft Azure en el socio en la nube preferido para comercializar nuevos modelos de OpenAI a través de Azure OpenAI Service, lo que para usted, como adopter, significa que cualquier modelo de OpenAI estará disponible a través de Microsoft Azure, como un servicio nativo de grado empresarial en la nube, además de las API de OpenAI existentes.

Productos de Microsoft Copilot
Como se verá en las páginas siguientes, Microsoft ha infundido la IA en su paquete de productos creando copilotos con IA que ayudan a los usuarios a realizar tareas complejas.

Además, Azure OpenAI Service no es el único servicio de IA de Microsoft, y forma parte de la Azure AI Suite (mostrada en la Figura 1-6), que incluye otras opciones PaaS para una serie de capacidades avanzadas que pueden convivir e interactuar para crear nuevas soluciones habilitadas para la IA.

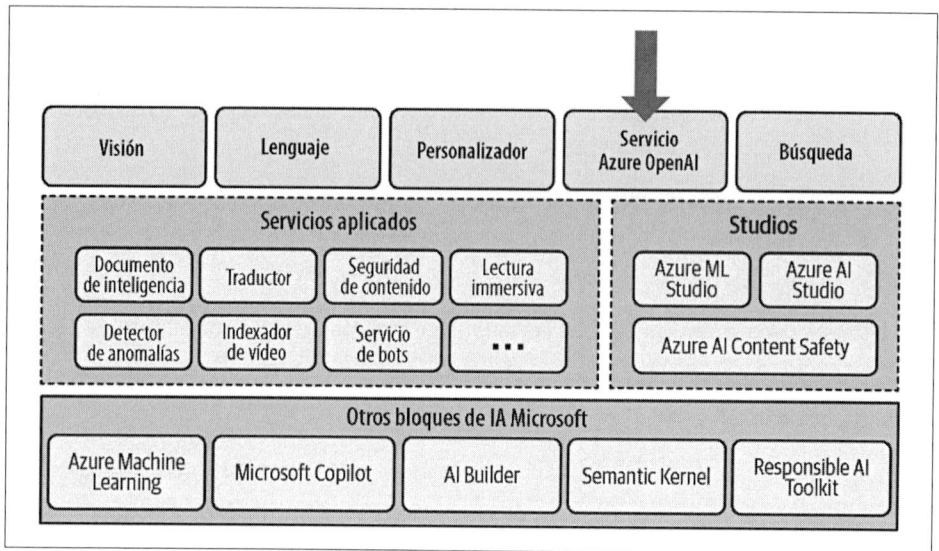

Figura 1-6 *Servicio Azure OpenAI y otros servicios Azure AI.*

Se estudiarán algunos de estos componentes básicos en los Capítulos 3 y 4, ya que la mayoría de estos servicios interactúan a la perfección con Azure OpenAI Service en función de la arquitectura de la solución prevista. Pero se trata de un campo en plena evolución, y la Figura 1-7 muestra la cronología de los principales avances de Azure OpenAI en los últimos meses y años.

Si quiere saber más sobre los orígenes de la asociación y los desarrollos iniciales, este episodio de pódcast con el CTO de Microsoft, Kevin Scott, y el cofundador (y ex CEO), Bill Gates, es muy interesante y explica cómo empezó todo.

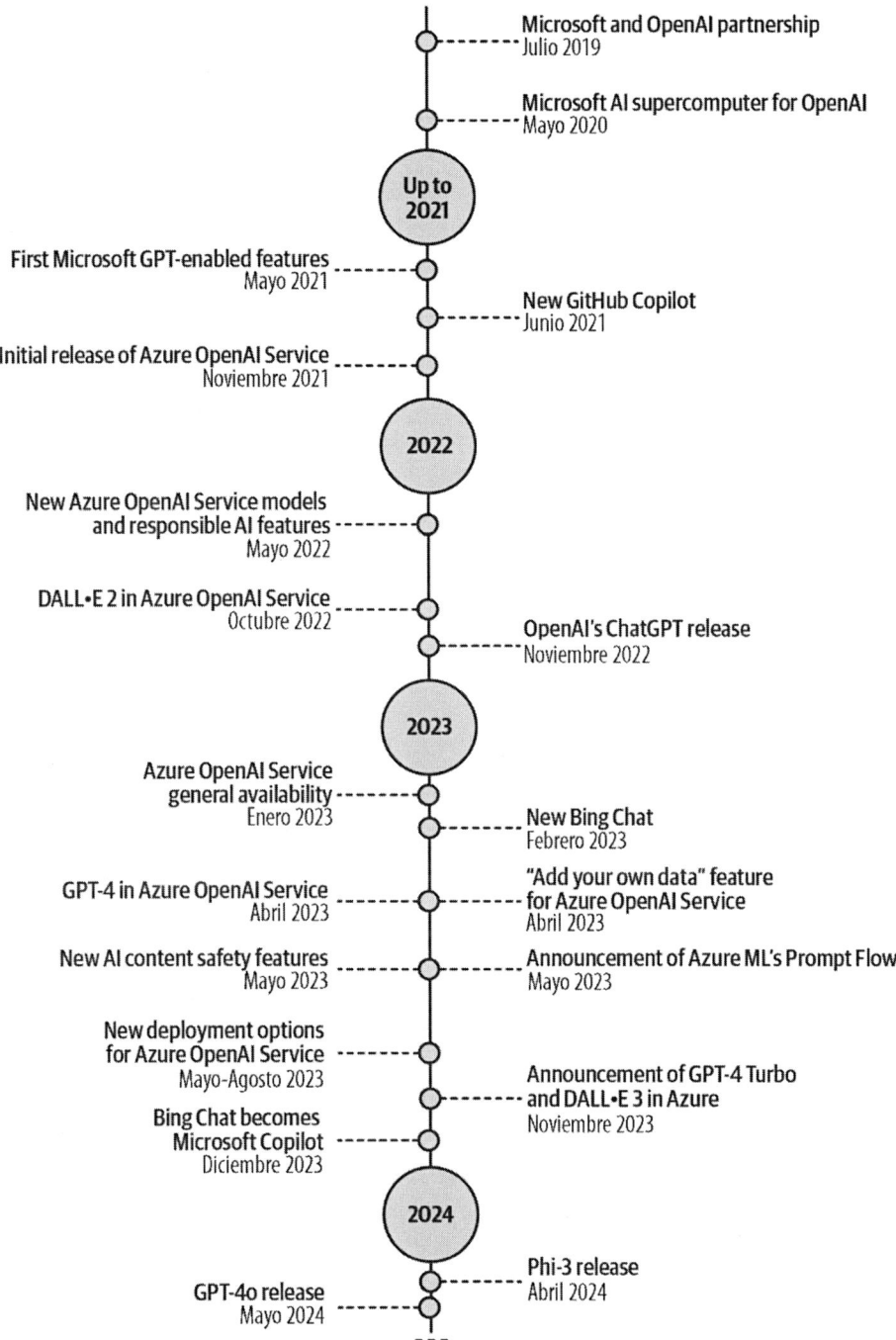

Figura 1-7 *Cronología del servicio Azure OpenAI.*

El auge de los copilotos con inteligencia artificial

Como parte de sus ofertas basadas en IA, Microsoft está promoviendo el concepto de *copilotos de IA*. Se trata de asistentes personales equipados con la IA de Microsoft, los modelos GPT de OpenAI, y otras tecnologías de IA generativa, diseñados para ayudar a los usuarios en sus tareas y objetivos, pero no para sustituir a los humanos y sus puestos de trabajo. Los copilotos trabajan junto con los usuarios ofreciéndoles sugerencias, ideas y acciones basadas en la IA. Los usuarios siempre tienen el control y la opción de aceptar, modificar o rechazar los resultados del copiloto. Desde un punto de vista visual, los copilotos suelen estar a la derecha de la pantalla, y Microsoft los ha incluido en varias soluciones:

GitHub Copilot

Un programador por pares impulsado por la IA que ayuda a los desarrolladores a escribir mejor código y más rápido. Sugiere líneas enteras o funciones completas directamente en el editor basándose en el contexto del código y los comentarios. GitHub Copilot está potenciado por los últimos modelos GPT (anteriormente alimentado por modelos Codex, ahora obsoletos), un sistema que puede generar lenguaje natural y código informático. GitHub Copilot es el caso original y el primer copiloto de la suite de Microsoft.

Bing Chat/Microsoft Copilot

Un servicio de IA conversacional que ayuda a los usuarios a encontrar información, obtener respuestas y completar tareas en la web. Utiliza modelos GPT que pueden producir respuestas en lenguaje natural a partir de los datos introducidos por el usuario. Los usuarios pueden chatear con Bing Chat mediante texto o voz en los navegadores o en la aplicación de Bing. Se trata del primer motor de búsqueda que incorpora funciones de IA generativa para las conversaciones basadas en el chat, ahora rebautizado como Microsoft Copilot.

Microsoft 365 Copilot

Un copiloto impulsado por la IA para el trabajo que ayuda a los usuarios a dar rienda suelta a su creatividad, mejorar su productividad y elevar sus habilidades. Se integra con aplicaciones de Microsoft 365 como Word, Excel, PowerPoint, Outlook, Teams y Business Chat. También aprovecha los LLM como Azure OpenAI GPT-4 para generar contenido, perspectivas y acciones basadas en comandos de lenguaje natural.

Copiloto de Windows

Un asistente de IA mejorado para Windows 11 que ayuda a los usuarios a tomar medidas y hacer cosas fácilmente. Se integra con Bing Chat, así con como funciones de Windows y aplicaciones de terceros. Los usuarios pueden interactuar con Windows Copilot mediante comandos de lenguaje natural.

Fabric y Power BI Copilot

Una interfaz de IA generativa para Microsoft Fabric, la plataforma de casa lago, y Power BI, para informes automatizados.

Copiloto de seguridad

Una solución de seguridad basada en la IA que ayuda a los usuarios a proteger sus dispositivos y datos de las ciberamenazas. Utiliza la IA para detectar y prevenir malware, phishing, ransomware y otros ataques. También ofrece a los usuarios consejos y recomendaciones de seguridad basados en su comportamiento y preferencias.

Clarity Copilot

Una función que incorpora la IA generativa en Microsoft Clarity, una herramienta de análisis que ayuda a los usuarios a comprender el comportamiento de los usuarios en sus sitios web. Permite a los usuarios consultar sus datos de Clarity y Google Analytics mediante lenguaje natural y obtener resúmenes concisos. También genera conclusiones clave a partir de las repeticiones de las sesiones mediante IA.

Copiloto de Dynamics 365

Una función que aporta una IA de nueva generación a las soluciones tradicionales de la gestión de las relaciones con los clientes (CRM) y la planificación de los recursos empresariales (ERP). Ayuda a los usuarios a optimizar sus procesos empresariales, mejorar el compromiso de los clientes y aumentar los ingresos. Aprovecha los LLM como GPT-4 de OpenAI para generar ideas, recomendaciones y acciones basadas en comandos de lenguaje natural.

Otros

Power Platform Copilot, Microsoft Designer (software como servicio [Saas] para el diseño visual con una interfaz de consulta de IA generativa) y el nuevo Copilot Studio para implementaciones de IA generativa de bajo código.

Resumiendo, Microsoft ha lanzado una serie de copilotos de IA para su suite de productos, y la realidad es que Azure OpenAI Service es la pieza clave para *crear tus propios copilotos*. Se analizarán diferentes bloques de construcción de un copiloto de IA para aplicaciones nativas de la nube (por ejemplo, nuevos términos como plugins y orquestadores), pero puede ver en la Figura 1-8 una versión adaptada de la arquitectura en capas "AI Copilot", que Microsoft presentó durante su Microsoft Build 2023.

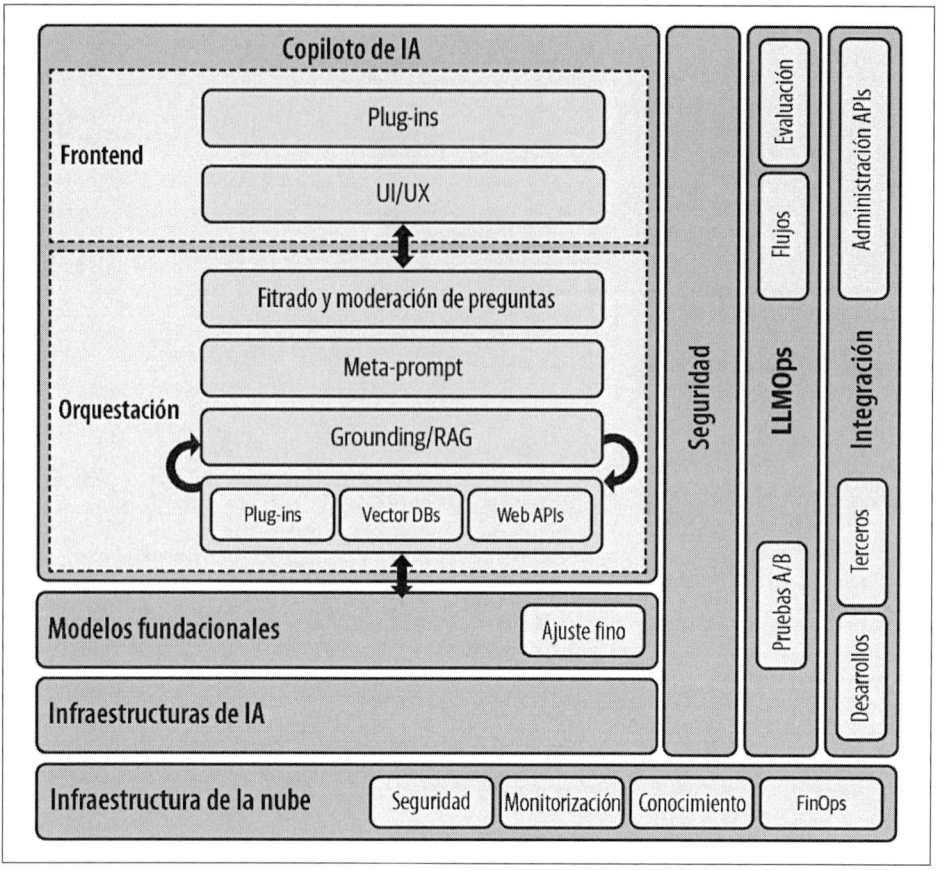

Figura 1-8 *La pila tecnológica moderna del copiloto de IA*
(fuente: adaptación de una imagen de Microsoft).

Como puede ver en la figura, la infraestructura de la IA y los modelos básicos son solo una parte de la ecuación. Se requiere tanto una arquitectura nativa de la nube como piezas específicas de IA generativa para desarrollar copilotos de IA para sus aplicaciones existentes y nuevas, y eso es exactamente lo que se estudiará en los Capítulos 2, 3 y 4. Pero antes de eso, exploremos las capacidades de alto nivel y los casos de uso típicos de Azure OpenAI.

Capacidades y casos de uso del servicio Azure OpenAI

Cabe centrarse ahora en las capacidades básicas, y los posibles casos de uso de los sistemas habilitados para Azure OpenAI, antes de entrar en consideraciones arquitectónicas y técnicas. Teniendo en cuenta la naturaleza flexible de los modelos básicos, es fácil imaginar las múltiples aplicaciones de los modelos de Azure OpenAI. Se explorarán las principales capacidades de la Tabla 1-1 (hay más, pero puede utilizarla como base para su idea de uso inicial), alineadas con las que se han visto anteriormente en este capítulo.

Tabla 1-1 *Principales capacidades y casos de uso del servicio Azure OpenAI.*

Tipo	Capacidad y ejemplo ilustrativo		
Lenguaje	Generación de contenidos/análisis	Generación de textos	Creación automática de SMS con formatos dinámicos y contenido
		Clasificación	Detecta los temas de los libros de temas en función de su contenido para el etiquetado
		Análisis de sentimientos	Detectar el sentimiento de los comentarios en las redes sociales para detectar puntos de dolor
		Extracción de entidades	Encontrar temas clave a partir de información específica
		Llamada a API	Generar una llamada a una API e integrarla con otros sistemas
		Documentos de expertos en la materia	Creación de documentación basada en funciones a partir de libros o repositorios
		Traducciones automáticas	Traducción de sitios web a petición
		Informes técnicos	Generación de informes a partir de bases de datos y otra información
		Asistencia a los agentes	Esquemas dinámicos paso a paso para los agentes de atención al cliente
	Resúmenes	Resúmenes de libros	Resumir documentos extensos (por ejemplo, libros) con un formato y secciones específicas
		Análisis de competencia	Extracción de los factores clave de dos empresas para el análisis competitivo
		Análisis de tendencias de medios sociales	Resumen de las tendencias de palabras clave y conexión con noticias en línea
		Comprensión de lectura	Reformulación de temas clave con un lenguaje más sencillo
	Búsqueda	Resultados de Internet	Búsqueda semántica de temas de Internet
		Búsqueda de reseñas sociales	Búsqueda detallada de temas específicos a partir de reseñas sociales en Internet
		Extracción de conocimientos	Extracción de conocimientos de diferentes fuentes del mismo tema
		Análisis de documentos	Búsqueda de temas clave y otros términos relacionados para un documento

Tipo	Capacidad y ejemplo ilustrativo		
	Automatización	Gestión de reclamaciones	Estructuración automática de la información textual a enviar como archivo JSON
		Informes financieros	Informes trimestrales basados en el resumen de las redes sociales, las cifras de las bases de datos y la automatización del informe final y su distribución
		Respuestas automáticas a los clientes	Respuestas automáticas por voz, o discusiones con un chatbot para una asistencia de nivel 1
Codificación		Del lenguaje natural a la codificación	Generar un bucle Java a partir del lenguaje natural
		Recomendaciones de codificación	Recomendaciones de codificación en tiempo real de la herramienta de desarrollo
		Comentarios automáticos	Generación automática de comentarios a partir del código escrito
		Refactorización	Mejoras automatizadas del código
		Traducción de código	Traducción de un lenguaje de programación a otro
		Consultas SQL en lenguaje natural	Consultas de bases de datos en lenguaje natural
		Revisión de códigos	Revisión de pares con IA
		Información sobre pull requests	Comentarios automatizados de las solicitudes de extracción
		JSON-ización de texto	Conversión de texto plano en archivo JSON con parámetros específicos
Imagen		Ideación creativa	Generación aleatoria de imágenes relacionadas con un tema específico
		Imágenes de pódcast y listas reproducción de música	Generación de imágenes a partir de transcripciones de pódcast o letras de canciones
		Sindicación de contenidos	Material de marketing para socios
		Hiperpersonalización	Personalización visual basada en el contexto del usuario
		Personalización de la campaña de marketing	Visuales para campañas de marketing basadas en el segmento de usuarios, tema, etc.

Estos son solo algunos ejemplos de cómo utilizar las múltiples capacidades de los modelos de Azure OpenAI Service. Pueden combinarse con otros servicios, y los modelos también pueden evolucionar, así que no descartes escenarios para la generación de audio o vídeo.

Independientemente del tipo de capacidad y caso de uso, Azure OpenAI Service puede proporcionar soporte a diferentes tipos de escenarios:

Finalización (completion)

Las finalizaciones se utilizan para generar contenidos que terminan una determinada indicación. Es una forma de predecir o continuar un texto. Las finalizaciones suelen ser útiles para tareas como la generación de contenidos, la ayuda a la codificación, la escritura de historias, etc.

Chat (chat completion)

Los escenarios de chat están diseñados para simular una conversación, lo que permite intercambios de ida y vuelta con el modelo. En lugar de dar un único mensaje y obtener una respuesta, los usuarios envían una serie de mensajes y el modelo les responde del mismo modo. Los escenarios de chat (como los de ChatGPT) son útiles para tareas interactivas, como la tutoría, la atención al cliente y, por supuesto, los chats casuales.

Embeddings

Se explorará la noción de embedding al final del Capítulo 2, pero básicamente permite consumir conocimientos específicos de documentos y otras fuentes. Se aprovechará este tipo de capacidad en varios escenarios del Capítulo 3.

La dinámica detrás de todos estos ejemplos es la misma. Azure OpenAI es un PaaS que funciona basado en el consumo de la nube. A diferencia de otros servicios en la nube o API, que facturan sus capacidades basándose en un número de interacciones, Azure OpenAI (y otras plataformas LLM comerciales) miden el uso del servicio basándose en un nuevo concepto llamado "tokens". A continuación se verá de qué se trata.

Los tokens LLM como nueva unidad de medida

En términos generales, los proveedores de nube y los SaaS utilizan formas muy diversas de facturar sus servicios, desde cuotas mensuales fijas y niveles de uso con descuentos por volumen hasta unidades de medida muy granulares como caracteres, palabras o llamadas a la API.

En este caso, la IA generativa ha adoptado la noción de *tokens*, que es un conjunto de palabras o caracteres en el que se divide la información textual. La unidad de tokens se utiliza con dos fines:

- Para el *consumo*, para calcular el coste de la configuración y las interacciones con los modelos de Azure OpenAI. Cualquier llamada a la API, solicitud (petición de texto) enviada al modelo y finalización (respuesta) proporcionada por Azure OpenAI sigue esta unidad. El precio del servicio se basa en el coste por 1000 tokens y depende del tipo de modelo (GPT-5, GPT-4o, DALL-E 3, etc.).

- Para la *capacidad*, tanto a nivel de modelo como de servicio:

  — *Límite de tokens*, que es la entrada máxima que se puede pasar a cualquier modelo Azure OpenAI (y modelos generativos de IA en general). Por ejemplo, GPT-4o alcanza los 128 K tokens de contexto. Es probable que esto evolucione en los próximos meses y años. Para obtener información actualizada, visite la página de disponibilidad del modelo y compruebe la columna "Max Request (Tokens)".

  — *Cuotas de servicio*, es decir, la capacidad máxima de un determinado recurso, configuración y nivel de uso para cualquier modelo de Azure OpenAI. Esta es también una información en evolución, y está disponible a través de la documentación oficial y la sección Quota de Azure OpenAI Studio. Estos límites son importantes para cualquier plan de despliegue, y dependen del tipo de aplicación (por ejemplo, si se está planeando desplegar un servicio para aplicaciones masivas business-to-consumer [B2C]). Además, existen mejores prácticas recomendadas para manejar estas limitaciones.

La cantidad específica de tokens depende del número de palabras (otros proveedores calculan los tokens basándose en caracteres, en lugar de palabras), pero también de su longitud y del idioma. La regla general es que 1000 tokens equivalen aproximadamente a 750 palabras en inglés, pero OpenAI explica la forma específica de calcular los tokens según el caso. Además, siempre puede utilizar Azure OpenAI Playground o el tokenizer de OpenAI (*https://oreil.ly/DDQHG*) para calcular una estimación específica de tokens basada en el texto de entrada.

Conclusión

Este primer capítulo ha sido una mezcla de información de nivel introductorio relacionada con la IA y la IA generativa, así como una introducción preliminar a los temas de Azure OpenAI, incluidos los desarrollos recientes, las capacidades principales, los casos de uso típicos y su valor como habilitador de copiloto de IA para sus propios desarrollos de IA generativa.

Dependiendo de sus antecedentes, esta información puede ser solo una introducción de base, pero los conceptos detrás del servicio Azure OpenAI, aunque sean nuevos e incluyan algunos términos nuevos, pueden ser tan simples como parecen: un PaaS gestionado que le permitirá desplegar sus propias soluciones de IA generativa nativa en la nube.

En el Capítulo 2 se analizarán los posibles escenarios de desarrollo nativo en la nube, su conexión con Azure OpenAI y los requisitos de arquitectura que le ayudarán a prepararlo todo, incluso antes de implementar sus soluciones habilitadas para Azure OpenAI. Al igual que con este capítulo, si ya tiene algunos conocimientos preliminares sobre las arquitecturas nativas de la nube y Azure, puede leerlo como una forma de conectar los puntos y entender los detalles específicos de estos temas adaptados a la IA generativa. Si es totalmente nuevo en el tema, siéntase libre de leer el contenido y explorar cualquier recurso externo que pueda apoyar su viaje de perfeccionamiento. Esto no hecho más que empezar.

CAPÍTULO 2
Diseño de arquitecturas nativas de la nube para la IA generativa

La arquitectura nativa de la nube es una forma de diseñar y crear aplicaciones que pueden aprovechar las capacidades y limitaciones únicas de la nube. Las aplicaciones nativas de la nube se componen normalmente de microservicios que se ejecutan en contenedores, orquestados por plataformas como Kubernetes, y utilizan prácticas de DevOps y una integración continua y un despliegue continuo (CI/CD) para permitir una entrega y escalabilidad rápidas. Las arquitecturas nativas de la nube son el núcleo de la era de la IA generativa.

Organizaciones como la Cloud Native Computing Foundation (CNCF) son grandes catalizadores de las mejores prácticas nativas de la nube y del desarrollo de la comunidad. Su objetivo es ser "el centro neutral de la computación nativa en la nube para hacerla universal y sostenible". La CNCF es una gran fuente de información y material de aprendizaje sobre estos temas. Otro gran recurso es la aplicación de doce, una metodología pública para crear aplicaciones nativas de la nube.

Como parte del movimiento nativo de la nube, existen varios proyectos y comunidades orientados al uso de la arquitectura nativa de la nube para permitir sistemas de IA escalables, fiables y robustos. A menudo requieren grandes cantidades de datos, algoritmos complejos y hardware específico para realizar tareas como el reconocimiento de imágenes, el procesamiento del lenguaje natural o los sistemas de recomendación. Esto no siempre es posible con los patrones tradicionales de arquitectura de TI (por ejemplo, aplicaciones monolíticas).

La necesidad de una arquitectura nativa en la nube para los sistemas de IA surge por las siguientes razones:

Rendimiento del sistema

Los sistemas de la IA necesitan procesar grandes volúmenes de datos y ejecutar cálculos complejos de forma rápida y eficiente. La arquitectura nativa de la nube permite a los sistemas de IA aprovechar los recursos elásticos de la nube, como la computación, el almacenamiento y la red, para ampliarlos o reducirlos en función de la demanda. También permite a los sistemas de la IA utilizar hardware especializado, como unidades de procesamiento gráfico (GPU) o unidades de procesamiento tensorial (TPU), optimizado para cargas de trabajo de IA.

Agilidad

Los sistemas de la IA deben adaptarse a los cambios en los requisitos empresariales, los comentarios de los usuarios y la calidad de los datos. La arquitectura nativa de la nube permite a los sistemas de IA desplegar nuevas funciones, modelos o actualizaciones de forma rápida y fiable mediante prácticas DevOps y CI/CD. También permite a los sistemas de IA experimentar con diferentes arquitecturas, algoritmos o parámetros mediante técnicas como las pruebas A/B o las implementaciones canarias.

Innovación e integrabilidad

Los sistemas de IA necesitan aprovechar los últimos avances en investigación y tecnología de la IA. La arquitectura nativa de la nube permite a los sistemas de la IA acceder al rico ecosistema de servicios, herramientas y marcos de IA de la nube, que ofrecen cierta funcionalidad y rendimiento de vanguardia. También permite a los sistemas de la IA integrarse con otros servicios en la nube, el análisis de datos, el Internet de las Cosas o la computación de borde, que pueden aumentar el valor y la inteligencia de los sistemas de la IA.

Las áreas más importantes para la nube nativa son descritas por CNCF como CI/CD, DevOps, microservicios y contenedores, como se muestra en la Figura 2-1.

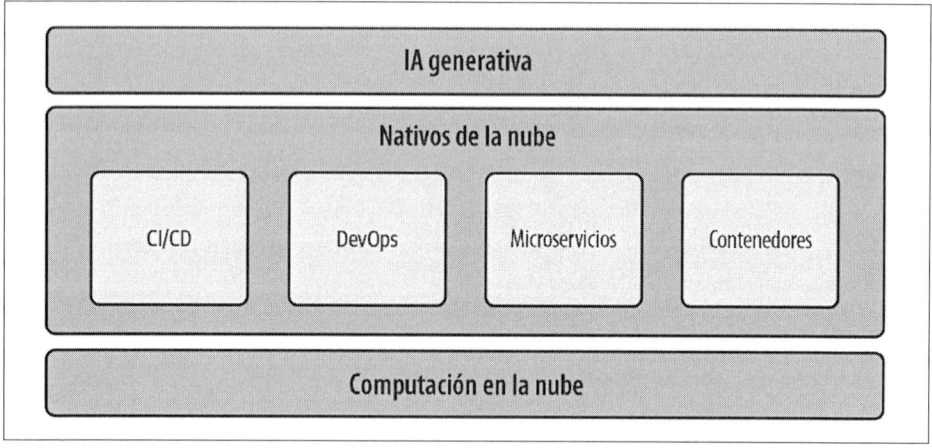

Figura 2-1 *Bloques de construcción nativos de la nube para la IA generativa (fuente: adaptación de una imagen de la CNCF).*

Estas cuatro áreas son relevantes para las aplicaciones de la IA generativa:

CI/CD

Permite un proceso racionalizado y automatizado para integrar los cambios de código, crear, probar y desplegar modelos y aplicaciones de IA, y facilita iteraciones más rápidas y reduce el tiempo de comercialización de los desarrollos de la IA generativa.

DevOps

Combina los principios y prácticas de DevOps para que las tecnologías de IA mejoren el desarrollo, la implantación y las operaciones de los sistemas de IA, y facilita la integración de la IA generativa en el ciclo de vida general de desarrollo de software. También garantiza la fiabilidad de la supervisión, el registro y los bucles de retroalimentación, lo que permite la rápida identificación y resolución de problemas en los sistemas de la IA generativa.

Microservicios

Permite dividir los sistemas complejos de IA generativa en servicios más pequeños e independientes, lo que permite el desarrollo modular y el despliegue de distintos componentes del sistema de la IA. También mejora la escalabilidad y la flexibilidad, ya que los microservicios individuales pueden desarrollarse, desplegarse y escalarse de forma independiente.

Contenedores

Ofrece una forma ligera y portátil de empaquetar e implementar módulos y aplicaciones de la IA generativa, y permite escalar, replicar y orquestar fácilmente las cargas de trabajo de la IA generativa.

La arquitectura nativa de la nube es un habilitador clave para desarrollar sistemas de IA inteligentes y avanzados que puedan ofrecer un alto rendimiento, agilidad e innovación en la plataforma de la nube. En este capítulo, se explicará cómo preparar una arquitectura nativa de la nube para un sistema habilitado para IA que aproveche Azure OpenAI Service, independientemente del tipo de aplicación que esté planeando desarrollar. Cabe empezar por profundizar en algunos escenarios típicos para el desarrollo nativo en la nube de IA.

Modernización de aplicaciones para la IA generativa

Este libro se centra en el desarrollo de nuevas aplicaciones nativas de la nube con Azure OpenAI Service y el resto de la pila de Microsoft Azure. Sin embargo, puede haber escenarios en los que una empresa intente aprovechar estas capacidades para sus aplicaciones existentes. A continuación se compararán ambos escenarios y se verán los enfoques:

Nuevas aplicaciones nativas de la nube

Diseñados desde cero utilizando la contenedorización y una arquitectura de microservicios, lo que permite escalabilidad, resiliencia y elasticidad. Aprovechan las cuatro áreas mencionadas anteriormente y simplifican el despliegue y el mantenimiento de las aplicaciones de la IA generativa.

Aplicaciones existentes

Probablemente requieran una migración o modernización. Esto significa que se migrarán a la nube o se modificarán para alinearse con los principios nativos de la nube, como la descomposición de una arquitectura monolítica en microservicios o la introducción de la contenerización. El proceso de modernización implica actualizaciones paso a paso abordando la escalabilidad, la resiliencia y la tolerancia a fallos, y adoptando prácticas DevOps gradualmente.

Learning Microsoft Azure (O'Reilly) de Jonah Carrio Andersson expone algunas estrategias diferentes, y la guía de modernización de Microsoft describe el proceso de migración y modernización de aplicaciones on-prem/monolíticas existentes a la nube, con características específicas nativas de la nube. La Figura 2-2 ilustra los distintos niveles de modernización de la nube.

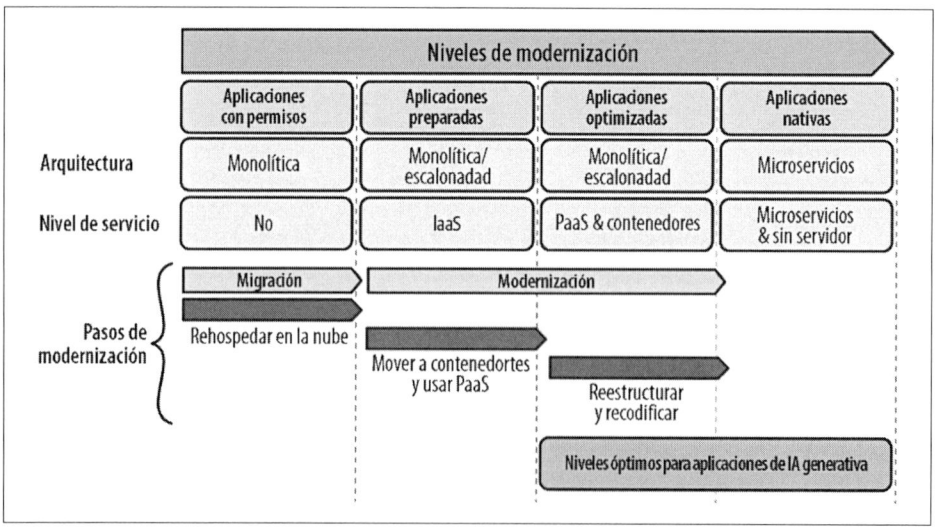

Figura 2-2 *Niveles de modernización nativos de la nube que avanzan hacia la IA generativa (fuente: adaptación de una imagen de Microsoft).*

En función de los pasos de modernización, existen diferentes niveles de madurez que van desde las aplicaciones locales existentes hasta las totalmente nativas de la nube. Esto es relevante para las implementaciones con Azure OpenAI Service, como un PaaS nativo habilitado para la nube, porque las aplicaciones nuevas y existentes necesitarán cierto nivel de preparación para la nube antes de integrar las capacidades de la IA generativa. Piense en esto como la forma en que el resto de los bloques de la aplicación se conectan con Azure OpenAI Service de una forma habilitada para la nube, con integraciones nativas y sencillas.

Los niveles de madurez son los siguientes:

Aplicaciones preparadas para la infraestructura en nube

Con esta estrategia de migración, simplemente transfiere o reubica sus aplicaciones existentes in situ a un entorno de infraestructura como servicio (IaaS). Aunque la estructura de sus aplicaciones permanece prácticamente inalterada, ahora se alojan en máquinas virtuales en la nube. Este sencillo método de migración se conoce comúnmente en el sector como "lift and shift", pero solo obtiene una parte del valor de la nube que puede obtener de los servicios PaaS/SaaS gestionados.

Aplicaciones optimizadas para la nube

En esta fase, sin realizar grandes cambios de código, puede aprovechar las ventajas de ejecutar su aplicación en la nube utilizando tecnologías contemporáneas como contenedores y otros servicios gestionados en la nube. Esto mejora la flexibilidad de su aplicación, lo que permite lanzamientos más rápidos mediante la optimización de las prácticas DevOps de su empresa. Esta mejora es posible gracias a herramientas como los contenedores de Windows, basados en el motor Docker. Los contenedores abordan los retos que plantean las dependencias de las aplicaciones durante los despliegues en varias fases. En este marco de madurez, tiene la opción de desplegar contenedores en IaaS o PaaS aprovechando servicios adicionales gestionados en la nube como soluciones de bases de datos, servicios de almacenamiento en caché, supervisión y flujos de trabajo CI/CD.

Aplicaciones nativas en la nube

Este enfoque de migración suele estar impulsado por las necesidades empresariales y tiene como objetivo modificar sus aplicaciones de misión crítica. En este caso, se utilizan servicios en la nube para trasladar las aplicaciones a plataformas informáticas PaaS. Se implementan aplicaciones nativas de la nube y arquitectura de microservicios para evolucionar las aplicaciones con agilidad a largo plazo y escalar a nuevos límites. Este tipo de modernización suele requerir una arquitectura específica para la nube, e incluso escribir código nuevo (o reescribirlo), especialmente cuando se pasa a modelos basados en aplicaciones nativas de la nube y microservicios. Este enfoque puede ayudarle a obtener ventajas difíciles de conseguir en su entorno de aplicaciones monolíticas y locales.

El último nivel es el objetivo final para aplicaciones óptimas habilitadas para la IA generativa, pero cualquiera de estos niveles (especialmente los dos últimos) sería "suficientemente bueno" para que cualquier aplicación se "conectara" a Azure OpenAI Service. El resto del capítulo se centrará en nuevas aplicaciones nativas de la nube, pero si planea aprovechar Azure OpenAI Service para aplicaciones existentes, comience por evaluarlas y analizar los próximos pasos de migración o modernización hacia la adopción de la IA.

Ahora, centrémonos en las ventajas clave de la nube nativa y en los bloques clave habilitados para Azure que le permitirán construir sus soluciones Azure OpenAI.

Desarrollo nativo en la nube con Azure OpenAI Service

Parte de la idea que subyace a las arquitecturas nativas de la nube es dividir el desarrollo de código en piezas diferentes denominadas microservicios, de modo que todos los módulos se comuniquen en función de un flujo funcional, sin formar parte del mismo bloque técnico. Esto tiene una serie de ventajas no solo para el desarrollo habilitado para Azure OpenAI, sino para cualquier implementación nativa de la nube. Pueden imaginarse varias razones para aprovechar una arquitectura de microservicios:

Funcionalidad de la IA modular y granular

En las aplicaciones de la IA pueden intervenir diferentes tareas, como el preprocesamiento de datos, la extracción de características, el entrenamiento de modelos, la inferencia y la visualización de resultados. Al implementar cada una de estas funcionalidades como microservicios independientes, el sistema de la IA se vuelve más modular y granular. Esto permite a los desarrolladores centrarse en la creación y el mantenimiento de servicios individuales, lo que facilita la comprensión, el desarrollo, las pruebas y el despliegue de componentes específicos de IA. Esto también permite la reutilización de componentes, ya que puede haber determinadas canalizaciones de limpieza o incluso modelos que podrían utilizarse para diferentes aplicaciones dentro de la misma empresa. Por último, pero no por ello menos importante, permite la especialización de los equipos en función de la tarea (por ejemplo, el procesamiento de los resultados del modelo suele ser una tarea de integración o ingeniería de datos, mientras que la implementación del modelo es una tarea de ciencia de datos).

Escalabilidad y optimización del rendimiento

Las cargas de trabajo de la IA pueden variar en intensidad, y algunas tareas requieren más recursos informáticos que otras. Al dividir una aplicación de IA en microservicios, cada uno puede escalarse de forma independiente en función de sus necesidades específicas de recursos. Esta escalabilidad garantiza una utilización eficiente de los recursos y un mayor rendimiento. Por ejemplo, los servicios de entrenamiento e inferencia de modelos pueden escalarse de forma independiente para gestionar cargas de trabajo variables, lo que mejora los tiempos de respuesta y el rendimiento general del sistema.

Gestión del ciclo de vida de los algoritmos de la IA

Las aplicaciones de la IA a menudo requieren experimentar con diferentes algoritmos, modelos o fuentes de datos para lograr el resultado deseado. Con los microservicios, los desarrolladores pueden cambiar o actualizar fácilmente servicios de IA individuales sin que esto afecte al resto del sistema. Esta flexibilidad permite la creación rápida de prototipos, la experimentación y la iteración con diferentes enfoques de IA, lo que facilita el descubrimiento de los algoritmos o modelos más eficaces para tareas específicas. Además, algunos sistemas pueden ejecutar algoritmos en paralelo para obtener un resultado mejor seleccionando las mejores respuestas de esos algoritmos.

Integración con servicios externos

La arquitectura de microservicios promueve el acoplamiento flexible y las API bien definidas, lo que facilita la integración de los servicios de IA con sistemas, herramientas o servicios externos. Esto permite aprovechar la funcionalidad de la IA en diferentes aplicaciones, dominios o plataformas.

Por ejemplo, un servicio de IA para PLN puede exponerse a través de una API y ser utilizado por múltiples aplicaciones o integrarse en un chatbot o un sistema de atención al cliente.

Ahora bien, si se piensa en aplicaciones generativas habilitadas para IA con Azure OpenAI Service, el objetivo es estructurar la arquitectura de extremo a extremo de forma que tenga sentido y conecte las "piezas de IA" tanto con los elementos backend (código, recursos en la nube) como con las interfaces frontend (una o varias, dependiendo de la aplicación), como se puede ver en la Figura 2-3.

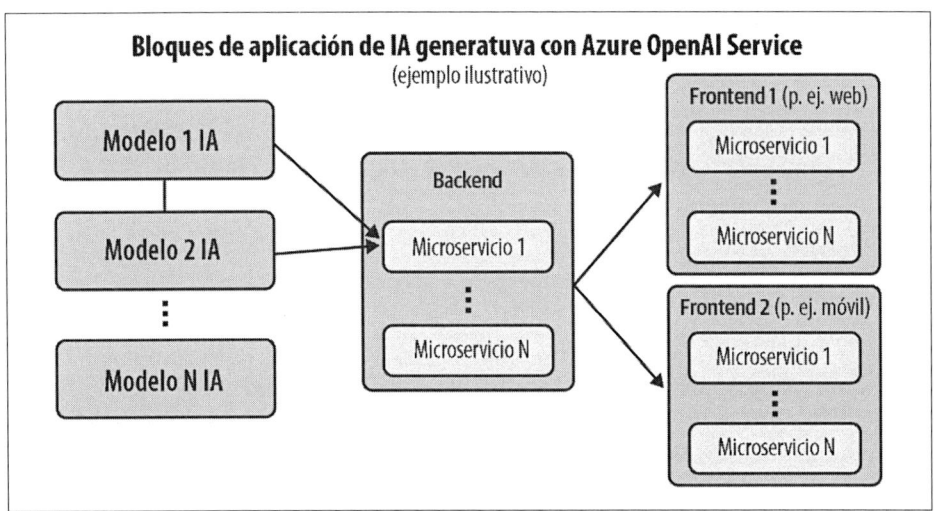

Figura 2-3 *Desarrollo de la IA basado en microservicios.*

Todos los elementos implicados deben ser interoperables, sustituibles y estar disponibles. Para ello, es fundamental organizar los bloques de construcción en microservicios. Las dos secciones siguientes examinan los enfoques de la contenerización y la ausencia de servidor. Y se va a discutir su papel como facilitadores nativos de la nube.

Aplicaciones y contenedores basados en microservicios

Los enfoques de desarrollo nativos de la nube aprovechan el poder de la nube eligiendo la forma correcta de desarrollar y desplegar aplicaciones. Se basan en la contenerización, que a menudo se refiere a contenedores de tipo Docker, y en la orquestación Kubernetes. Como se basan en estándares internacionales (por ejemplo, la Open Container Initiative [OCI]), las aplicaciones nativas de la nube suelen ser portátiles y escalables en diferentes proveedores de nubes públicas y privadas.

En el caso de Microsoft Azure, los principales servicios de gestión de contenedores son Azure Kubernetes Service (AKS) y Azure Red Hat OpenShift (ARO). Aunque ambos son unos servicios gestionados de Kubernetes ofrecidos por Microsoft, existen algunas diferencias clave:

AKS

Un servicio gestionado de Kubernetes proporcionado por Microsoft Azure que utiliza tecnología nativa de Kubernetes. Ofrece un clúster de Kubernetes totalmente gestionado en la infraestructura de Azure, y se centra en proporcionar una experiencia de Kubernetes optimizada y simplificada en Azure. Proporciona funciones esenciales de Kubernetes como el escalado, el load balancing y la gestión del despliegue. AKS se integra bien con otros servicios de Azure y ofrece funciones nativas de gestión y supervisión de recursos de Azure. Puede encontrar información sobre precios en línea en el enlace (*https://oreil.ly/OoChO*).

ARO

Una oferta conjunta de Microsoft y Red Hat, basada en Red Hat OpenShift Container Platform. ARO incorpora la tecnología Kubernetes, pero ofrece funciones e integraciones adicionales de la plataforma OpenShift. Proporciona una plataforma más completa y centrada en la empresa gracias a las capacidades adicionales de seguridad, cumplimiento y gestión.

En resumen, difieren en términos de tecnología subyacente, proveedor y características de la plataforma. La elección entre AKS y ARO depende de los requisitos y preferencias específicos de su organización, como la necesidad de funciones empresariales adicionales y cualquier inversión o asociación existente con Red Hat. Otros servicios relacionados que puede explorar son Azure Container Apps y Azure Arc for Kubernetes (para escenarios de nube híbrida).

Ahora que se han explorado las opciones de contenerización en Azure, se va a entender la noción de serverless y su relevancia para las implementaciones basadas en microservicios.

Flujos de trabajo sin servidor (serverless)

Una opción alternativa o complementaria es el enfoque sin servidor. La computación sin servidor es un modelo de computación en la nube que permite a los desarrolladores crear y ejecutar aplicaciones sin necesidad de gestionar la infraestructura subyacente. Es especialmente beneficioso para las cargas de trabajo de la IA, incluida la IA generativa, ya que proporciona una solución escalable y rentable.

En la arquitectura sin servidor, los desarrolladores se centran en escribir código para funciones específicas con funciones sin servidor, donde Azure Functions es la opción nativa de Microsoft. Estas funciones se ejecutan en contenedores que son gestionados y escalados automáticamente por el proveedor de la nube, como se puede ver en la Figura 2-4. Esto elimina la necesidad de que los desarrolladores aprovisionen y gestionen los servidores, lo que facilita la implementación y el mantenimiento de las aplicaciones de la IA.

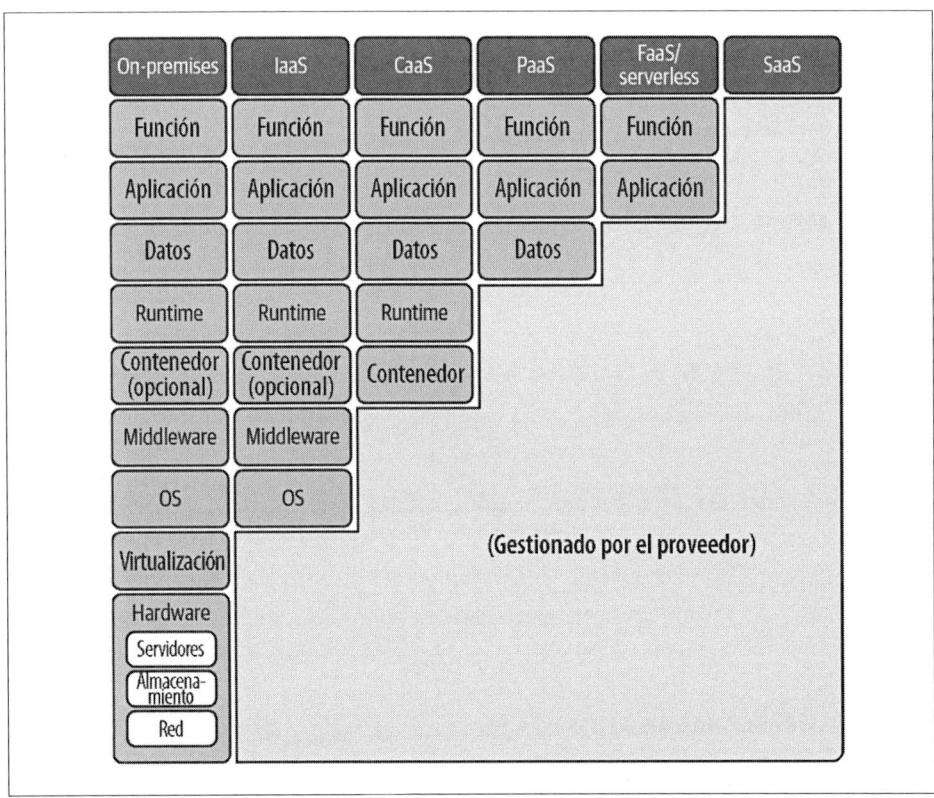

Figura 2-4 *Niveles de nube gestionada como servicio.*

Al igual que otros elementos nativos de la nube, una de las principales ventajas de la tecnología sin servidor para las cargas de trabajo de la IA es la escalabilidad. Los modelos generativos de la IA suelen requerir importantes recursos informáticos, especialmente cuando se entrenan modelos de gran tamaño o se generan resultados complejos. Las plataformas sin servidor escalan automáticamente los recursos bajo demanda, lo que permite a las aplicaciones de la IA gestionar las fluctuaciones de la carga de trabajo sin una intervención manual. Esta escalabilidad permite una utilización eficiente de los recursos y una optimización de los costes, ya que los desarrolladores solo pagan por los recursos informáticos reales utilizados durante la ejecución.

Otra ventaja de la computación sin servidor es su naturaleza basada en eventos. Las funciones sin servidor se activan mediante eventos específicos, como solicitudes HTTP o mensajes de colas de mensajes. Esta arquitectura basada en eventos es idónea para las cargas de trabajo de la IA que requieren un procesamiento en tiempo real o asíncrono. Por ejemplo, las aplicaciones de la IA generativa pueden activarse mediante interacciones del usuario o tareas programadas, lo que les permite generar resultados bajo demanda o periódicamente. Además, se puede utilizar serverless para realizar acciones dentro de una canalización de IA generativa. Para ello, Azure Logic Apps puede utilizarse para activar la orquestación y los flujos de trabajo, y dispone de una integración con otros servicios de Microsoft 365 y Azure, lo que puede resultar útil para activar canalizaciones o eventos generativos de IA.

Existen algunas limitaciones relacionadas con las plataformas sin servidor, como los límites de tiempo de ejecución, las restricciones de memoria y los límites de tamaño de los paquetes de despliegue. Sin embargo, técnicas como la composición de funciones, el almacenamiento en caché y la ejecución en paralelo pueden ayudar a mejorar la eficiencia y la capacidad de respuesta de las aplicaciones de la IA generativa que se ejecutan en arquitecturas sin servidor. El ajuste de la asignación de recursos y la optimización de los canales de procesamiento de datos también pueden contribuir a mejorar el rendimiento general.

En términos generales, estarás combinando un PaaS como Azure OpenAI, más piezas contenidas y/o sin servidor (p. ej., Model-as-a-Service para modelos de IA con API sin servidor), dependiendo del enfoque de implementación. Ahora cabe explorar la parte de desarrollo web de sus aplicaciones para elaborar una idea inicial de los servicios que Azure OpenAI aprovecha para desplegar aplicaciones web basadas en la IA generativa.

Desarrollo web basado en Azure y CI/CD

Ahora, cabe centrarse en los bloques de desarrollo que van más allá de las capacidades básicas de la IA. Como profesional nativo de la nube, es probable que divida el código de su aplicación en varias piezas. Como ya ha visto, esos bloques son microservicios que podrían contener módulos backend y frontend (aplicaciones móviles, sitios web, intranets, etc.).

Lo interesante viene cuando descubra que puede alojar aplicaciones basadas en web directamente a través de Azure App Service. Azure App Service es un PaaS, un servicio totalmente gestionado que permite a los usuarios crear, desplegar y escalar aplicaciones web y API sin necesidad de gestionar la infraestructura subyacente. Es compatible con varios lenguajes y marcos de programación, y permite el desarrollo de aplicaciones web, móviles y API, así como flujos de trabajo (Logic Apps), CI/CD y supervisión, al tiempo que ofrece una integración sencilla con todo el conjunto de aplicaciones de Microsoft Azure.

En general, Azure App Service simplifica el proceso de creación, despliegue y escalado de aplicaciones web y API en la nube Azure. Ofrece una plataforma robusta y rica en funciones que permite a los desarrolladores centrarse en el desarrollo de aplicaciones mientras se benefician de las capacidades de escalabilidad, disponibilidad y gestión que proporciona la plataforma Azure.

En el Capítulo 3 verá que Azure OpenAI ofrece opciones de implementación sencillas que aprovechan Azure App Service para crear aplicaciones basadas en chat con plantillas preexistentes.

Si desea profundizar en alguno de estos temas, visite los siguientes enlaces:
- Alojamiento de aplicaciones: *Visión general de Azure App Service* | Microsoft Learn
- GitHub para CI/CD: *Deploy to App Service Using GitHub Actions* | Microsoft Learn
- Vídeo de YouTube: *How to Deploy Your Web App Using GitHub Actions* | Azure Portal Series

Ahora se cubrirán los fundamentos del portal de Azure, principalmente para lectores sin o con poca experiencia en esta plataforma, como una forma de ayudarles a entender cómo buscar, configurar y desplegar Azure OpenAI y otros servicios relacionados. Si ya ha trabajado con Azure y su portal, puede saltarse esta sección.

Comprender el portal web de Azure

El portal Azure es una interfaz de usuario basada en web proporcionada por Microsoft Azure que permite a los usuarios gestionar e interactuar con sus recursos Azure. Sirve como eje central para acceder y gestionar diversos servicios y funcionalidades de Azure, incluido el servicio Azure OpenAI. El portal ofrece una interfaz visualmente atractiva e intuitiva que simplifica la gestión y supervisión de los recursos de Azure (Figura 2-5). Nota: las interfaces de usuario que aparecen en este libro pueden sufrir modificaciones visuales ligadas a la evolución del producto, pero los conceptos y funcionalidades son similares y todavía son relevantes.

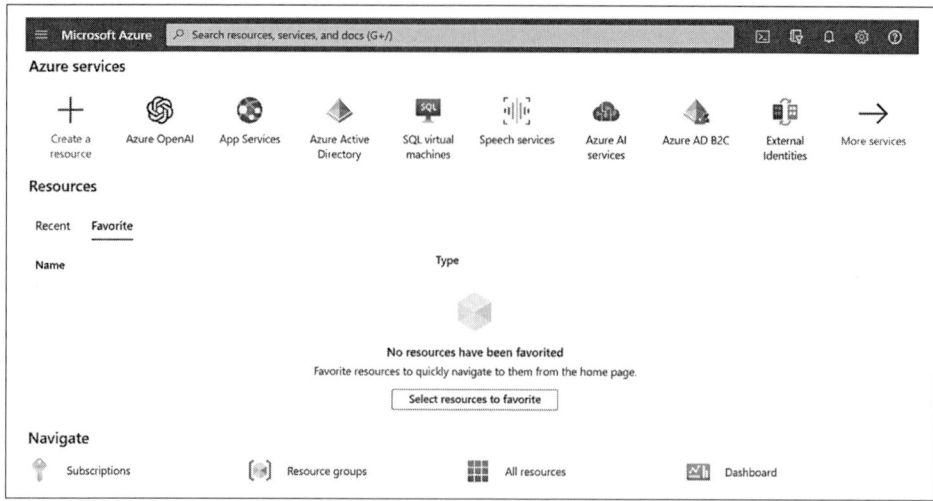

Figura 2-5 *Portal Azure: interfaz principal.*

Como puede ver en la Figura 2-5, incluye un panel personalizable que ofrece una visión general de los recursos Azure, las actividades recientes y los mosaicos personalizados para acceder rápidamente a los servicios más utilizados.

El panel de navegación de la parte izquierda del portal le permite acceder a diferentes categorías de servicios de Azure, incluidos "Compute", "Storage", "Networking", "Security + Identity", "AI + Machine Learning", etc. Puede ver la secuencia en la Figura 2-6.

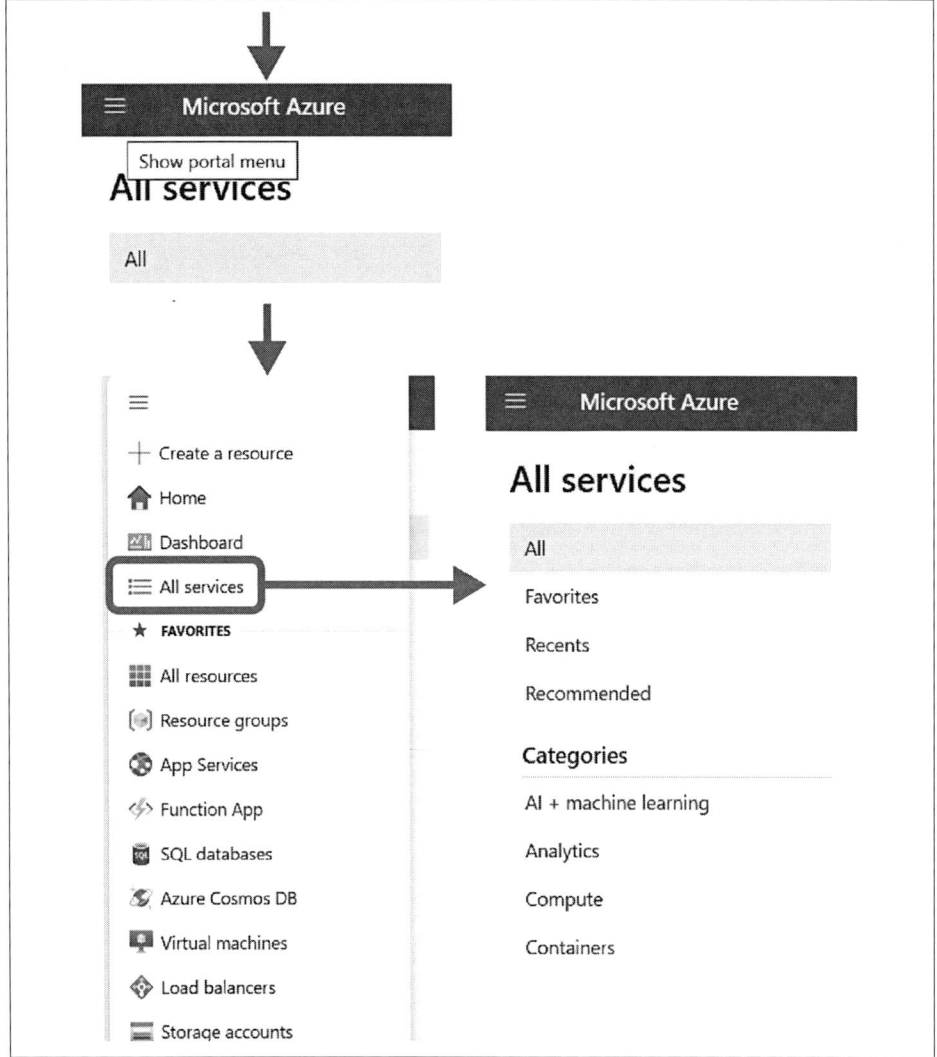

Figura 2-6 *Portal Azure: panel izquierdo.*

Además, al hacer clic en una categoría específica se despliega un menú con subcategorías y servicios dentro de esa categoría. De hecho, puede encontrar Azure OpenAI Service dentro de la categoría "AI + Machine Learning" (Figura 2-7).

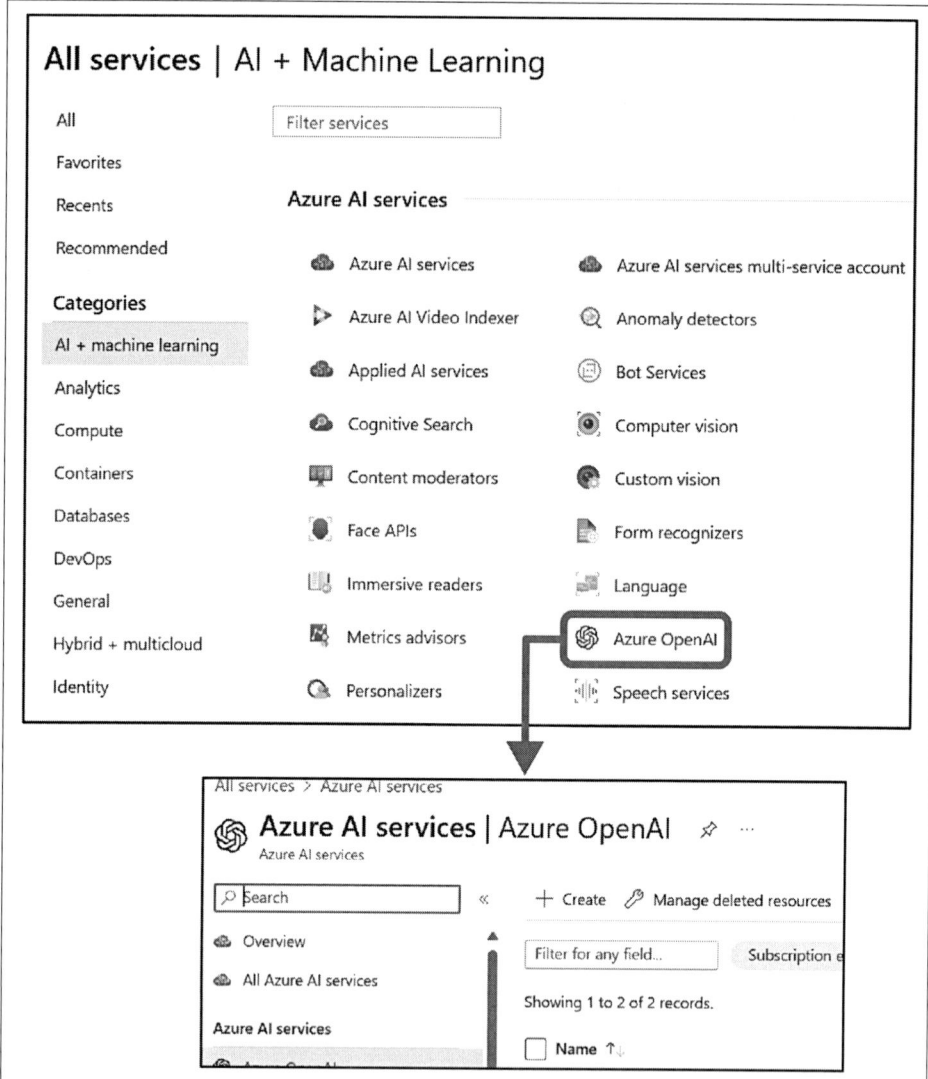

Figura 2-7 *Portal Azure: recursos (ejemplo de Azure OpenAI Service).*

Alternativamente, el portal Azure ofrece una barra de búsqueda en la parte superior que le permite encontrar rápidamente servicios, recursos o documentación. Como puede ver en la Figura 2-8, puede buscar por palabras clave o utilizar la consulta en lenguaje natural para localizar funcionalidades o recursos específicos dentro de Azure. Básicamente, puede encontrar Azure OpenAI simplemente escribiéndolo ahí.

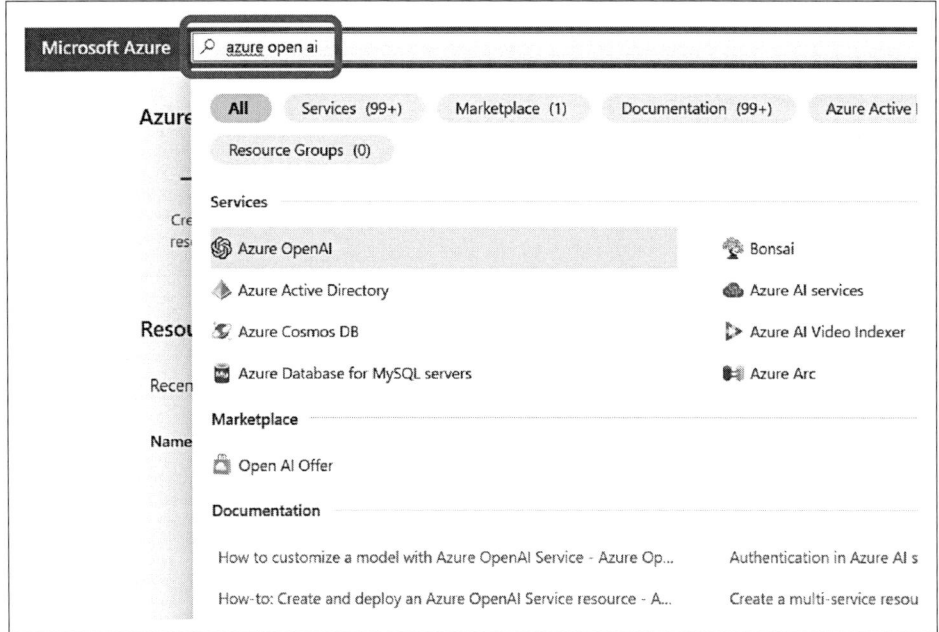

Figura 2-8 *Portal Azure: búsqueda (ejemplo de Azure OpenAI Service).*

Cada servicio Azure tiene su propio espacio dedicado, que es esencialmente un panel que proporciona información detallada y opciones de gestión para ese servicio. Si elige Azure OpenAI desde el buscador o desde el panel izquierdo, entrará en los detalles de su recurso (Figura 2-9). Básicamente, podrá crear nuevos recursos para Azure OpenAI o gestionar los ya desplegados. Si elige "Crear", podrá ver la información necesaria para desplegar un nuevo servicio Azure OpenAI.

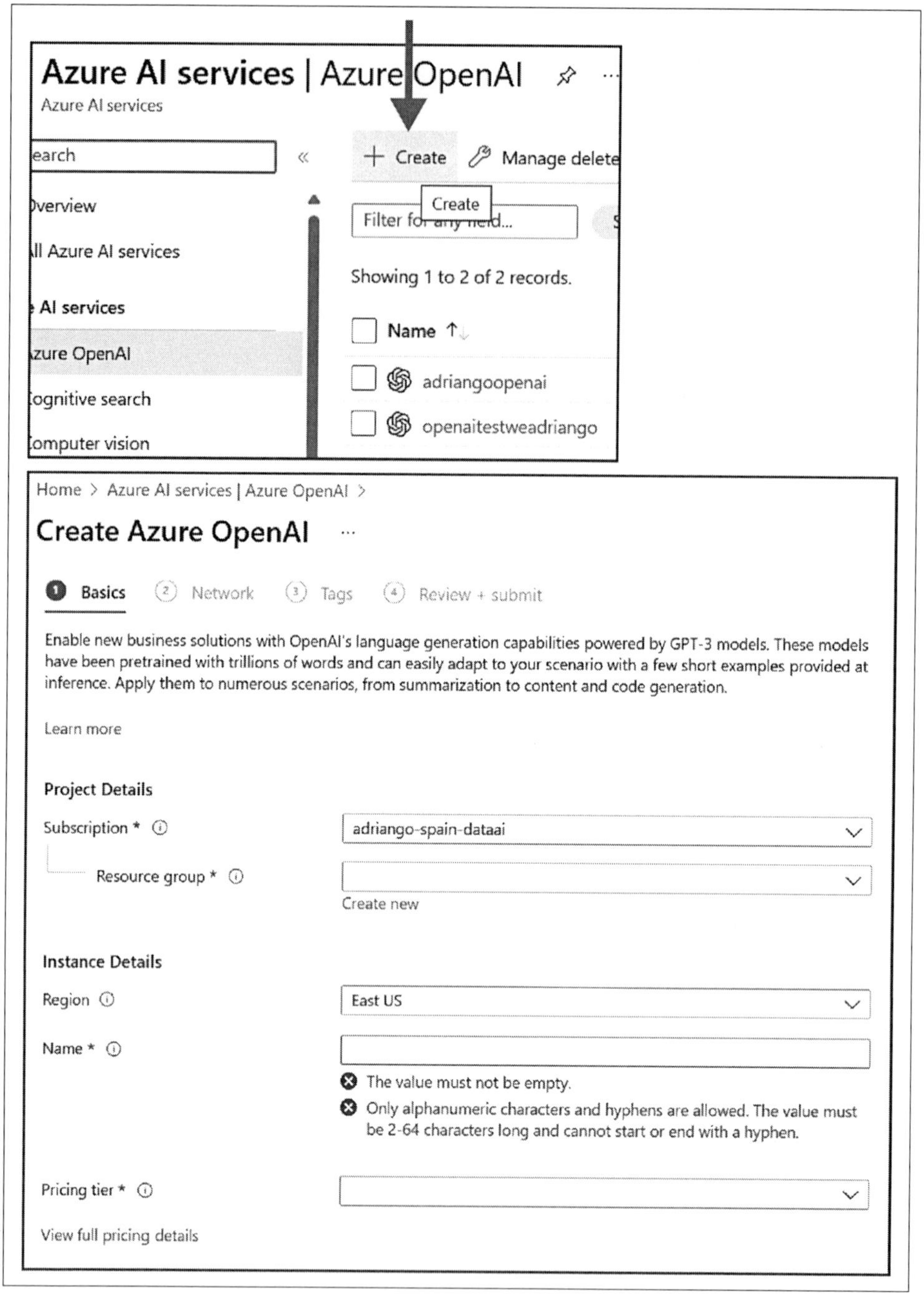

Figura 2-9 *Portal Azure: detalles del recurso (ejemplo de Azure OpenAI Service).*

En esa ventana puede encontrar detalles relacionados con su suscripción, las preferencias de región geográfica, el nombre único elegido para su recurso Azure y el nivel de precios. (Los niveles son el nivel de precios basado en el uso estimado; por ahora solo hay una opción para Azure OpenAI llamada "Standard S0". Cualquier actualización debería estar disponible a través de la página oficial de precios y la calculadora de Azure).

Además de gestionar recursos individuales, el portal Azure permite crear grupos de recursos para organizar y gestionar de forma lógica recursos relacionados de forma conjunta. Esta es una característica interesante, y una buena práctica recomendada para agrupar los recursos necesarios para sus implementaciones de la IA generativa con Azure, incluyendo Azure OpenAI Service y otros que necesitará para sus proyectos.

Si no ha creado una cuenta de Azure antes, el primer paso es hacer una gratuita. Suele incluir créditos iniciales gratuitos para la experimentación inicial. Requiere un correo electrónico corporativo para la cuenta específica y la información de pago.

Se explorarán los detalles de los enfoques de implementación de la IA generativa con Microsoft Azure en el Capítulo 3, pero la idea detrás del portal Azure es facilitar el proceso de despliegue, gestión y mantenimiento de los diferentes recursos necesarios para crear estas arquitecturas independientemente del tipo de servicio. Desplegar cualquier servicio de Azure desde el portal Azure implica varios pasos, así que recuerde el proceso de alto nivel:

1. *Inicie sesión en el portal Azure*

   Abra un navegador web, navegue hasta el portal Azure y regístrese con las credenciales de su cuenta Azure.

2. *Cree un recurso*

   Para desplegar un servicio Azure es necesario crear un recurso. Un recurso representa un servicio o componente en Azure, como una máquina virtual, una cuenta de almacenamiento o una base de datos. Haga clic en el botón "Crear un recurso" en el portal de Azure.

3. *Seleccione un servicio*

   En el asistente de creación de recursos, verá una lista de los servicios Azure disponibles. Elija el servicio que desea desplegar navegando por las categorías o utilizando la barra de búsqueda.

4. *Configure el recurso*

   Una vez que haya seleccionado un servicio, accederá a una página de configuración en la que podrá especificar la configuración del recurso. Las opciones disponibles dependen del servicio específico que esté desplegando. Rellene la información necesaria, como el nombre del recurso, la región, el nivel de precios y cualquier otra configuración relevante.

5. *Revisar y crear*

Después de configurar el recurso, revise los ajustes para asegurarse de que son correctos. También puede activar funciones adicionales o complementos si están disponibles. Cuando esté satisfecho, haga clic en el botón "Revisar + Crear".

6. *Validación y despliegue*

Azure validará los ajustes de configuración y comprobará si hay algún problema potencial. Si todo está en orden, haga clic en el botón "Crear" para iniciar el proceso de despliegue.

7. *Supervise el despliegue*

Azure comenzará a aprovisionar los recursos basándose en su configuración. Puede supervisar el progreso del despliegue en el portal de Azure. Dependiendo del servicio, el despliegue puede tardar unos minutos en completarse.

8. *Acceder y gestionar el servicio desplegado*

Una vez finalizado el despliegue, puede acceder y gestionar el servicio desplegado a través del portal Azure. Puede ver sus propiedades, realizar cambios en su configuración, supervisar su rendimiento y realizar otras tareas administrativas según sea necesario.

Este es el proceso para la mayoría de los recursos de Azure, pero existen otros métodos de despliegue como las plantillas de Azure Resource Manager, la orquestación de recursos habilitada para las API, Azure Bicep, Terraform on Azure, o herramientas de línea de comandos como Azure CLI o Azure PowerShell, todos ellos para usuarios más avanzados de administración o técnicos. No dude en explorarlas si quiere aprender más.

Para Azure OpenAI Service, siempre puede visitar la guía oficial de despliegue de recursos, que resume los pasos que se acaban de resumir. Otra información que puede que desee revisar antes de desplegar el servicio incluye la página principal del producto, la guía de precios mencionada anteriormente, la disponibilidad por región geográfica del servicio (por ejemplo, si despliega el servicio desde la Unión Europea, puede que desee utilizar una región más cercana, como Europa Occidental en Ámsterdam, para obtener una mejor latencia, rendimiento y, tal vez, precios) y la documentación general.

Ahora que ya sabe cómo utilizar el portal de Azure y la información clave sobre el proceso de despliegue del servicio Azure OpenAI, cabe analizar algunas consideraciones importantes a nivel de modelo y arquitectura general. Esto será clave para crear las implementaciones de extremo a extremo que se verán en el Capítulo 3.

Consideraciones generales sobre el servicio Azure OpenAI

Ahora que se ha explorado la noción de desarrollo nativo en la nube con Azure, y los fundamentos del portal Azure para Azure OpenAI Service, cabe profundizar en los diferentes modelos de IA que están disponibles y las arquitecturas de alto nivel para que pueda saber cómo dar sentido a las ofertas de la IA generativa habilitadas para Azure.

Modelos de servicio Azure OpenAI disponibles

La mayoría de los recursos PaaS habilitados para la nube de cualquier nube pública, incluidos los de Microsoft Azure, aprovechan los puntos finales nativos y las API como forma de conectarse y conectar sus modelos. Este es el caso de Azure OpenAI Service y el resto de Azure AI Services, que se ha visto en este capítulo.

Además, hay elementos visuales como Azure AI Foundry, una evolución del Azure AI/ML Studio (que se explicará y aprovechará en el Capítulo 3), que proporcionan acceso a diferentes modelos de IA propietarios y de código abierto. Esto incluye un catálogo de modelos para aprovechar una selección, incluidos los de Azure OpenAI, Meta y el Hugging Face Hub en Azure, anunciado tanto por Microsoft como por Hugging Face durante Microsoft Build 2023. Esto también permite probar y desplegar esos modelos de una forma muy sencilla.

Como puede ver en la Figura 2-10, si visita la página del Foundry, accederá a sus espacios de trabajo existentes, o podrá crear uno nuevo si es la primera vez que se conecta al estudio.

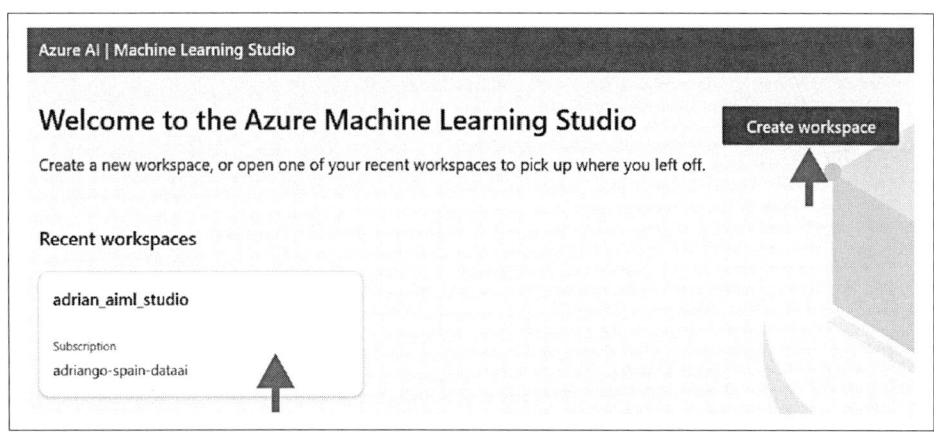

Figura 2-10 *Azure AI Foundry: interfaz principal.*

Si accede al espacio de trabajo, verá el mismo tipo de interfaz visual que ha revisado anteriormente en este capítulo. En la Figura 2-11, el panel izquierdo del menú del espacio de trabajo ofrece todas las opciones relacionadas con los datos, los modelos, los puntos finales, los recursos necesarios, etc. En aras de la simplicidad, se verán principalmente dos características principales: el catálogo de modelos y más adelante, en el Capítulo 4, la funcionalidad de flujo de solicitudes.

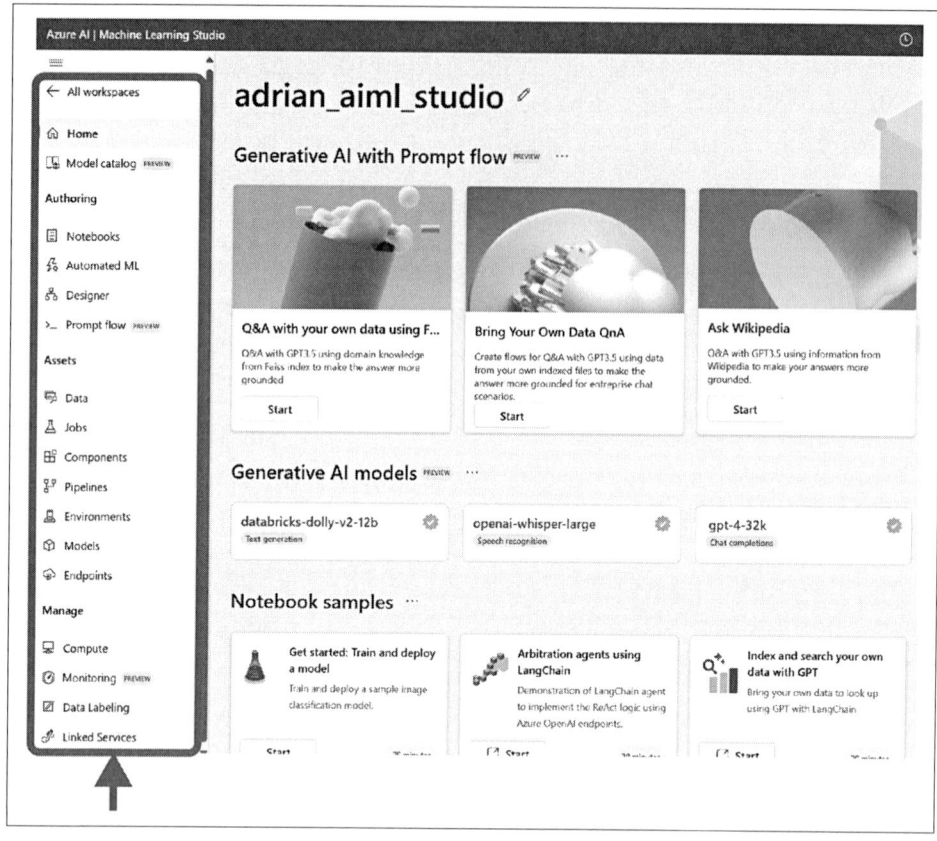

Figura 2-11 *Azure AI Foundry: panel izquierdo.*

Si elige la opción de catálogo de modelos y busca "Azure OpenAI" o hace clic directamente en el mosaico, como se muestra en la Figura 2-12, accederá a la lista actualizada de modelos Azure OpenAI disponibles.

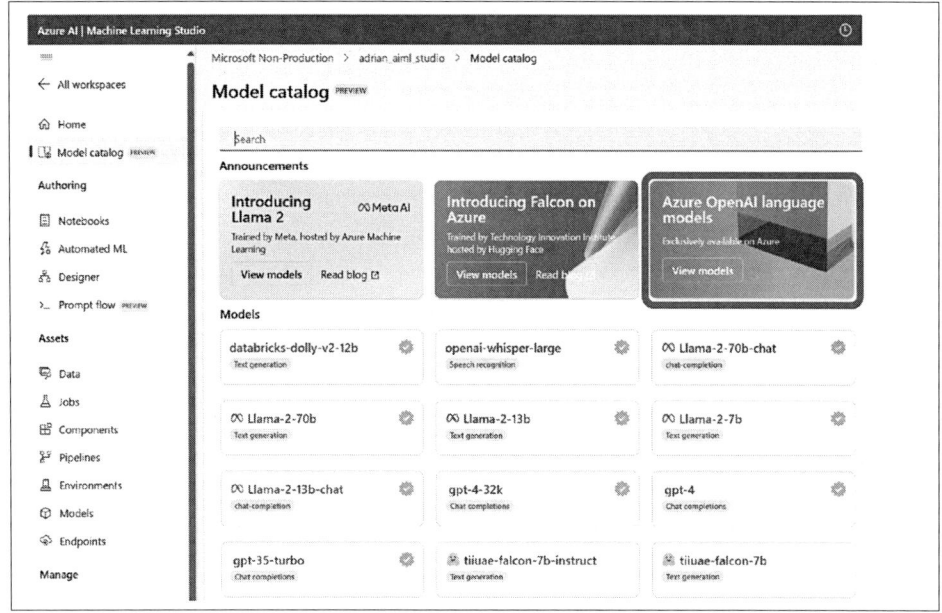

Figura 2-12 *Azure AI Foundry: catálogo de modelos.*

Los modelos de la Figura 2-13 son los disponibles en el momento de escribir estas líneas, pero dependiendo de cuándo consulte el catálogo, es probable que encuentre estos y/u otros. Una forma alternativa de consultar todos los modelos disponibles en este momento es utilizar la API de listas.

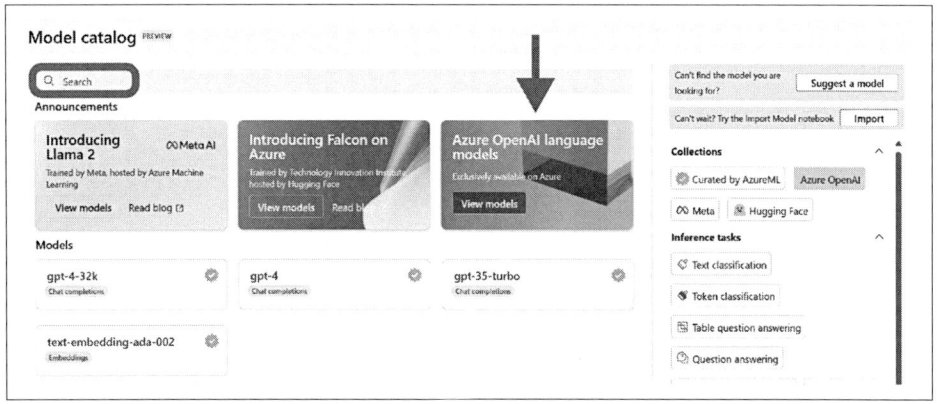

Figura 2-13 *Azure AI Foundry: modelos de Azure OpenAI Service.*

Ahora, teniendo en cuenta la naturaleza evolutiva de la disponibilidad de los modelos Azure OpenAI, si explora las familias de modelos clave y algunos ejemplos de modelos específicos podrá aprovechar para sus proyectos de IA generativa. Esto sin duda cambiará con el tiempo, pero es un buen comienzo.

Azure OpenAI Service divide sus capacidades en diferentes *familias de modelos*. Una familia de modelos suele asociar modelos de IA por su tarea prevista, como la comprensión del lenguaje natural, la generación de código o la síntesis de imágenes. Algunas de las familias de modelos Azure OpenAI más populares son las siguientes:

Modelos lingüísticos

Entre los modelos lingüísticos más populares figuran los siguientes:

Iniciales: GPT-3.5 Turbo, GPT-3.5 Turbo Instruct, etc.

Modelos que mejoran las versiones anteriores de GPT-3 y pueden comprender y generar lenguaje natural y código. Hay varias versiones con distintos límites de longitud de contexto, incluidas las de 4 K y 16 K tokens, que es la medida de la entrada máxima de texto.

Evoluciones: GPT-5, GPT-4.5, GPT-4o, o1, o3-mini, etc.

Modelos de lenguaje y razonamiento con mejor rendimiento (y mayor coste) que 3.5 Turbo, que pueden manejar tareas más complejas y generar resultados más precisos y diversos. También pueden manejar entradas de texto más grandes (que se suelen definir como "contexto") que sus predecesores.

Speech

Hay otras opciones en Azure, pero Azure AI Foundry incluye el modelo de voz a texto Whisper de OpenAI (es decir, escribiendo "whisper" y seleccionando el modelo). No está disponible directamente en Azure OpenAI Studio, pero puede integrarse con el resto de los modelos GPT para crear escenarios de voz a texto.

Otros modelos

Otros modelos populares son los siguientes:

Codex de programación

Una serie de modelos capaces de comprender y generar código, incluida la conversión de lenguaje natural a código. La realidad es que Codex era inicialmente un modelo independiente, pero después de algún tiempo OpenAI añadió sus capacidades a los modelos de lenguaje desde las versiones iniciales de GPT-3.5 Turbo y GPT-4. Esto significa que los mismos modelos manejan tanto el lenguaje natural como el código de programación. Esto significa que los mismos modelos manejan tanto el lenguaje natural como el código de programación.

DALL-E para imágenes

Una serie de modelos que pueden generar imágenes originales a partir de lenguaje natural. Este es el modelo que hay detrás de herramientas como Bing Create y Microsoft Designer, y está disponible directamente desde Azure OpenAI Studio.

Es importante diferenciar las distintas familias de modelos y sus capacidades específicas para saber cuáles utilizará en sus proyectos de IA generativa. Además, el equilibrio entre los distintos modelos de Azure OpenAI depende del caso de uso y del presupuesto disponible. En términos generales, los modelos más capaces, como GPT-4o, o los diferentes modelos de GPT-5, pueden gestionar tareas más complejas y generar resultados más precisos y diversos, pero también consumen más recursos e incurren en costes más elevados. En el capítulo 3 exploraremos varios escenarios que pueden funcionar con todos estos modelos GPT. También puede explorar todo el conjunto de modelos de OpenAI, incluidos algunos obsoletos que aún están documentados a través de OpenAI.

Además de todas estas funcionalidades, una de las características clave de los sistemas con LLM son los *embeddings* o *embeddings*. Se trata de un término general relacionado con la PLN y los LLM. Los embeddings son una forma de representar datos en un espacio multidimensional. A menudo se utilizan para capturar el significado semántico de palabras, imágenes u otros tipos de datos. Por ejemplo, en la Figura 2-14, un modelo de embedding puede asignar una palabra a un vector de números, de forma que palabras con significados similares tengan vectores similares. Esto significa que se pueden conectar piezas de información que no están directamente conectadas, pero que pueden tener una conexión matemática o lingüística (por ejemplo, varias bases de conocimiento de empresas del mismo sector, fuentes internas y externas, etc.).

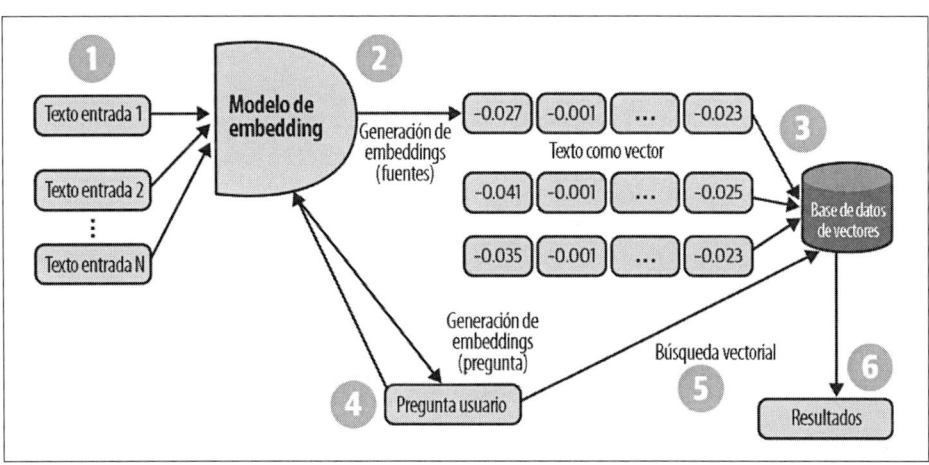

Figura 2-14 *Modelo de embedding.*

Este ejemplo ilustra el *proceso* típico *de generación y búsqueda*:

1. Se recogen distintas entradas de datos (PDF, archivos de texto, URL, etc.) para crear la base de conocimientos. Se trata de una vista simplificada, ya que las fuentes se procesan previamente para extraer la información basada en texto. Se verán opciones para ello, como los aceleradores oficiales y Azure AI Document Intelligence en el Capítulo 3.

2. Se aprovecha la API de embeddings para generar los embeddings a partir de diversas fuentes. Puede utilizar una llamada básica a la API con la entrada de texto que devuelvea los vectores generados.

3. Los vectores/embeddings generados se almacenan en una base de datos de vectores. Se explorarán varias opciones de bases de datos en Azure en el Capítulo 3.

4. Tras el proceso de generación, se puede suponer que los usuarios finales querrán buscar temas o información específicos que se incluirán como parte de las distintas entradas de datos que se han recopilado y vectorizado. Para ello, se utilizará la misma API de embedding para generar los embeddings de las propias preguntas (nota: necesitamos el mismo modelo de embedding tanto para el conocimiento como para las preguntas).

5. La base de datos vectorial soportará funciones de búsqueda. Esto significa que se utilizarán las preguntas vectorizadas del usuario como entrada para encontrar información en la base de datos vectorial que contiene la base de conocimientos.

6. Si hay temas relacionados, la función de búsqueda devolverá una variedad Top-k de resultados que se puede utilizar para generar la respuesta (ya sea imprimiendo directamente los resultados o pasándolos como entrada para un escenario basado en chat).

Los casos de uso de los embeddings disponibles en Azure OpenAI Service son los siguientes:

Similitud de textos

Conjunto de modelos que proporcionan embeddings que capturan la similitud semántica de fragmentos de texto. Estos modelos son útiles para muchas tareas, como la agrupación, la regresión, la detección de anomalías y la visualización.

Búsqueda de texto

Conjunto de modelos que proporcionan embeddings que permiten la recuperación de información semántica sobre los documentos. Estos modelos son útiles para tareas como la búsqueda, la relevancia de los contextos y la recuperación de información.

Búsqueda de códigos

Conjunto de modelos que proporcionan embeddings que permiten encontrar código relevante con una consulta en lenguaje natural. Estos modelos son útiles para tareas como la búsqueda de código y la relevancia.

A nivel técnico, la opción de modelo recomendada para embeddings con Azure OpenAI Service se denomina "Ada"; se trata de un modelo mejorado y más rentable que sus predecesores. Esto es bastante útil para aumentar el alcance del conocimiento de Azure OpenAI consumiendo información de PDF, sitios web, archivos de texto, etc.

Como se ha mencionado anteriormente, la generación de embeddings se basa en una dinámica muy simple de llamada/respuesta a la API, y los detalles específicos sobre cómo generar embeddings para una fuente determinada están disponibles en la documentación oficial, así como los límites de longitud de contexto específicos (por ejemplo, 8 K tokens para Ada versión 2). Generar embeddings es tan sencillo como llamar a la API de embedding con la entrada de texto que se desea vectorizar. Por ejemplo, en Python:

```
import openai openai.api_type= "azure"
openai.api_key = TU_API_KEY
openai.api_base=      "https://YOUR_RESOURCE_NAME.openai.azure.com"
openai.api_version = "2023-05-15"
response = openai.Embedding.create( input="Tu cadena de texto va
aquí", engine="TU_NOMBRE_DEEMPLEO"
)
embeddings= response['data'][0]['embedding'] print(embeddings)
```

El resultado sería una representación numérica en la que cada número de la lista se correspondería con una dimensión del espacio del embedding. Los valores exactos dependerán del modelo específico y de sus datos de entrenamiento, pero podría tener este aspecto:

```
[0.123, 0.456, 0.789, ..., 0.987]
```

Con esto se ha completado la revisión de los modelos de Azure OpenAI y sus capacidades. Mientras que en el Capítulo 3 se cubrirán los detalles de ejemplos de proyectos y arquitecturas, la siguiente sección explorará los bloques de construcción arquitectónicos generales para las implementaciones con Azure OpenAI, así como temas generales de infraestructura en la nube.

Elementos arquitectónicos de los sistemas de IA generativa

Las arquitecturas basadas en Azure se basan en una serie de servicios interconectados que pueden comunicarse entre sí para un fin específico. En este caso, Azure OpenAI desempeña un papel crucial para permitir interacciones entre cualquier aplicación del lado del cliente, pero en este caso se basará el método en más bloques de construcción para construir las soluciones de IA generativa. En la Figura 2-15 puede ver los principales componentes de una arquitectura (simplificada) habilitada para Azure OpenAI.

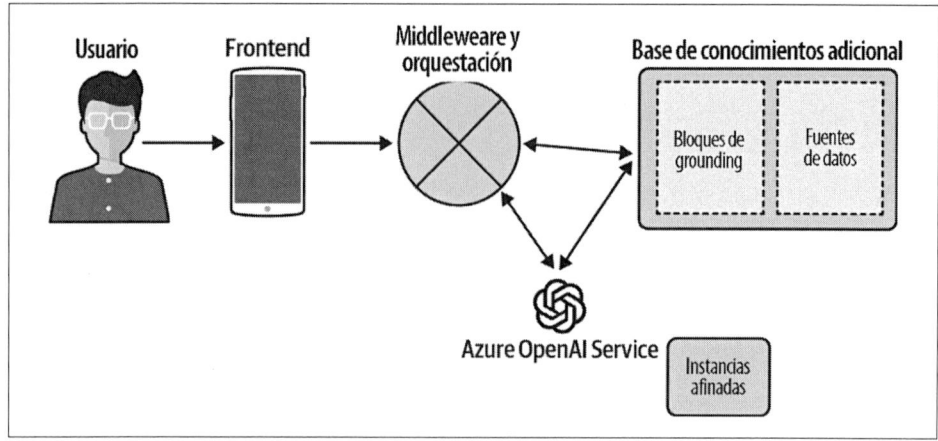

Figura 2-15 *Bloques de arquitectura de alto nivel.*

A continuación se verán estas piezas con un poco más de detalle:

Frontend de la aplicación

Cualquier elemento del lado de la aplicación que aproveche las capacidades de la IA generativa.

Middleware/orquestación

Se explorará este elemento en el Capítulo 3, pero la pieza de orquestación básicamente permite conectar diferentes habilidades de Azure OpenAI con otros servicios relevantes. Además, el middleware puede incluir gestión de API y otros temas que se verán en el Capítulo 3.

Servicio Azure OpenAI

Para habilidades basadas en texto, como explicar la respuesta a una pregunta compleja, tanto para completar como para escenarios basados en chat.

Base de conocimientos adicional

Se trata de una combinación de las fuentes de datos principales (bases de datos, almacenamiento blob, etc.) y elementos de extracción de conocimiento, como embeddings, Azure AI Search, Bing Search, etc. Por ahora, cabe definirlos como "bloques de base", pero se estudiarán los detalles en el Capítulo 3.

Si desarrolla una aplicación que aprovecha Azure OpenAI y otros servicios de Azure, y esa implementación forma parte de una plataforma de datos habilitada para una IA más grande, la arquitectura de extremo a extremo podría empezar a parecerse a la Figura 2-16.

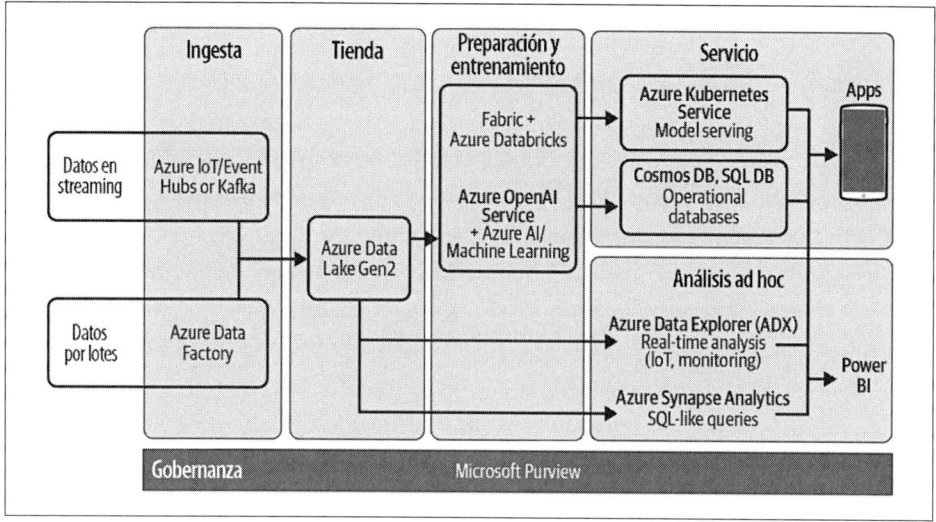

Figura 2-16 *Plataforma Azure de extremo a extremo (incluido Azure OpenAI Service).*

En este caso, Azure OpenAI Service forma parte de un conjunto más amplio que incluye fuentes de datos, procesos de integración, bases de datos SQL/NoSQL, contenedorización, análisis, etc. La configuración final depende de la estructura de la propia plataforma, pero este es un buen resumen para entender dónde se sitúa Azure OpenAI para cualquier implementación de datos e IA con Microsoft Azure.

Si desea obtener más información sobre las arquitecturas habilitadas para Azure y los detalles de todos estos servicios en la nube, consulte *Learning Microsoft Azure* de Jonah Carrio Andersson. Además, la referencia principal para la arquitectura es el Microsoft Architecture Center oficial para escenarios de Azure OpenAI específicos. Es posible que desee marcar este recurso como favorito, ya que los equipos de Microsoft actualizan continuamente el contenido con nuevas arquitecturas visuales y explicaciones, incluidos algunos ejemplos con Azure OpenAI Service.

Otra arquitectura interesante que puede explorar es la arquitectura de referencia de la landing zone de Azure OpenAI, que incluye consideraciones de nube de extremo a extremo, incluidos los temas de infraestructura básica, como la identidad y la seguridad, la monitorización, la gestión de los costes, la gestión de los usuarios y el API, FinOps, etc. Se trata de una visión muy rica y completa de lo que incluiría una implementación de nivel empresarial más allá de las capacidades básicas de la IA generativa.

Por último, pero no por ello menos importante, no olvide explorar el documento CNCF Cloud Native AI Whitepaper del AI Working Group, que incluye bloques tecnológicos, técnicas y recursos nativos de la nube para temas de la IA generativa.

Conclusión

Como puede ver, las arquitecturas nativas de la nube son valiosas para el desarrollo de la IA generativa, ya que se integran a la perfección con Azure OpenAI y otros servicios de Azure. Se explorarán diferentes enfoques de implementación en el Capítulo 3, pero todos ellos se basan en las capacidades y los bloques de construcción clave analizados aquí. Como adopter, es posible que se enfrente a situaciones en las que necesitará optimizar las aplicaciones existentes para que puedan incorporar capacidades de IA generativa (como se ha revisado en la sección de modernización), pero también tendrá la oportunidad de desarrollar nuevas aplicaciones habilitadas para Azure OpenAI desde cero. Para ello, aprovechar las piezas de containerización, serverless y PaaS le ayudará a diseñar arquitecturas y soluciones bien arquitecturadas y escalables. Dependiendo de su nivel actual de conocimientos, será importante que comprenda los fundamentos de la nube detrás de Microsoft Azure y los servicios específicos para el desarrollo, las API y la orquestación de contenedores Kubernetes.

El Capítulo 3 se centrará en diferentes alternativas para mejorar sus aplicaciones Azure OpenAI con conocimientos específicos de la empresa, así como en las principales características e interfaces que aprovechará para sus próximos proyectos. También incluye nuevos términos que se explorarán brevemente en este, como la base de datos vectorial y la orquestación. Ahora cabe continuar.

CAPÍTULO 3

Implantación de la IA generativa nativa de la nube con Azure OpenAI Service

Este capítulo se centrará en la implementación de arquitecturas de IA generativa con modelos de Microsoft Azure y Azure OpenAI, siempre con el objetivo de presentar todas las opciones disponibles y minimizar el coste de desarrollo, integración y uso requerido, a la vez que se acelera la operacionalización. Para ello, he incluido una serie de mejores prácticas y arquitecturas típicas que le permitirán elegir los mejores bloques de construcción para sus escenarios específicos.

Se incluirán los enfoques de implementación de Azure OpenAI más relevantes, basados en las funcionalidades existentes y en repositorios que seguirán evolucionando, mejorando e incluyendo nuevas funcionalidades. He incluido enlaces a la documentación original porque se actualizan continuamente con nuevas funcionalidades, por lo que estos enlaces permitirán explorar cualquier detalle que necesite. La mayoría de ellos se basan en aceleradores oficiales de repositorios GitHub, y proyectos que podrá seguir y/o evolucionar. Pero antes de entrar en detalles, cabe explorar algunos temas fundamentales que le ayudarán a entender en toda su extensión lo que significa una IA generativa con Azure OpenAI Service.

Definición del ámbito de conocimiento de las aplicaciones habilitadas para el servicio Azure OpenAI

Las aplicaciones de IA generativa en Microsoft Azure no son solo para aplicaciones normales de tipo ChatGPT. Son arquitecturas avanzadas que se basan en diversas piezas tecnológicas, incluida la infraestructura central (servidores, GPU, etc.) necesaria para ejecutar modelos de IA generativa, y que permiten a quienes las adoptan crear aplicaciones conversacionales y motores de búsqueda, desarrollar e integrar nuevos copilotos de IA en sus aplicaciones, personalizar la atención al cliente, etc.

Desde el punto de vista de Azure OpenAI, se está hablando de un servicio gestionado que incluye funcionalidades avanzadas que le permitirán implementar *diferentes niveles de conocimiento* dependiendo del alcance deseado para sus aplicaciones, y basándose en capacidades predeterminadas y técnicas específicas de ajuste y personalización.

Por niveles de conocimiento, hace referencia a algo que va más allá del alcance inicial del LLM y su enorme conjunto de datos (por ejemplo, añadir nueva información para una aplicación interna de la empresa basándose en sus propios datos). Algunas de las opciones para ajustar ese conocimiento son las siguientes:

LLM de base

Los modelos lingüísticos de Azure OpenAI se entrenan en enormes conjuntos de datos que contienen miles de millones de palabras. Estos conjuntos de datos se seleccionan cuidadosamente para incluir una amplia gama de temas, géneros y estilos de escritura. El tamaño y la diversidad de los datos de entrenamiento ayudan a los modelos a desarrollar una amplia comprensión del lenguaje humano. No se han revelado los detalles específicos de los datos de entrenamiento, pero incluyen datos de texto de diversas fuentes, como libros, artículos, sitios web y otros materiales escritos de acceso público. Además, el proceso de formación (RLHF) incluye revisores humanos que ayudan a anotar y conservar los datos señalando y abordando posibles sesgos o contenidos problemáticos. Se establecen circuitos de retroalimentación con los revisores para mejorar y perfeccionar continuamente los modelos. Una de las principales ventajas del servicio Azure OpenAI para las empresas es que sus datos son solo suyos y nadie los utiliza para volver a entrenar los modelos. El proceso de principio a fin se explica en el documento público de OpenAI titulado *Training language models to follow instructions with human feedback*, y en su tarjeta de modelo GPT oficial, que se muestra en la Figura 3-1.

Conocimientos complementarios

Puede proporcionar a los LLM algún contexto, o conocimiento adicional, haciéndolos específicos para el ámbito de actividad del sistema desarrollado. Esto podría ir desde establecer el tema de discusión para un chatbot hasta especificar URLs que estén relacionadas con los temas que quiere incluir. Hay diferentes formas de implementarlo:

Ajuste fino

Utilizar pequeñas bases de conocimiento o datos privados para volver a entrenar al LLM con nueva información adicional. Disponible a través de Azure OpenAI Service, es una buena opción para ajustar el ámbito de conocimiento del LLM, pero una opción menos rentable (como se explorará en el Capítulo 5, cuando se calcule el coste de las implementaciones habilitadas para Azure OpenAI). En realidad, hay muy pocos casos de uso que requieran un ajuste fino porque actualiza los pesos de los modelos, pero no hace necesariamente que el modelo sea más factual con respecto a los datos para los que se ajustó. La mayoría de los casos de uso pueden lograrse mediante la recuperación generación aumentada (RAG).

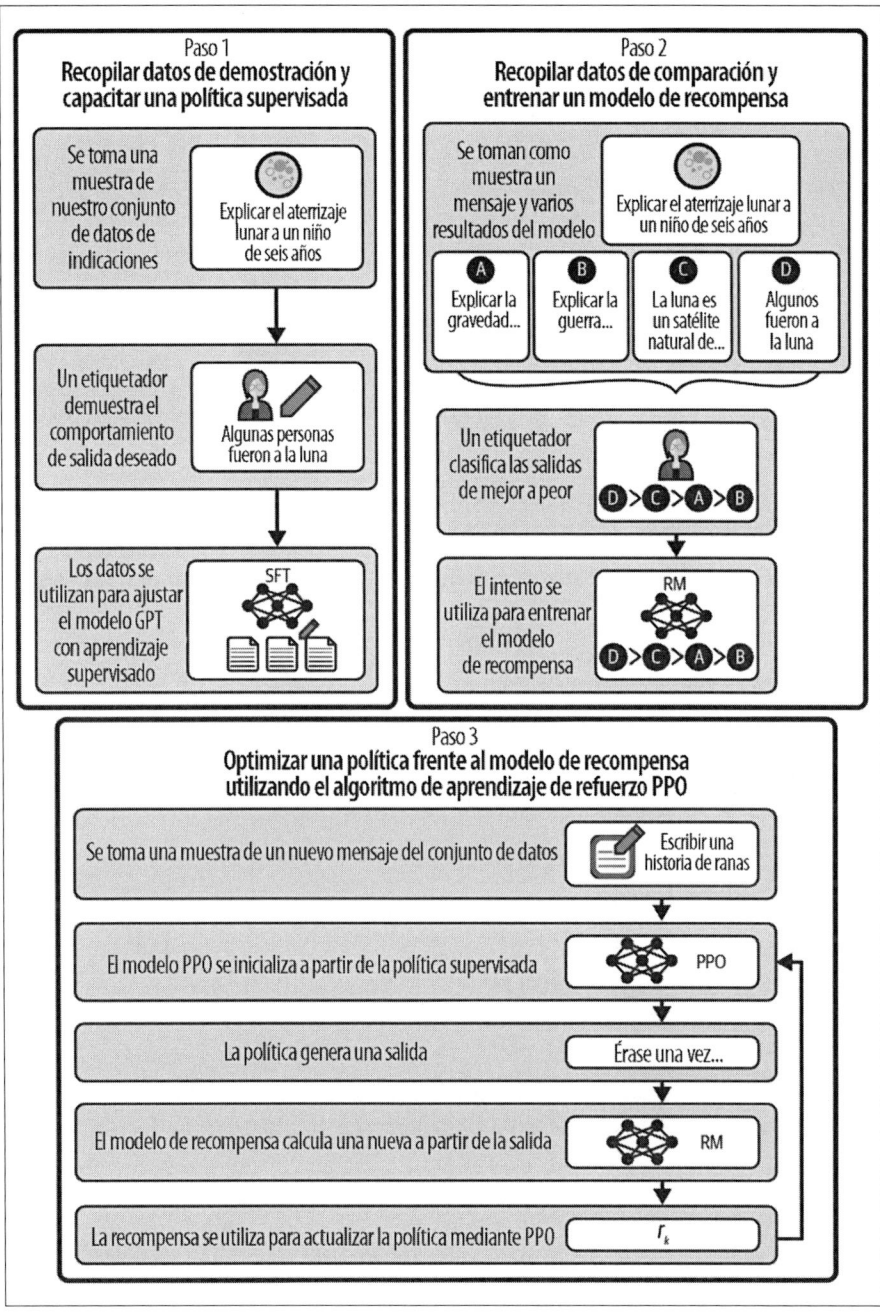

Figura 3-1 *El proceso de entrenamiento ChatGPT (fuente: adaptado de una imagen de OpenAI; licencia Creative Commons 4.0).*

RAG, recuperación basada en embeddings

Según la definición de Microsoft, los embeddings son:

> Representaciones o codificaciones de tokens, como frases, párrafos o documentos, en un espacio vectorial de alta dimensión, en el que cada dimensión responde a una característica o atributo aprendido de la lengua. Los embeddings son la forma en que el modelo capta y almacena el significado y las relaciones del lenguaje, y la forma en que el modelo compara y contrasta diferentes tokens o unidades del lenguaje. Para el modelo, los embeddings son el puente entre los aspectos discretos y continuos, simbólicos y numéricos del lenguaje.

RAG, recuperación basada en índices

Es la capacidad de indexar archivos existentes para poder localizarlos al interactuar con el motor LLM. Microsoft define los índices como:

> Rastreadores que extraen el contenido que se puede buscar de las fuentes de datos y rellenan un índice de búsqueda utilizando asignaciones de campo a campo entre los datos de origen y un índice de búsqueda. Este enfoque se denomina a veces "modelo pull" porque el servicio de búsqueda extrae los datos sin que el usuario tenga que escribir ningún código que añada datos a un índice.

RAG, búsqueda híbrida

Como resultado de la combinación de técnicas de base, la búsqueda híbrida aprovecha tanto la recuperación basada en embeddings como la basada en índices para desbloquear algunas de las técnicas más potentes.

Otras técnicas de grounding

Otras técnicas incluyen la contextualización (proporcionar información sobre temas y/o URL específicas para definir un ámbito de conocimiento reducido) y los resultados de Internet en directo para complementar la información del LLM e incluir fuentes externas.

Como se puede ver en la Figura 3-2, todos estos elementos contribuyen a la creación de un dominio de conocimiento extenso a partir de LLM regulares basados en Internet y datos privados. El resto de este capítulo se centrará en diferentes técnicas para implementarlos con Azure OpenAI y otros servicios de Microsoft.

En resumen, cualquier arquitectura o enfoque de IA generativa dependerá de los dominios y niveles de conocimiento que se necesiten para las soluciones finales. Si la aplicación puede basarse (solo) en el LLM, que ya contiene una enorme cantidad de información, entonces se puede implementar el modelo sin bloques de construcción adicionales. En cambio, si se necesita añadir información específica de otras fuentes (como PDF, documentos de texto, sitios web, bases de datos, etc.), cabe recurrir a las llamadas técnicas de ajuste fino y fundamentación.

A continuación explorará las interfaces y herramientas disponibles para crear nuevas aplicaciones con Azure OpenAI Service. Entenderá los bloques de construcción clave antes de moverse a una guía paso a paso de los enfoques de implementación más relevantes.

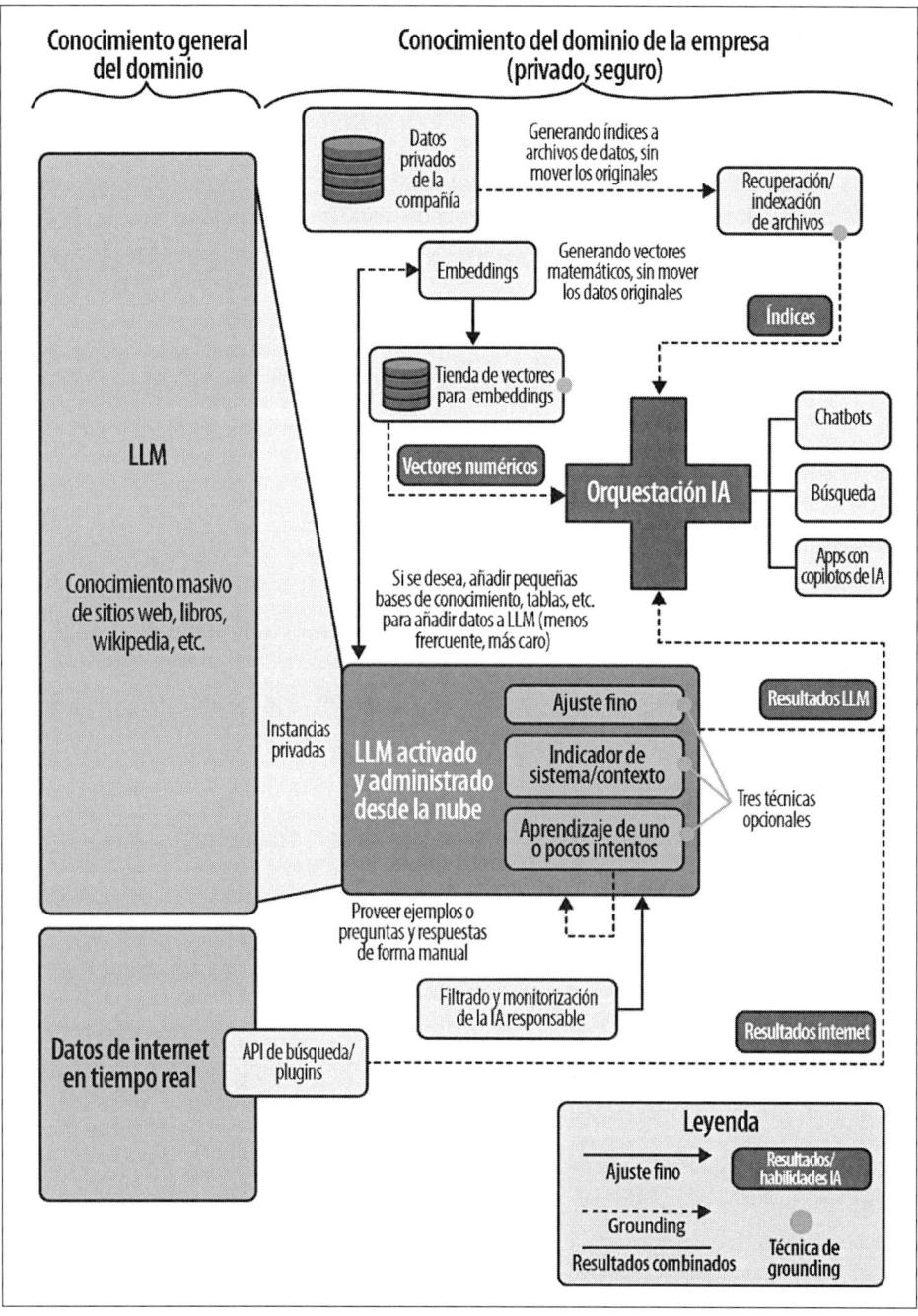

Figura 3-2 *Ámbito de conocimiento de la IA generativa.*

Modelado de IA generativa con Azure OpenAI Service

Uno de los factores clave de adopción que anima a la gente a utilizar Azure OpenAI es la disponibilidad de diferentes interfaces visuales y basadas en código que se pueden aprovechar mientras se utiliza el servicio. En esta sección las explorará, así como la forma de utilizar estas interfaces en función de su enfoque de implementación de IA generativa.

 Inicialmente, Microsoft lanzó Azure OpenAI Service con "Disponibilidad General Cerrada", lo que significa que cualquier organización dispuesta a utilizar el servicio tenía que *rellenar un formulario de solicitud detallado* para explicar los posibles casos de uso y garantizar el buen uso de la plataforma. El objetivo de Microsoft era validar que cualquier aplicación habilitada por Azure OpenAI estuviera siempre alineada con su enfoque de IA responsable y el uso previsto de la plataforma. Si está empezando a utilizar Azure OpenAI Service, compruebe primero si aún necesita solicitar el acceso y prepare la información necesaria para el formulario de solicitud.

Bloques de construcción del servicio Azure OpenAI

Antes de sumergirse en el "cómo hacerlo", cabe explorar los bloques de construcción disponibles para que cualquier profesional de Azure OpenAI prepare y despliegue nuevas soluciones. Básicamente, tiene dos componentes principales: las *interfaces visuales* que permiten a los usuarios probar, personalizar y desplegar sus modelos de IA generativa, y *las interfaces de desarrollo*, que permiten explotar e integrar esas capacidades avanzadas en cualquier aplicación.

Ambos elementos son complementarios y grandes bazas para cualquier tipo de adopter, ya que requieren un nivel relativamente bajo de conocimientos de IA para hacerlos funcionar. Por ejemplo, *los usuarios citizen* (perfiles híbridos técnico-empresariales que no son muy técnicos, pero que entienden los principios de la IA generativa y tienen algunos conocimientos de ingeniería rápida, pueden utilizar el playground visual o aprovechar Microsoft Copilot Studio) y *los desarrolladores regulares* son grandes candidatos para las plataformas de desarrollo.

Interfaces visuales: Azure OpenAI Studio y Playground

Al igual que con cualquier otro servicio de Azure AI, Azure OpenAI incluye la noción de un "Studio" (es decir, Azure OpenAI Studio) que hace que la interacción con los modelos generativos de IA sea muy sencilla al proporcionar una interfaz de usuario intuitiva que facilita el despliegue del servicio, y aprovecha las API existentes de Azure OpenAI sin necesidad de código desde la perspectiva del usuario.

Azure OpenAI Studio incluye el acceso a todos los modelos disponibles (por tipo y región geográfica), escenarios y ejemplos de avisos predefinidos, y varias aplicaciones llamadas *playgrounds*. Los Azure OpenAI Playgrounds son diferentes apps de dentro de Azure OpenAI Service que incluyen (como puede ver en la Figura 3-3) una instancia personalizable de tipo ChatGPT (*Chat*), otros modelos de lenguaje GPT para escenarios que no son de chat (*Completions*), un playground para conectar modelos de IA con sus datos (*Bring your own data*), y uno para aplicaciones de generación de imágenes con los modelos DALL-E de OpenAI.

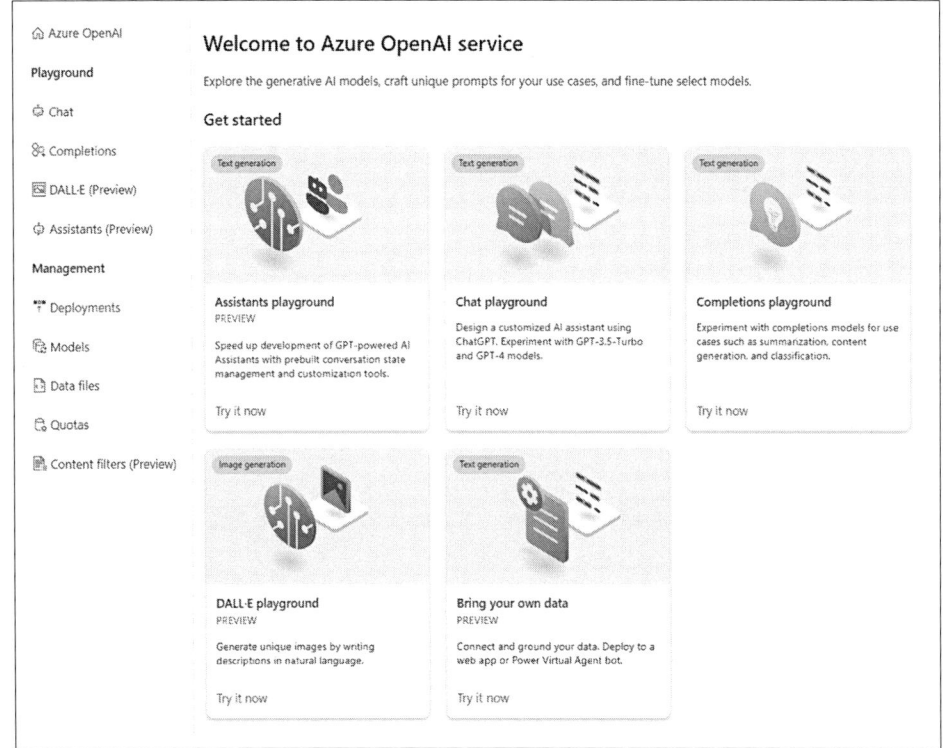

Figura 3-3 *Azure OpenAI Studio.*

Puede acceder a cada playground (y a sus correspondientes funciones de gestión) desde el panel izquierdo del estudio, o visitarlas directamente siguiendo las URL que se incluyen aquí:

Playground de chat

Esto incluye tanto el playground conversacional "Chat" con las características y configuraciones requeridas para crear una implementación ChatGPT privada, como la funcionalidad "Trae tus propios datos" (representada como uno de los playgrounds en Azure OpenAI Studio), que explicaré más adelante en esta sección. El playground "Chat" (mostrado en la Figura 3-4) aprovecha la API Chat Completions.

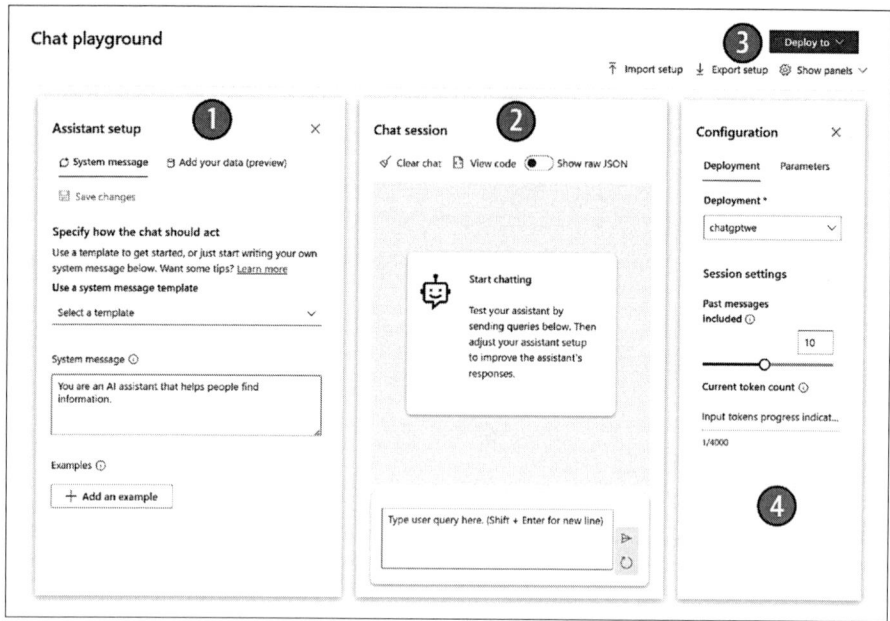

Figura 3-4 *Azure OpenAI Studio: "Chat" playground.*

Como se indica en la Figura 3-4, las principales baldosas y características del playground "Chat" son las siguientes:

1. Asistente de configuración

Esta área se encuentra en la parte izquierda de la pantalla y permite a los usuarios configurar el comportamiento del chatbot. Los usuarios pueden elegir entre plantillas o crear sus propios mensajes de sistema personalizados. Esta sección ayuda a los usuarios a definir cómo debe actuar y responder el chatbot a las consultas de los usuarios:

Mensaje del sistema

Un tipo de meta-prompt (es decir, un prompt que establece el contexto por defecto de la discusión) para guiar el comportamiento del sistema de la IA. Puede utilizarse para presentar el sistema, establecer expectativas, proporcionar retroalimentación o gestionar errores. Es importante recordar que, aunque no haya límite de tokens para este mensaje, se incluirá en cada llamada a la API, por lo que cuenta para el límite de tokens/longitud de contexto total del modelo.

Ejemplos

Esta área se encuentra en la esquina inferior izquierda de la pantalla. Puede añadir ejemplos a la inteligencia del bot para que aprenda la forma adecuada de responder a preguntas concretas. Es una buena opción cuando no necesita reentrenar completamente un modelo, por ejemplo, cuando necesita añadir un par de temas de base de conocimientos de su empresa y desea definir la mejor manera de responder. De la descripción oficial: "Añade ejemplos para mostrar al chat qué respuestas quieres. Intentará imitar las respuestas que añadas aquí, así que asegúrate de que coinciden con las reglas que estableciste en el mensaje del sistema".

2. *Sesión de chat*

Esta zona está situada en el centro de la pantalla y sirve como principal punto de interacción entre el chatbot y el usuario. Aquí puede escribir sus consultas y el chatbot responderá en consecuencia. La sesión de chat le permite probar el rendimiento del chatbot y realizar ajustes en la configuración del asistente según sea necesario, así como importar y exportar configuraciones del bot, u obtener el resultado como un archivo de JavaScript Object Notation (JSON).

3. *Despliegue*

Esta opción le permite desplegar su chatbot en una plataforma o entorno específico. Azure OpenAI Studio permite implementaciones directas tanto en Azure Web Apps como en Microsoft Copilot Studio. Se explorarán estas opciones de despliegue más adelante en este capítulo.

4. *Configuración*

Esta área se encuentra en la esquina superior derecha de la pantalla. Ofrece opciones para acceder a los ajustes de despliegue y de sesión. Los usuarios también pueden borrar el historial de chat y gestionar los parámetros relacionados con el despliegue del chatbot:

Despliegue

Para gestionar las configuraciones a nivel de sesión, como el recurso de despliegue de Azure OpenAI que desea utilizar (por ejemplo, puede tener varios para diferentes regiones geográficas), así como la memoria de la sesión, que afectará a cuántas interacciones puede recordar el sistema al obtener nuevas preguntas:

Instancia de despliegue

Seleccionará una opción, de entre los recursos que haya desplegado previamente (si no lo ha hecho, tendrá que crear uno antes de utilizar Azure OpenAI Studio), en función de las necesidades geográficas y de modelo que pueda tener.

Mensajes anteriores incluidos y recuento actual de tokens

Parámetros a nivel de sesión que puede querer ajustar para la prueba específica que haga a través del playground de "Chat". Estos parámetros desaparecerán cuando termine la sesión del playground, excepto si despliega una aplicación (se verán las opciones de despliegue en un par de secciones).

Parámetros

Este panel derecho incluye todos los ajustes técnicos que le permitirán calcular el mensaje de salida esperado, incluido el nivel de creatividad versus el determinismo de la respuesta:

Respuesta máxima

Este parámetro le ayuda a establecer un límite en el número de tokens por respuesta del modelo. La respuesta máxima se mide en número de tokens, y se reparte entre la pregunta (incluido el mensaje del sistema, los ejemplos, el historial de mensajes y el prompt/consulta del usuario) y la respuesta del modelo.

Temperatura

Este parámetro y el parámetro "Top-p" son alternativas directas para controlar la aleatoriedad del modelo de IA. Bajar la temperatura significa que el modelo producirá respuestas más repetitivas y deterministas. Aumentar la temperatura dará lugar a respuestas más inexploradas o creativas. Pruebe a ajustar la temperatura o el "Top-p", pero no ambos.

Playground Assistants

Lanzado en 2024, el playground "Asistentes" es visualmente similar al playground "Chat", pero incluye:

- La capacidad de manejar hilos de conversación mediante el uso del parámetro "ID de hilo", que convierte la conversación de chat en una aplicación con estado que mantiene el contexto y la memoria. Puede consultar los detalles en la especificación de la API de asistentes de Azure OpenAI.

- Otras funcionalidades como el registro de llamadas a la API, el intérprete de código y la llamada a funciones .

Tenga en cuenta que se trata de una opción relativamente nueva, pero la documentación oficial (*https://oreil.ly/HH4hH*) incluye los pasos detallados para la creación y gestión de archivos del asistente. Manténgase atento y marque esta URL para seguir cualquier novedad y recurso técnico.

Playground Completions

Como se vio en el Capítulo 1, la habilidad de compleción es (junto con los modelos de chat y embedding) uno de los conceptos centrales para el PLN y los LLM modernos. "Completions" se centra en interacciones unitarias para todo tipo de peticiones basadas en texto (sin necesidad de memoria entre interacciones, como puede necesitar para aplicaciones basadas en chat en las que el modelo mantiene el contexto de discusión). Aprovecha la API de Completions. Como se muestra en la Figura 3-5, el playground de "Completions" permite escribir una solicitud o elegir entre una serie de ejemplos. También incluye el mismo tipo de parámetros de configuración que se han visto en el playground de "Chat".

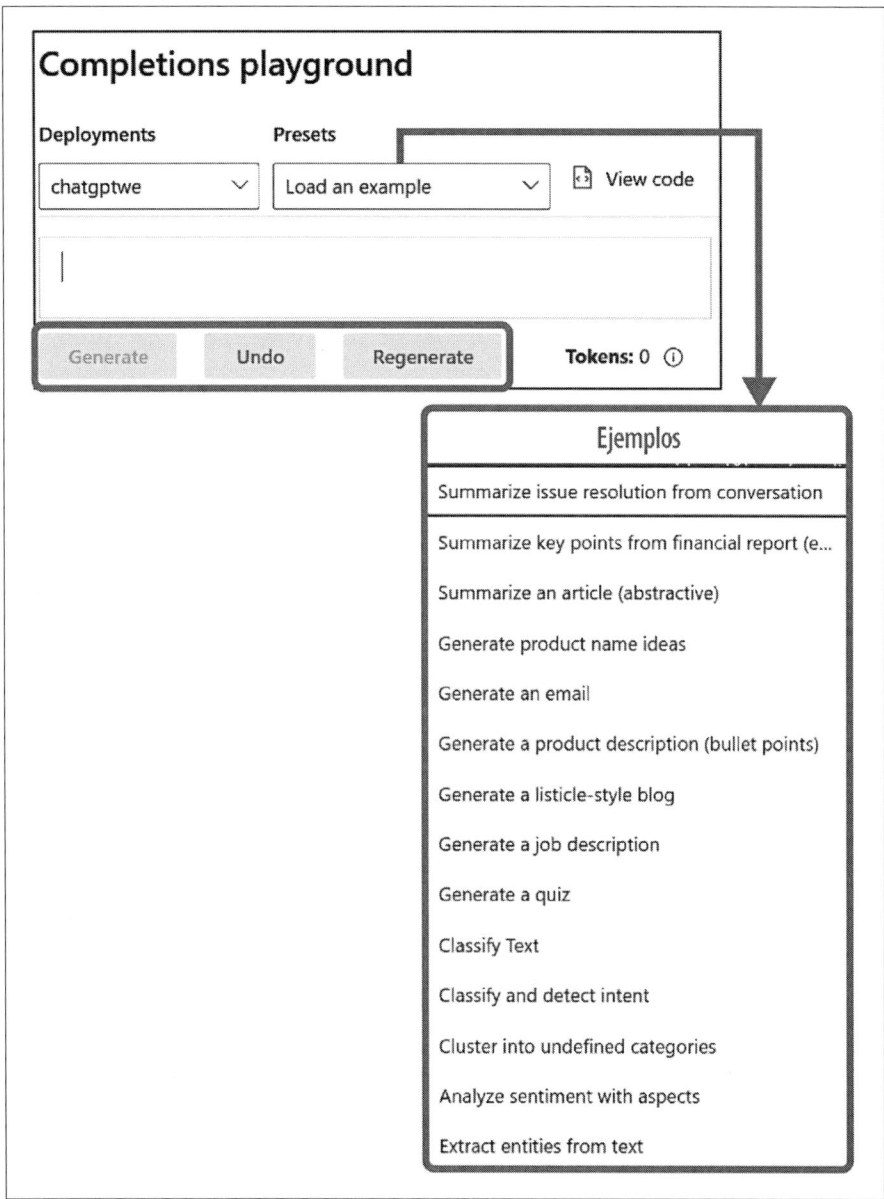

Figura 3-5 *Azure OpenAI Studio: playground de "Completions".*

Puede generar una respuesta (completion), e incluso regenerarla para obtener una salida totalmente nueva. Si elige uno de los ejemplos del menú desplegable, verá aparecer una pregunta automática y la completion correspondiente resaltada como en la Figura 3-6.

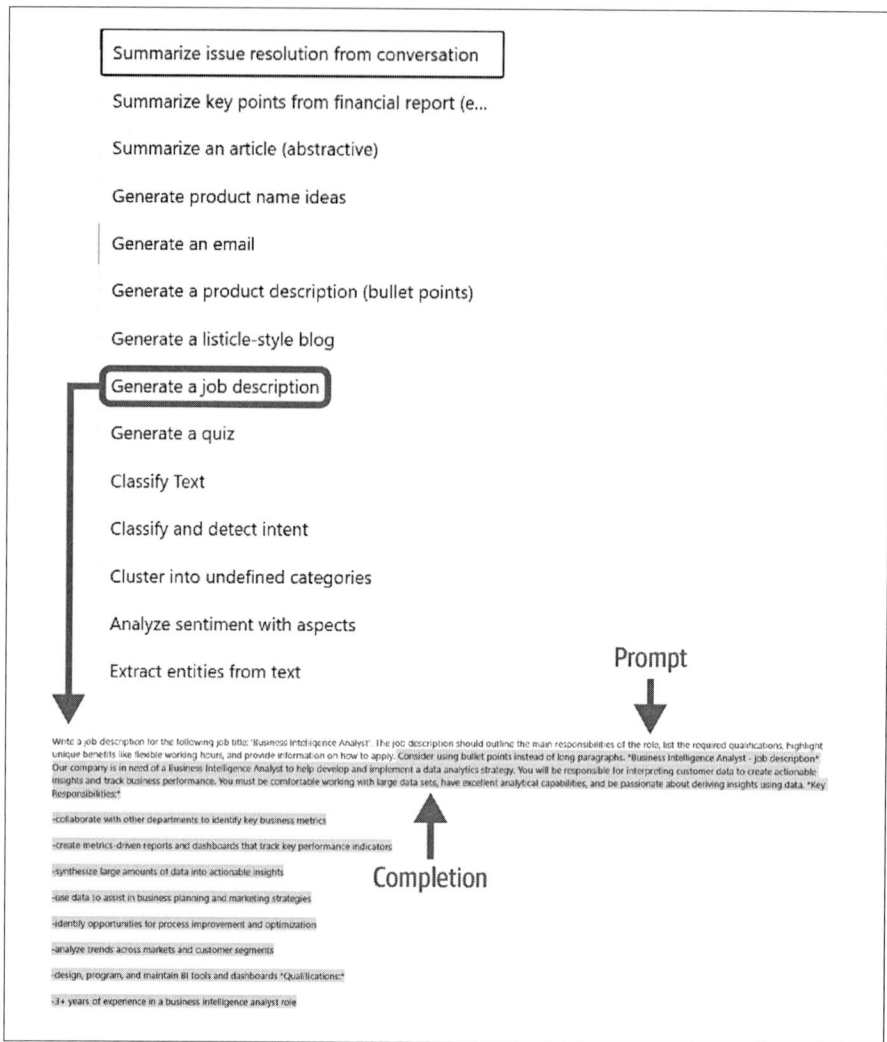

Figura 3-6 *Azure OpenAI Studio: playground de "Completions" (ejemplo).*

En resumen, puede utilizar el chat para escenarios de varios pasos en los que necesite mantener una secuencia de interacciones con el modelo de IA, mientras que las finalizaciones se pueden utilizar para casos unitarios específicos. Como se verá más adelante, estos dos campos de juego (playgrounds) no son más que interfaces visuales que consumen las API existentes de finalización de Azure OpenAI y de chat.

Playground Traiga sus propios datos

Aunque Azure OpenAI Studio muestra esta función como un playground independiente, técnicamente forma parte del playground "Chat". Para acceder a esta funcionalidad, puede utilizar la configuración del "Asistente" del playground "Chat" y seleccionar la pestaña "Añade tus datos" o ir directamente al mosaico "Trae tus propios datos" de Studio (Figura 3-7). En ambos casos, el resultado será el mismo.

Una vez llegado a este punto, la secuencia de pasos es bastante sencilla. Como puede ver en la Figura 3-8, el sistema le permitirá seleccionar sus propias fuentes de datos para combinar sus conocimientos con la línea base del LLM. Ese conocimiento puede provenir de archivos PDF, documentos basados en texto, diapositivas, archivos web, etc. En este caso, además del recurso Azure OpenAI previamente desplegado, la funcionalidad "Bring your own data" aprovechará otros recursos como Azure Data Lake Gen2/Azure Storage para guardar los archivos, y Azure AI Search para indexar los archivos. Azure AI Search ofrece una funcionalidad de búsqueda vectorial basada en la API Embeddings, que explicaré al final del capítulo. Por último, siempre puede consultar la documentación oficial (*https://oreil.ly/z_iRM*) para seguir las últimas actualizaciones de esta funcionalidad de Azure OpenAI, ya que es una funcionalidad que evoluciona rápidamente debido a la continua incorporación de nuevas características.

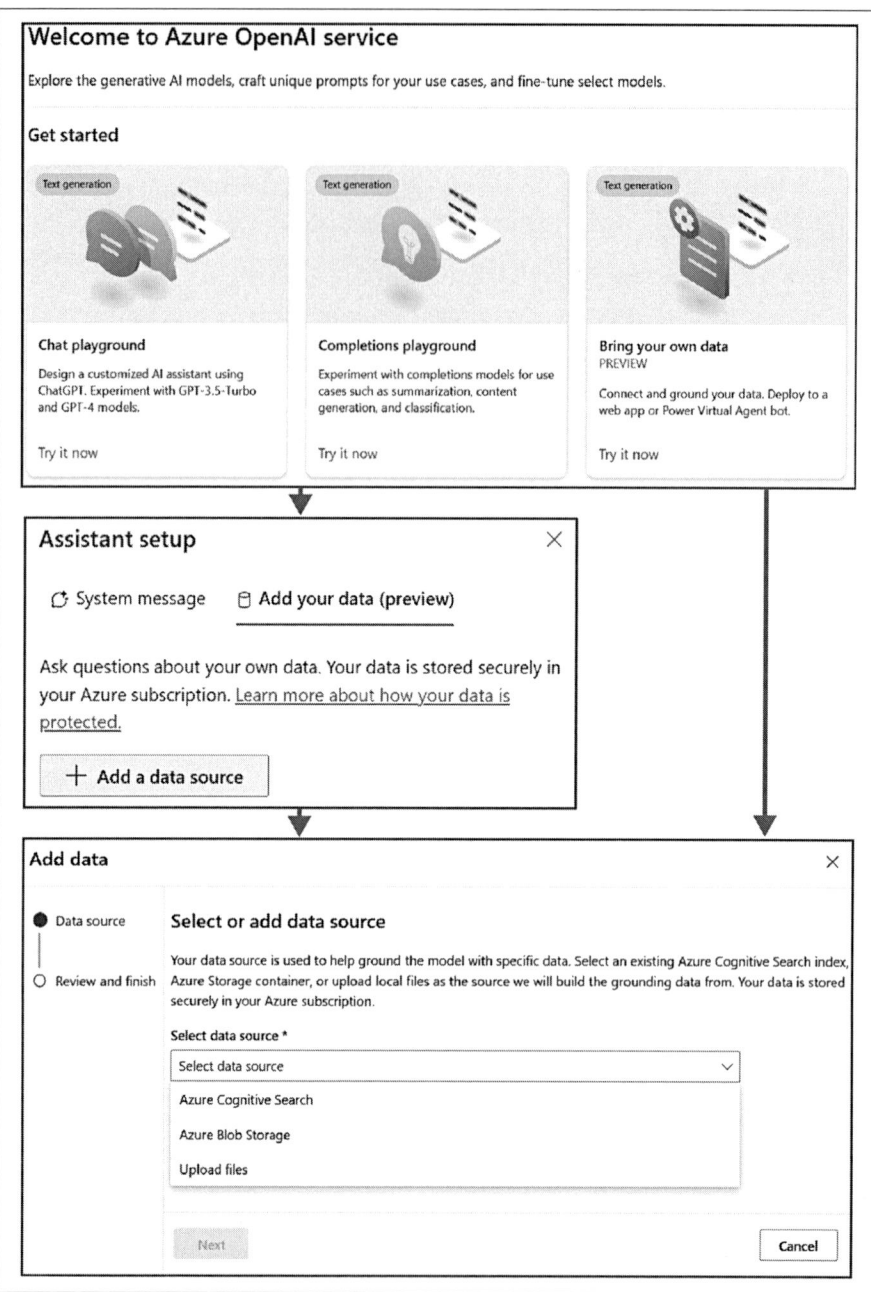

Figura 3-7 *Azure OpenAI Studio: "Bring your own data" ("Trae sus propios datos").*

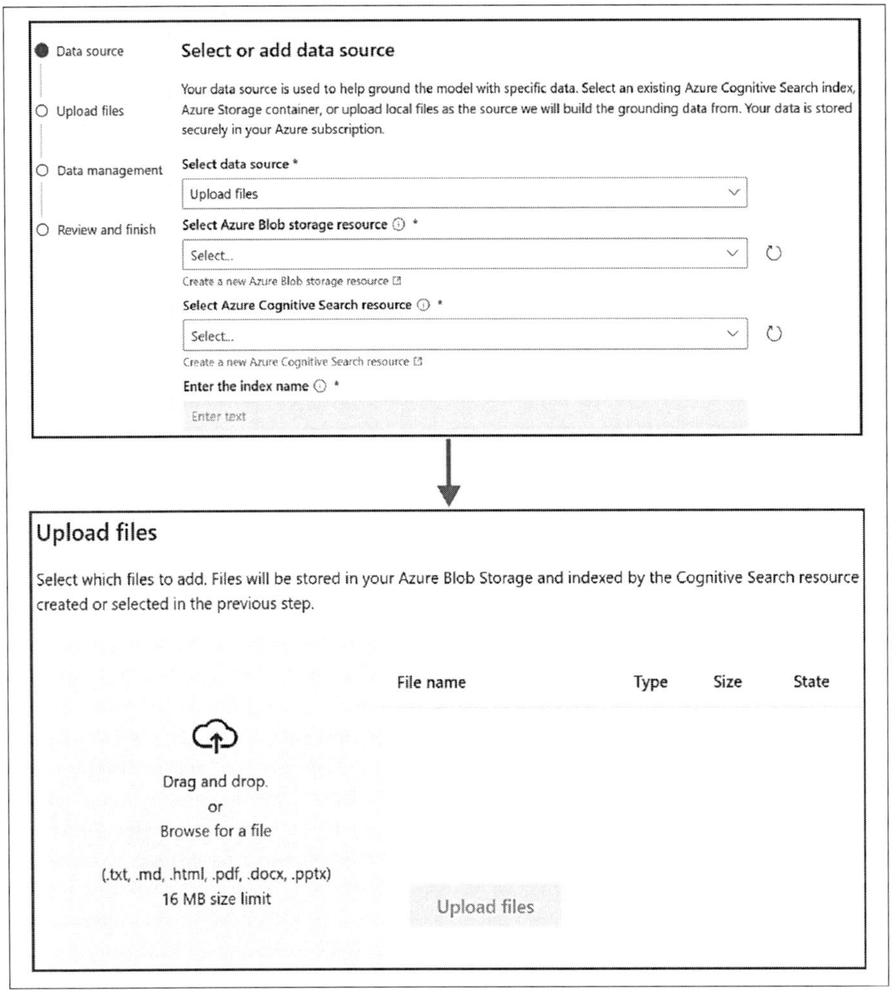

Figura 3-8 *Azure OpenAI Studio: Trae tus propios detalles de la fuente de datos.*

Playground DALL-E

El último mosaico del playground proporciona un acceso directo a los modelos DALL-E de la IA generativa (versiones 2 y 3) de OpenAI. Se trata de un modelo de texto a imagen que crea nuevas imágenes a partir de descripciones basadas en texto. Imagine que describe un lugar o una escena y obtiene una representación visual en forma de imágenes recién creadas bajo demanda. Esto significa que antes no existían y que puede integrar esta capacidad en sus soluciones y combinarla con el resto del lenguaje. El playground de "DALL-E" (mostrado en la Figura 3-9) aprovecha la API de generación de imágenes.

Figura 3-9 *Azure OpenAI Studio: playground de "DALL-E".*

Como se muestra en la Figura 3-9, entre los aspectos relevantes del playground se incluyen los siguientes:

1. *Playground*

   El campo de juego de DALL-E es visualmente sencillo: un campo de consulta y los resultados (imagen) a continuación. Es similar a la estructura de la aplicación Bing Create (*https://oreil.ly/YwDy-*), pero con la opción de desplegar el modelo DALL-E para su propio desarrollo.

2. *Ajustes*

El panel de configuración le ofrece la posibilidad de elegir el número de imágenes que desea generar y el tamaño de estas.

3. *Álbum*

La sección del álbum muestra todos los experimentos con imágenes anteriores, lo que le ofrece la opción de revisar las imágenes creadas anteriormente, generar otras nuevas, etc.

Además de las diferentes áreas de juego, también puede explorar el panel de *Gestión* de la izquierda que se muestra en la Figura 3-10, que incluye opciones como despliegues, modelos, archivos de datos, cuotas y filtros de contenido.

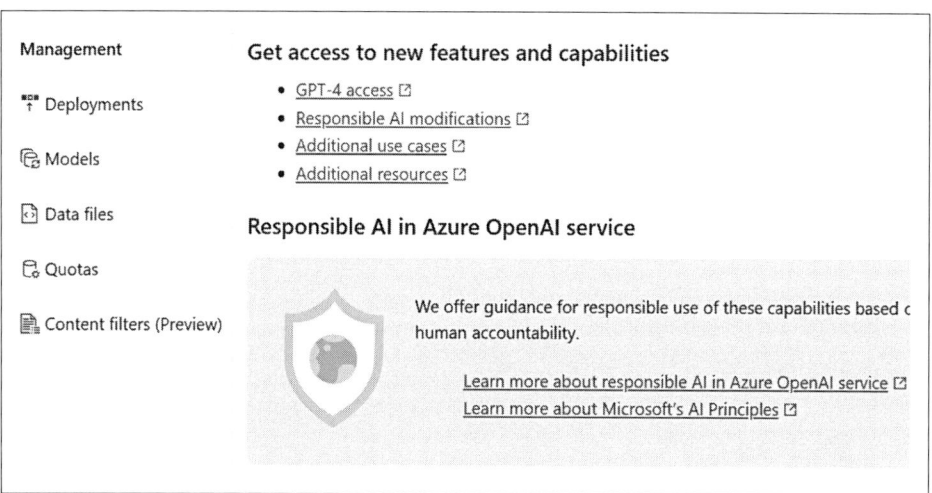

Figura 3-10 *Azure OpenAI Studio: paneles de gestión.*

Sus características más importantes son:

Despliegues

Le permite desplegar cualquier instancia de modelo específica disponible en la región geográfica de su recurso Azure OpenAI y visualizar las que haya desplegado previamente (Figura 3-11).

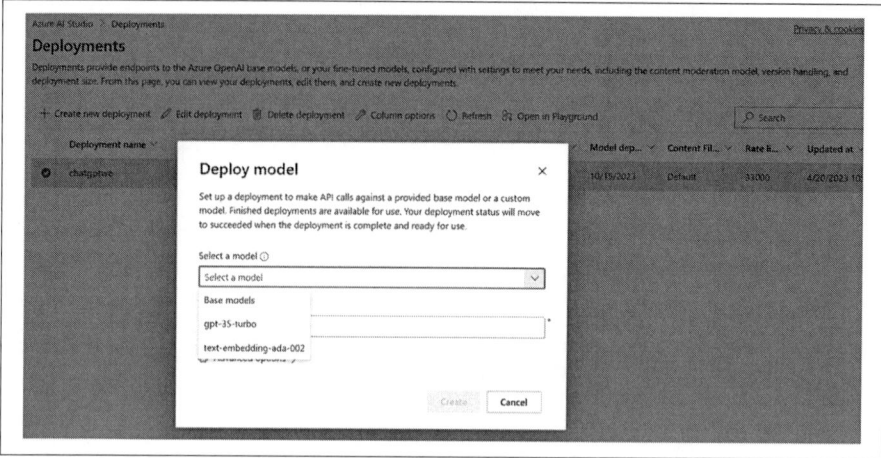

Figura 3-11 *Azure OpenAI Studio: despliegues.*

Filtros de contenido

Para una moderación responsable de la IA. Cada filtro de los que aparecen en la Figura 3-12 (por ejemplo, temas de odio, sexualidad, autolesión y violencia tanto para mensajes como para finalizaciones, con diferentes niveles de filtrado) puede aplicarse a las implementaciones, y esas implementaciones incluirán el filtro de contenido para cada implementación de chat o finalización. Se explorará esta función en el Capítulo 4 como parte de las medidas de la IA responsable para las implementaciones de la IA generativa.

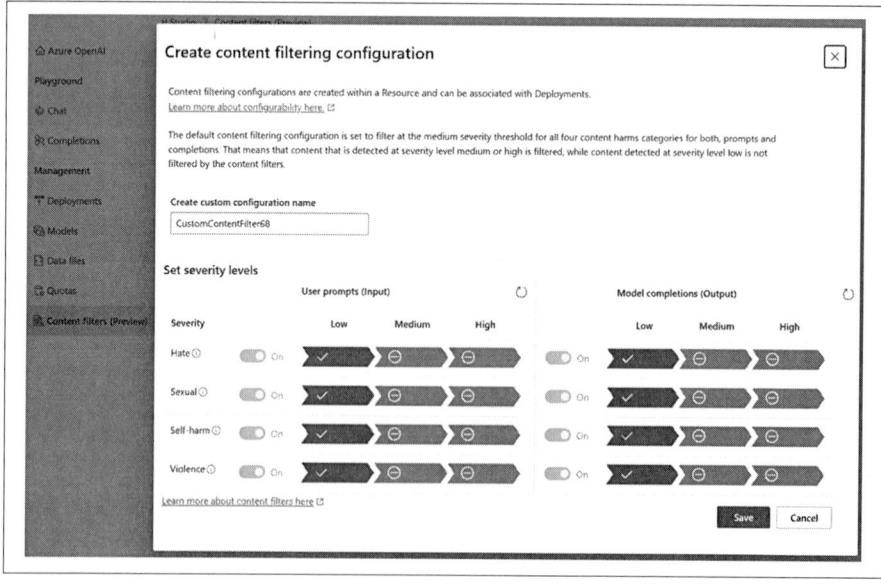

Figura 3-12 *Azure OpenAI Studio: filtros de contenido.*

Modelos

Esta opción muestra los modelos Azure OpenAI disponibles relacionados con la región geográfica específica del despliegue elegido.

Ficheros de datos

Esta función de gestión de archivos le permite preparar el conjunto de datos para implementaciones de ajuste fino. Más adelante, en este mismo capítulo, se hablará más a fondo del ajuste fino.

Cuotas

El panel de cuotas muestra las cuotas de uso relacionadas con los distintos modelos y regiones geográficas. También le ayuda a solicitar un aumento de cuota si necesita más. Alternativamente, y se explicará en el Capítulo 6 como parte del ejercicio de fijación de precios y estimaciones, tiene la opción de contratar capacidad dedicada aprovechando las llamadas unidades de rendimiento provisionadas (PTU) para Azure OpenAI, que son instancias reservadas con ventajas de rendimiento y disponibilidad del servicio.

Se explorarán algunas de estas funcionalidades más adelante en este capítulo y en el Capítulo 4, ya que todas serán relevantes dependiendo del tipo de implementación de Azure OpenAI que planee utilizar. Ahora, vea qué puede hacer para desplegar estos modelos a través de Azure OpenAI Studio.

Interfaces de implantación: aplicaciones web y agentes Microsoft Copilot

Como se ha mencionado en este capítulo, el playground "Chat" incluye algunas opciones de despliegue fáciles de usar. No están disponibles para el resto de los playgrounds, pero pueden simplificar el despliegue preliminar de modelos Azure OpenAI para pruebas internas y propósitos de uso sin necesidad de codificación. Estos despliegues sin código pueden incorporar los conocimientos específicos de la funcionalidad "Trae tus propios datos". Existen dos posibilidades:

Aplicaciones web con Azure App Service

La primera opción de despliegue disponible, que se puede utilizar con o sin la función "Trae tus propios datos" activada. Como ya se comentó en el Capítulo 2, App Service es la opción de Azure para desplegar aplicaciones web nativas; permite integraciones con sistemas externos e internos y desarrollo web con una gran variedad de lenguajes de programación. Desde Azure OpenAI Studio, y su playground de "Chat", puede simplemente "Desplegar en" y luego configurar su despliegue (ver Figura 3-13).

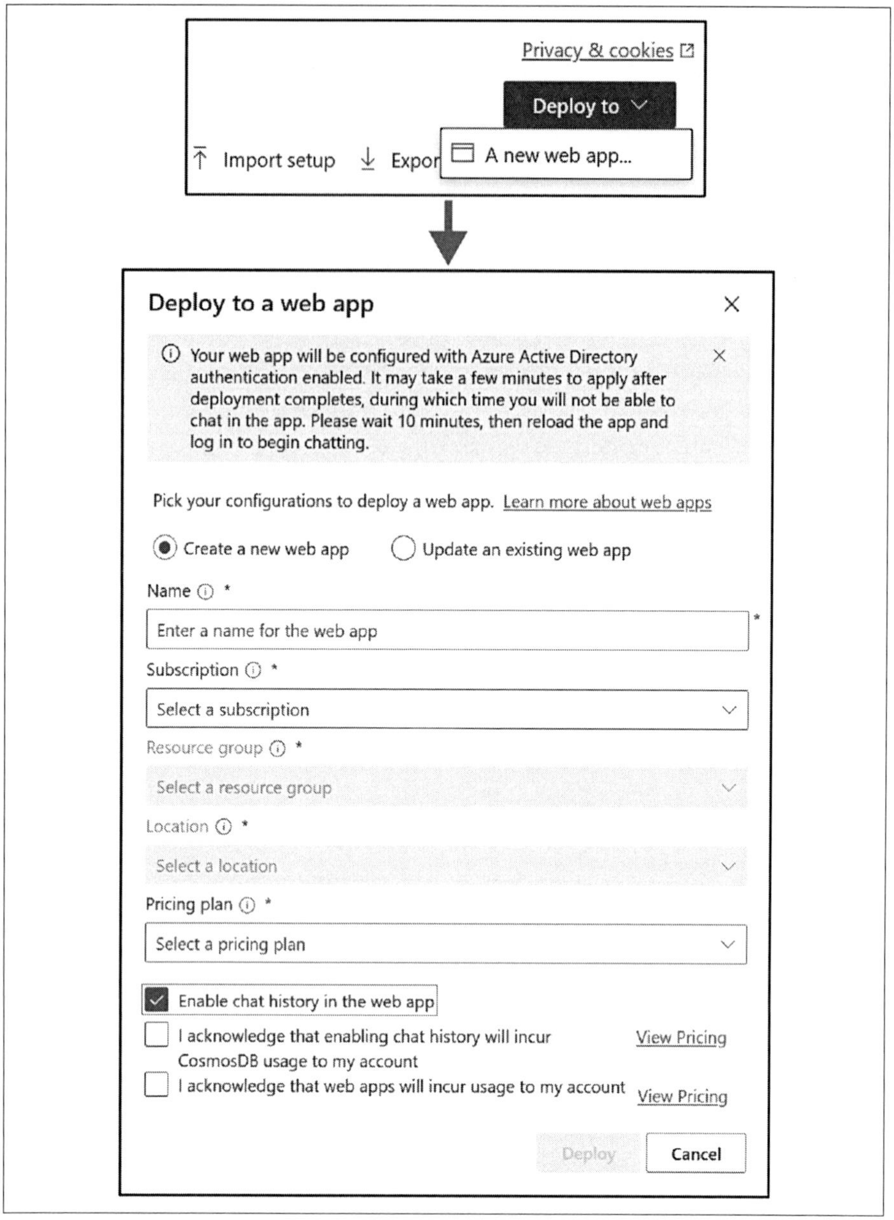

Figura 3-13 *Azure OpenAI Studio: despliegue de la aplicación web.*

Como se muestra en la Figura 3-13, las opciones de configuración son las siguientes:

Elegir la aplicación web

Puede crear un nuevo recurso App Service directamente desde esta función (en ese caso, tendrá que definir el "nombre de la aplicación" que formará parte de la URL de su aplicación web), o elegir uno existente si lo ha desplegado previamente a través del panel "App Service" del portal Azure.

Plan de precios

Para seleccionar el nivel de precios preferido para la aplicación web.

Historial del chat

Una funcionalidad que permite a los usuarios de la aplicación web recuperar sus interacciones anteriores con el chat. Se basa en Cosmos DB (de base de datos NoSQL de Azure), lo que obviamente añade costes a los recursos existentes de Azure OpenAI y App Service.

Una vez que haya seleccionado todas estas opciones, puede hacer clic en "Desplegar". Tendrá que esperar unos diez minutos para que se desplieguen todos los recursos, entonces podrá lanzar su aplicación web desde el estudio, o escribiendo la URL *https://<app   name>.azurewebsites.net*. El aspecto será algo parecido a la interfaz que se ve en la Figura 3-14.

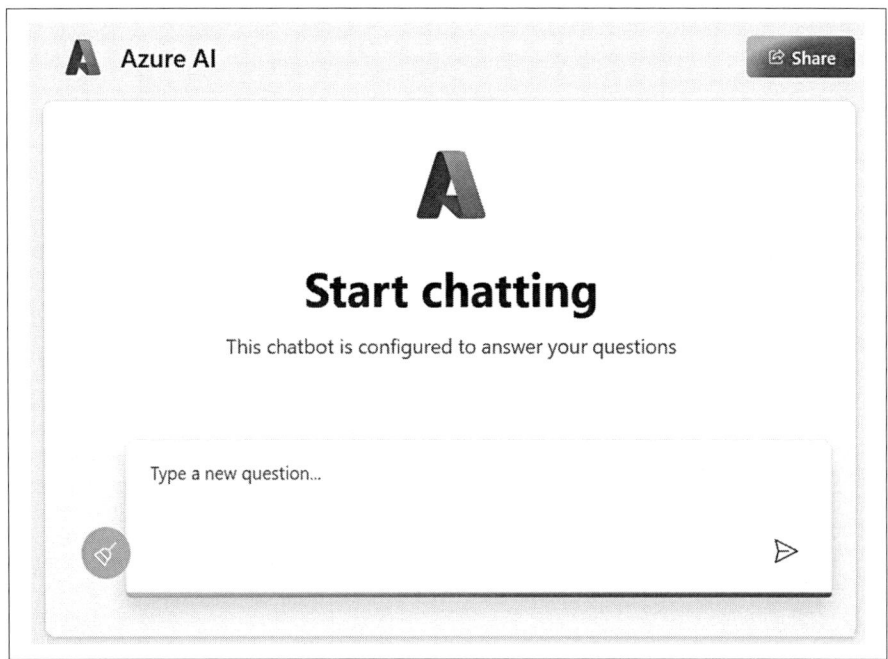

Figura 3-14 *Azure OpenAI Studio: interfaz de la aplicación web.*

La interfaz de usuario de la nueva aplicación contendrá una configuración de chatbot normal, con opciones para compartir y consultar conversaciones anteriores en la parte superior derecha de la ventana. También puede personalizar el aspecto visual de la aplicación utilizando el código fuente oficial (*https://oreil.ly/MeBin*), e implementarlo mediante programación con Azure App Service y utilizando su lenguaje de programación preferido, en lugar de aprovechar Azure OpenAI Studio.

Bots con Microsoft Copilot Studio (antes conocido como Power Virtual Agents [PVAs])

Esta opción está disponible para las implementaciones del playground de "Chat" que incluyen la función "Trae tus propios datos". Esto significa que si no añade conocimientos ampliados de PDF u otros documentos, el playground "Chat" no incluirá Microsoft Copilot Studio/PVA como opción de despliegue en la esquina superior derecha de la Figura 3-15.

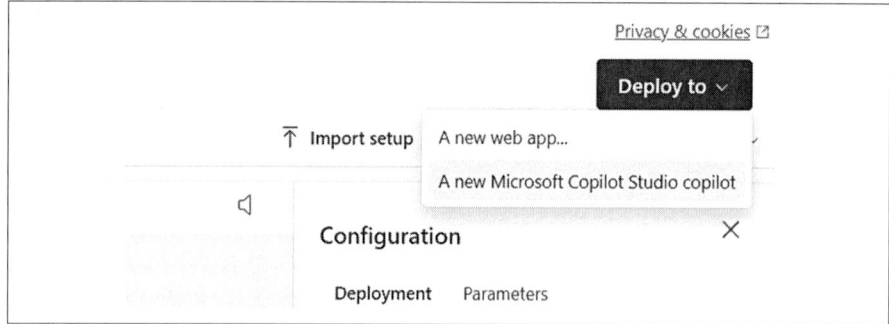

Figura 3-15 *Azure OpenAI Studio: despliegue de Copilot.*

Cómo manejar PVAs está fuera del alcance de este libro, pero puede explorar las instrucciones detalladas de la documentación oficial (*https://oreil.ly/Qi9J3*), que muestran cómo usar PVA con Azure OpenAI para la función *de respuestas generativas*. Esta opción solo está disponible para determinadas regiones geográficas, por lo que tendrá que validar si sus despliegues con modelos de Azure OpenAI muestran la opción de despliegue de PVA en el playground de "Chat". Si este no es el caso, es posible que desee desplegar nuevos modelos en otras regiones.

En resumen, estas interfaces visuales pueden ayudarle a aprovechar los modelos de Azure OpenAI de forma sencilla. Proporcionan una forma intuitiva de poner en marcha las API de Azure OpenAI con unos pocos clics. Sin embargo, necesitará herramientas basadas en código para implementar las otras arquitecturas avanzadas que verá más adelante en este capítulo. Cabe explorar ahora esas API y otros kits de desarrollo para que pueda aprovechar todo lo que Azure OpenAI Service tiene para ofrecer.

Interfaces de desarrollo: API y SDK

Además de todas las interfaces exploradas anteriormente, uno de los elementos clave para integrar Azure OpenAI con aplicaciones existentes o nuevas es la capacidad de consumir los modelos preconfigurados como puntos finales normales. Desde el punto de vista del desarrollo, puede llamar a esos modelos utilizando las API y los kits de desarrollo de software (SDK) relacionados y pasar cualquier parámetro de entrada y configuración dentro del código. En esta sección se tratan los aspectos principales que es necesario conocer: *las API REST del servicio Azure OpenAI*, incluida la documentación de referencia oficial de la API (*https://oreil.ly/qH3FL*), con detalles específicos sobre chat, finalizaciones, embeddings y otras implementaciones. También existe un repositorio oficial (*https://oreil.ly/mbA1v*) con las especificaciones completas. Hay API generales que le ayudarán con la configuración y el despliegue de los servicios Azure OpenAI, mientras que las API de servicio le ayudarán a consumir los modelos para llevar las capacidades de IA a sus aplicaciones de IA generativa.

Las principales API que debe conocer y los detalles de sus llamadas de alto nivel son los siguientes:

API de gestión general

Para la gestión de cuentas del servicio Azure AI (incluido Azure OpenAI), con tareas como la creación, eliminación, listado, etc., de cuentas.

API para información relacionada con el modelo

Para obtener la lista de modelos Azure OpenAI disponibles e información sobre sus capacidades específicas y el ciclo de vida del modelo (incluidos los posibles detalles de obsoletos).

Finalizaciones

La API requerida para escenarios de idioma que no sean chat. Esta y otras API se verifican utilizando la estructura de fecha "AAAA-MM-DD" para la versión de api, y tendrá que copiar el nombre del recurso y el ID de despliegue del modelo de Azure OpenAI que desplegó anteriormente (recuerde el proceso paso a paso del portal de Azure, en el Capítulo 2). Para crear un recurso de finalización, la operación "POST" es:

```
POST https://{nombre-de-su-recurso}.openai.azure.com/openai/deployments/
    {deployment-id}/completions?api-version={api-version}
```

La dinámica de petición y respuesta sigue esta estructura, con el parámetro prompt como entrada para que el modelo genere una compleción específica, y una serie de parámetros opcionales como `max_tokens` (el límite de tokens para la respuesta esperada) o el número n de compleciones/respuestas esperadas.

Petición:

```
curl https://YOUR_RESOURCE_NAME.openai.azure.com/openai/deployments/
    YOUR_DEPLOYMENT_NAME/completions?api-version=YYY-MM-DD\
    -H "Content-Type: application/json" \
    -H "api-key: YOUR_API_KEY" \
    -d "{
        \"prompt": \"Lo mejor de la vida",
        \ "max_tokens\": 5,
        \"n\": 1
    }
```

Respuesta:

```
{
    ""id": "cmpl-4kGh7iXtjW4lc9eGhff6Hp8C7btdQ",
```

```
"object": "text_completion",
"creado": 1646932609,
"model": "gpt-35-turbo-instruct",
"opciones": [
  {
    "text": ", es comer hamburguesas con un batido",
    "index": 0,
    "logprobs": null,
    "finish_reason": "length"
  }
]
}
```

Las respuestas (completions) contienen el parámetro finish_reason, que define por qué el modelo dejó de generar más información; para la mayoría de los casos esto será debido a max_tokens, que detiene el modelo una vez que alcanza el límite. Sin embargo, hay otra opción que se explorará en el Capítulo 4 que detiene el modelo debido a lo que se llama *filtros de contenido*.

Finalizaciones de chat

API dedicada a escenarios de chat (y la única soportada para futuras versiones del modelo), incluyendo los parámetros de configuración que se revisaron previamente con el playground de "Chat". Esto incluye los parámetros de entrada que se comentaron para Azure OpenAI Playground, como la temperatura y max_tokens. Hay un parámetro importante para los mensajes de chat conocido como ChatRole. Esto le permitirá dividir las interacciones basadas en diferentes roles:

Sistema

Le ayuda a establecer el comportamiento del asistente.

Usuario

Proporciona información para completar el chat.

Asistente

Proporciona respuestas a las instrucciones del sistema y a las entradas solicitadas por el usuario.

Función

Proporciona resultados de función para las finalizaciones de chat. Se explorará este concepto más adelante en este capítulo después de cubrir las diferentes API de Azure OpenAI.

La secuencia para un escenario de chat típico sigue estos pasos:

1. *Creación de recursos*

Utilizando una estructura similar a la que ha visto en una llamada normal a la API de finalización (incluyendo la fecha como versión de la API). La operación "POST" normal para completar el chat es:

```
POST https://{nombre-de-su-recurso}.openai.azure.com/
openai/deployments/
  {deployment-id}/chat/completions?api-version={api-version}
```

2. *Mensaje del sistema*

   Así es como se establece el contexto del motor de chat, definiendo el ámbito de la discusión, los temas permitidos o prohibidos, etc. El mensaje del sistema también se denomina aviso de contexto o *meta-aviso*. El parámetro mensajes, junto con el subparámetro rol, es el lugar donde definirá su mensaje de sistema utilizando:

```
{
  "mensajes": [
    {
      "rol": "sistema",
      "contenido": "el contexto y el mensaje del sistema para
                    añadir a tu chat"
    }
  ]
}
```

3. *Interacción usuario-asistente*

   Esto aprovecha el mismo parámetro de mensajes con los roles de *usuario* y *asistente*. La estructura para ambos roles es similar a la que se ha discutido para el mensaje del sistema, y la respuesta incluye el mismo parámetro finish-reason, que le dará una pista sobre el resultado (es decir, si la finalización ha terminado debido a los max_tokens asignados a la respuesta, o si hay una razón de filtrado debido a la detección negativa de temas).

Generación de imágenes

   La llamada a la API para generar imágenes basadas en modelos DALL-E de texto a imagen. Al igual que con el campo de juego visual, los parámetros de entrada incluyen el prompt basado en texto, y dos entradas opcionales como el número n de imágenes deseadas (si no se incluye, el sistema generará una sola imagen), y el tamaño (por defecto 1024×1024, con opciones alternativas de 256×256 y 512×512). La operación "POST" para crear un recurso de generación de imágenes es:

```
POST https://{nombre-de-su-recurso}.openai.azure.com/openai/\
images/generations:submit?api-version={api-version}
```

A continuación se muestra un ejemplo de solicitud "curl" (herramienta de línea de comandos para descargar y cargar archivos desde diversos protocolos y servidores):

```
curl -X POST \
  https://{su-nombre-de-recurso}.openai.azure.com/
openai/deployments/\
  {deployment-id}/images/generations?api-version=2023-12-01-preview \
  -H "Content-Type: application/json" \
  -H "api-key: YOUR_API_KEY" \
  -d '{
  "prompt": "Una silla de aguacate",
  "size": "1024x1024",
```

```
    "n": 3,
    "calidad": "hd",
    "estilo": "vivo"
}'
```

El proceso integral incluye tres pasos diferentes:

1. *Solicite* la generación de imágenes (mediante la operación "POST"), que le ayuda a pregenerar las imágenes basándose en la solicitud de entrada basada en texto. Devuelve un ID de operación que aprovechará para el siguiente paso.

2. *Obtener* el resultado de la generación de imágenes (operación "GET"), que permite recuperar las imágenes pregeneradas para el ID de operación específico.

3. *Elimine* las imágenes cargadas anteriormente (operación "DELETE") del servidor, para el recurso Azure OpenAI específico y el ID de operación existente. Si no utiliza esta opción, las imágenes se eliminarán automáticamente transcurridas veinticuatro horas.

Voz a texto

Basadas en el modelo Azure OpenAI Whisper, estas API permiten crear transcripciones a partir de piezas de audio para una gran variedad de idiomas y acentos, con un gran rendimiento y la posibilidad de combinarlo con otros modelos Azure OpenAI. Puede especificar el archivo de audio de entrada, el idioma, el estilo de discusión, el formato de salida (por defecto un archivo JSON), etc. Esta función de voz a texto (S2T) de Azure OpenAI tiene una limitación de 25 MB para el archivo de audio de entrada, pero puede aprovechar el modo de transcripción por lotes de Azure AI Speech (no Azure OpenAI, sino las funciones de Azure AI Speech para voz ↔ texto) para transcribir archivos más grandes. La operación "POST" es similar a las API anteriores:

```
POST https://{nombre-de-su-recurso}.openai.azure.com/
openai/deployments/
    {deployment-id}/audio/transcriptions?api-version={api-version}
```

La solicitud "curl" correspondiente (ejemplo ilustrativo):

```
curl $AZURE_OPENAI_ENDPOINT/openai/deployments/MyDeploymentName/\
    audio/transcriptions?api-version=2023-09-01-preview \
    -H "api-key: $AZURE_OPENAI_KEY" \
    -H "Content-Type: multipart/form-data" \
    -F file="@./wikipediaOcelot.wav"
```

Embeddings

Esta llamada a la API le permite generar embeddings a partir de entradas de texto específica, de algunas de las arquitecturas que verá en este capítulo. El modelo y su longitud de entrada específica dependerán de la disponibilidad del modelo en el momento de su implementación. La operación "POST" es similar a las anteriores, y la dinámica es tan sencilla como solicitar los embeddings para una entrada de texto y obtener una respuesta JSON con los embeddings generados, para que los almacene (se verán varias opciones de almacén/base de datos de vectores al final del capítulo) y los aproveche más adelante:

```
POST https://{nombre-de-su-recurso}.openai.azure.com/openai/deployments/
   {deployment-id}/embeddings?api-version={api-version}
```

Y el ejemplo de rizo correspondiente:

```
curl https://YOUR_RESOURCE_NAME.openai.azure.com/openai/deployments/
   YOUR_DEPLOYMENT_NAME/embeddings?api-version=2023-05-15\
   -H 'Content-Type: application/json' \
   -H 'api-key: YOUR_API_KEY' \
   -d '{"input": "Sample Document goes here"}'
```

Puesta a punto

Como se vio al principio de este capítulo, una de las opciones de implementación incluye la capacidad de ajustar modelos preconstruidos con su información específica disponible. Se verá más detalles más adelante en este capítulo, pero por ahora tenga en cuenta que si elige esta opción hay un conjunto específico de API que puede aprovechar para crear, gestionar, explorar y eliminar nuevos "trabajos" de ajuste fino. Además, usted manejará sus propios archivos de entrada para los modelos de ajuste fino.

Otras API relevantes

Otras API relevantes son las siguientes:

Búsqueda de Bing

La API de búsqueda de Bing le permite aprovechar el motor de búsqueda de Microsoft Bing para su propio desarrollo. Puede ampliar las capacidades de sus implementaciones habilitadas para Azure OpenAI con funcionalidades de búsqueda en vivo.

Azure AI Document Intelligence

Le ayuda a transformar la información de formularios e imágenes en datos estructurados. Incluye funciones avanzadas de reconocimiento óptico de caracteres (OCR) que le ayudarán a desarrollar Azure OpenAI con fuentes de datos específicas, como archivos PDF o DOC.

Azure AI Search (anteriormente conocida como Azure AI Search)

Es uno de los elementos más importantes de las arquitecturas RAG tanto para los enfoques vectoriales como para los indexados.

Además de estas API, existe una biblioteca Azure OpenAI para desarrolladores .NET y la biblioteca OpenAI para Python, que básicamente reproduce las características de la API oficial para un entorno de desarrollo .NET. Proporciona una interfaz con el resto del ecosistema Azure SDK, y facilita la conexión a recursos Azure OpenAI o a endpoints no Azure OpenAI.

Este conjunto de interfaces visuales y de desarrollo son su kit de herramientas para la mayoría de las implementaciones de Azure OpenAI que existen. Están evolucionando rápidamente, pero los enlaces a la documentación oficial le ayudarán a acceder a la información actualizada en cualquier momento. Ahora, antes de pasar a los enfoques de implementación, cabe echar un vistazo a una potente característica que permitirá a sus sistemas de IA generativa interactuar con otras API externas: la llamada a funciones.

Funciones de interoperabilidad: llamada a funciones y "JSONización"

La opción de llamada a función de Azure OpenAI es una forma de aprovechar los modelos de lenguaje para generar llamadas a la API y estructurar salidas de datos basadas en un formato de destino específico. Técnicamente, es una de las opciones dentro de la API de finalización de chat: la función de chat. Puede ver varios ejemplos de cómo utilizar esta funcionalidad (*https://oreil.ly/0nhYM*), pero básicamente se basa en los siguientes pasos:

1. Llamada a la API de finalización de chat, incluidas las funciones (basadas en el formato FunctionDefinition oficial y la entrada del usuario.

2. Utilizar la respuesta del chat del modelo para llamar a su API o función.

3. Llamar de nuevo a la API de finalización de chat, incluyendo la respuesta de su función, para obtener una respuesta final.

Se trata de una funcionalidad relativamente nueva, por lo que puede esperar algunas mejoras con el tiempo. Siempre puede consultar la documentación oficial para obtener los últimos detalles y consejos. Además, también puede explorar el modo JSON para Azure OpenAI, ya que le permite obtener un objeto JSON a partir de la respuesta de la API Chat Completions, una potente función con fines de interoperabilidad.

Con esto se completa la primera parte de esta sección. Ha aprendido sobre los dominios de conocimiento, cómo aprovechar los diferentes bloques de construcción para mejorar y aumentar el nivel de conocimiento de sus soluciones de IA generativa, y las herramientas de disponibilidad que utilizará para la implementación. Ahora, se pasará a la siguiente parte de este capítulo, en la que

explorará algunos de los enfoques de desarrollo más relevantes, basados en las mejores prácticas de la industria. A continuación se verá esto con más profundidad.

Posibles enfoques de aplicación

Existen varias formas de implementar aplicaciones de IA generativa con Azure OpenAI Service. El tipo de implementaciones que utilice dependerá sobre todo de su caso de uso específico, así como del contexto técnico y financiero para su adopción. Esto significa que hay situaciones en las que la opción más cara no siempre es la mejor, u otras opciones pueden tener limitaciones, como cuando no tiene datos específicos, además del sitio web, etc. Se explorarán los principales tipos de implementación basados en los niveles de personalización de la Figura 3-16.

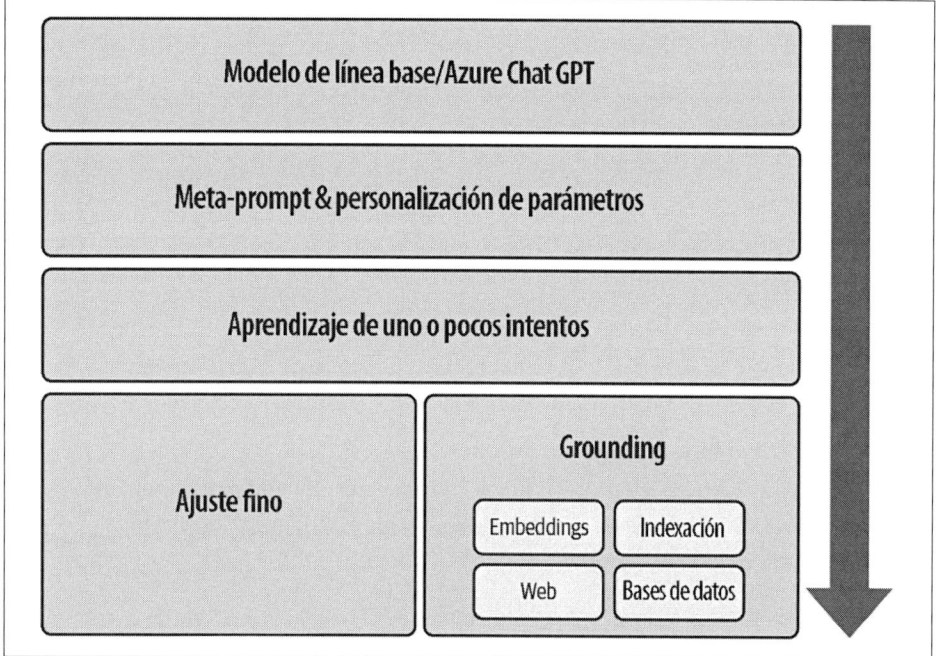

Figura 3-16 *Enfoques de implementación con Azure OpenAI Service.*

Como se puede ver en la figura, se puede personalizar un modelo preparando un buen meta-prompt, ajustando los parámetros técnicos, proporcionando uno o unos pocos "disparos" como ejemplos para guiar el modelo, e implementando técnicas de ajuste fino y/o grounding. En las próximas secciones se explicará en detalle cómo hacer todo esto.

Instancia Azure ChatGPT básica

Una instancia básica de tipo GPT privada es el tipo de implementación más sencillo, y uno de los casos más populares de Azure OpenAI en la actualidad. Cuando las empresas quieren tener un "ChatGPT" privado esta es la respuesta. Mantiene sus propios datos seguros y privados y despliega la instancia dentro de su propia infraestructura en la nube. Es una de las opciones favoritas para su uso interno con los empleados.

El proceso de implantación es relativamente sencillo:

1. En Azure OpenAI Studio, despliegue una instancia de modelo GPT (e.g. GPT-5 o GPT-5 nano). Este tipo de modelo es técnicamente similar a ChatGPT y ofrecerá ese nivel de rendimiento. Recuerde elegir la región geográfica específica más cercana a usted.

2. Una vez que haya creado el recurso, vaya al playground "Visual". Allí, verá un menú a la izquierda con la opción "Chat".

3. Una vez allí, puede preparar el mensaje del sistema / meta-prompt para contextualizar al chatbot diciéndole algo como "eres un asistente de IA para la empresa X, para responder a las preguntas de los empleados" (uso interno), o "eres un asistente de IA para la empresa X con el sitio web Y. Si alguien pregunta algo que no esté relacionado con este tema, dile que no puedes responder" (para los clientes).

4. También puede personalizar parámetros como la longitud máxima de las respuestas o la temperatura de los mensajes, que es una métrica entre 0 y 1 para definir el nivel de creatividad del modelo.

5. Una vez que haya probado el rendimiento y esté listo para desplegar el modelo, puede volver a la página de recursos (portal Azure) y encontrar tanto el endpoint como las claves para ese recurso específico. Esa página contiene ejemplos de código para llamar a las API.

La arquitectura de extremo a extremo (Figura 3-17) es bastante sencilla: un modelo preimplantado que puede consumir directamente desde sus aplicaciones basándose en los puntos finales y las API existentes.

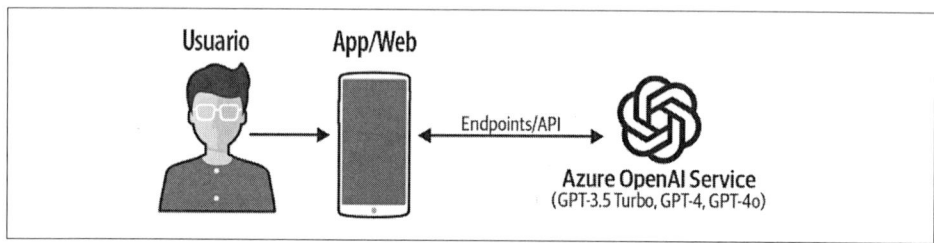

Figura 3-17 *Arquitectura simplificada de Azure ChatGPT.*

Este tipo de implementación es lo suficientemente buena para casos internos de la empresa en los que no se requiere ninguna personalización basada en datos privados, por ejemplo, chatbots internos para la productividad de los empleados basados en información general de Internet o motores de búsqueda para sitios de intranet. Para el resto de los casos, en los que hay algunos datos personalizados implicados, se explorarán otras opciones. Cabe profundizar en la primera de ellas a continuación.

Personalización mínima con aprendizaje de uno o pocos disparos

Además del modelo de referencia, y de la customización de parámetros y mensajes/meta-prompts del sistema, existe la opción de realizar un *aprendizaje de uno o pocos disparos*, lo que significa proporcionar al LLM ejemplos de discusiones basadas en el resultado esperado para un tema específico. Se trata de una opción útil y sencilla para pequeños ajustes, y se basa en una arquitectura muy similar a la anterior, con cambios relativamente ligeros. La principal diferencia respecto al enfoque anterior es la inclusión de uno o pocos ejemplos para guiar al LLM antes de empezar a utilizarlo (Figura 3-18).

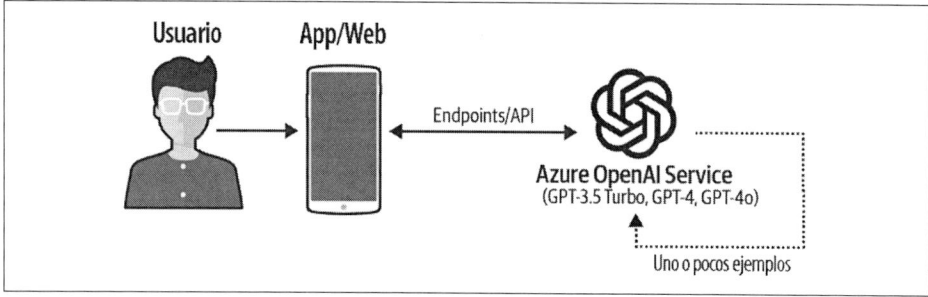

Figura 3-18 *Arquitectura de aprendizaje one/few-shot.*

El proceso de aprendizaje de una sola vez/de pocas veces puede lograrse de varias maneras:

- A través de API (código)

  — Utilice la API de finalización de conversaciones con GPT-4 y otros modelos diseñados para recibir entradas formateadas en una transcripción similar a la de una conversación. Puede proporcionar ejemplos de conversaciones que el modelo utilizará para el aprendizaje en contexto.

  — Utilice la API de finalización con los modelos GPT-3, que pueden aceptar una cadena de texto sin reglas de formato específicas. Puede proporcionar un conjunto de ejemplos de entrenamiento como parte de la consulta para dar un contexto adicional al modelo.

- A través del playground ("Visual")

  — Utilice el playground del chat para interactuar con GPT-5, GPT-4o, etc. Puede añadir ejemplos en la transcripción del chat y ver cómo responde el modelo.

  — Utilice el playground de "Completaciones" para interactuar con los modelos GPT-x. Puede escribir su pregunta con ejemplos de pocos disparos y ver cómo el modelo la completa.

En general, todas estas personalizaciones tienen por objeto mejorar el rendimiento del modelo en comparación con una implementación "ChatGPT" normal y corriente, como la que se ha explorado anteriormente, pero hay formas de volver a entrenar el modelo de una manera más profunda, como la que exploraremos a continuación.

Modelos GPT ajustados o fine-tuning

Como se ha mencionado anteriormente en el capítulo, existen diferentes formas de personalizar un LLM para ajustar su ámbito de conocimiento. La mayoría de ellas se basan en la orquestación/combinación del LLM con otras piezas de conocimiento, sin combinar realmente las fuentes de datos (es decir, la grounding). En este caso, cabe centrarse en la única forma de "reentrenar" un modelo con datos de la empresa personalizados: la característica Azure OpenAI Service de ajuste del servicio.

Este enfoque puede tener algunas ventajas para las empresas con una propiedad intelectual de datos muy específica y valiosa, pero su coste (tendrá que añadir el coste del alojamiento a las llamadas regulares a la API para el proceso de puesta a punto) y su complejidad técnica probablemente le llevarán a otro tipo de enfoques de grounding con un mejor equilibrio entre rendimiento y coste.

Además, la función de ajuste fino se basa en un tipo muy especial de proceso de entrenamiento. No se trata del proceso de entrenamiento basado en etiquetas que puede realizarse, por ejemplo, en tareas de clasificación con modelos de IA tradicionales. Se está hablando de un nuevo tipo de proceso supervisado que aprovecha el sistema de avisos de Azure OpenAI para inyectar información basada en el formato de archivo JSONL.

Por ejemplo, con GPT-3.5 Turbo, aprovechará las funciones del sistema y de los usuarios para reeditar el modelo:

```
{
  "mensajes": [
    {
      "rol": "sistema",
      "contenido": "Marv es un chatbot factual que también es sarcástico".
    },
    {
      "rol": "usuario",
      "contenido": "¿Quién escribió 'Romeo y Julieta'?"
    },
    {
      "rol": "asistente",
      "contenido": "Oh, sólo un tipo llamado William Shakespeare. ¿Has
oído hablar de él?"
    }
  ]
}
```

Otros modelos heredados, como DaVinci, requieren un formato de pregunta/respuesta basado en una lógica de pregunta-respuesta:

```
{"prompt": "<texto de aviso>", "finalización": "<texto generado ideal>"}
{"prompt": "<texto de aviso>", "finalización": "<texto generado ideal>"}
```

Esta nueva forma de inyectar datos y conocimientos permite reeducar el modelo de una manera muy granular, pero es una forma compleja de hacerlo. Puede ver la arquitectura general en la Figura 3-19, en la que básicamente se personalizará el modelo basándose en un proceso de ajuste fino que se apoya en datos organizativos específicos.

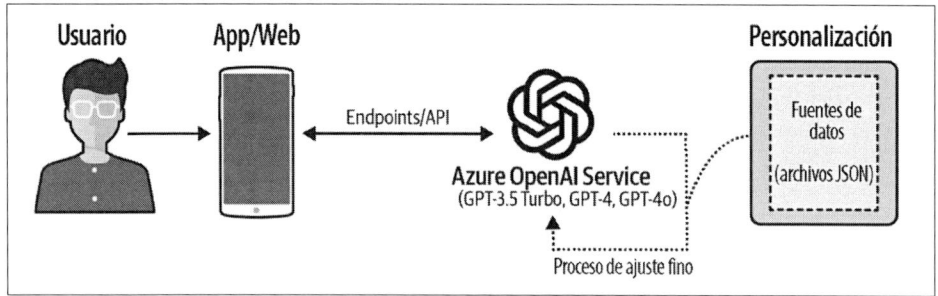

Figura 3-19 *Arquitectura de ajuste fino o fine tuning de Azure OpenAI.*

Los pasos para realizar *el ajuste fino* con Azure OpenAI Service son:

1. *Prepare su conjunto de datos* en formato JSONL. Para modelos recientes, aprovechará la estructura de la API Chat Completions para los mensajes del sistema y de los usuarios.

2. Inicie el *asistente de modelo personalizado* desde Azure OpenAI Studio, como se muestra en la Figura 3-20, para entrenar su nuevo modelo personalizado.

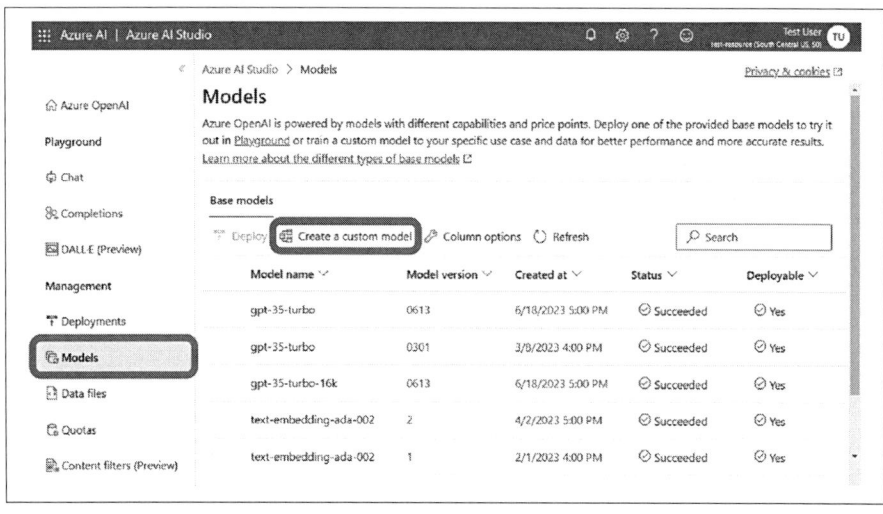

Figura 3-20 *Azure OpenAI: asistente de modelo personalizado.*

3. *Seleccione un modelo base* (por ejemplo, GPT-4.5) eligiendo sus datos de entrenamiento y, opcionalmente, sus datos de validación para evaluar el rendimiento del modelo. Esos conjuntos de datos son los archivos JSON que preparó previamente.

4. Revise sus elecciones e *inicie el entrenamiento* del nuevo modelo personalizado. Compruebe el estado de su modelo personalizado y espere a que finalice el entrenamiento.

5. *Despliegue su modelo personalizado* para su uso en una aplicación o servicio a través de la API.

Todas estas opciones pueden funcionar en función del tipo de aplicación y del alcance previsto de la personalización del modelo. Sin embargo, hay formas de combinar el LLM con fuentes de datos internas, de las que se puede extraer knowledge, y luego hacer referencia a esa información desde los modelos de finalización y la finalización del chat de Azure OpenAI. Esto es lo que se llama RAG o grounding, y hay diferentes formas de implementarlo. Las siguientes secciones contienen diferentes alternativas de grounding.

Grounding basado en el embedding

Como ya sabe de capítulos anteriores, los embeddings son representaciones matemáticas de información textual en forma de vectores en un espacio vectorial, y una alternativa y/o complemento al enfoque tradicional basado en índices. Estos embeddings se almacenan y gestionan como vectores matemáticos que representan distancias entre temas. Esto significa que si busca información sobre animales y tiene una base de conocimientos vectorizada que incluye temas relacionados con animales, puede recuperar las respuestas Top-k (es decir, el número "K" de piezas de información más relevantes).

Puede utilizar la API de embeddings de Azure OpenAI para generar representaciones vectoriales de texto que capturen el significado semántico y la similitud del texto. Algunos posibles casos de uso de los embeddings son la búsqueda de documentos, la clasificación de textos, la agrupación en clústeres o la similitud de textos.

El proceso de principio a fin para crear y utilizar un sistema basado en embeddings está alineado con lo que ha visto hasta ahora en este capítulo. Desde la perspectiva de Azure OpenAI, los pasos son los siguientes:

1. *Seleccione la base de conocimientos* que contiene la información que complementará el dominio de conocimientos LLM de referencia. Esto puede incluir PDF, DOC, PPT, TXT y otros formatos de archivo. En Azure, puede almacenar esa información a través de Azure Blob Storage o Azure Data Lake Gen2. Tenga en cuenta que si sus archivos son similares a cualquier información general que pueda estar disponible en Internet (por ejemplo, descripciones públicas de conceptos del sector), probablemente no necesite conectarlos a tierra. Sin embargo, si tiene archivos muy específicos con información sobre cómo responder a preguntas o realizar tareas internas, pueden ser buenos candidatos para la generación de embeddings.

2. *Elija y despliegue su base de datos/almacén vectorial.* Al final de este capítulo, verá todas las opciones disponibles para la implementación en Azure con embeddings generados por Azure OpenAI.

3. *Preparare el conjunto de datos de entrada.* Esto incluye dos pasos diferentes:

   a. *Extraiga la información* de sus documentos. Por ejemplo, puede utilizar Azure Document Intelligence/Form Recognizer para extraer texto de sus PDF con la función OCR. También puede utilizar otras herramientas ajenas a Azure.

   b. *Dividir la información.* Para que esto funcione, es importante tener en cuenta el límite de tokens del modelo de embedding (por ejemplo, 8 K para la versión 2 del modelo Ada) para preparar la entrada sin sobrepasar el límite (puede utilizar la herramienta tokenizer de OpenAI para comprender el alcance de lo que significa 8 K en términos de longitud del documento). Esto significa que tendrá que hacer una llamada a la API para cada uno de los bloques de tamaño limitado que haya preparado antes, o aprovechar las técnicas de chunking para dividir y manejar documentos más grandes.

4. *Aproveche los modelos de embedding de Azure OpenAI.* Utilice las operaciones de la API que ha visto anteriormente en este capítulo y obtenga los vectores matemáticos de la respuesta de la API. *Almacene los vectores* en el almacén de vectores elegido.

5. Cada vez que quiera encontrar información en su base de conocimientos, o si quiere aprovecharla desde cualquier aplicación de chat o búsqueda, tendrá que *generar los embeddings de la propia pregunta* y, a continuación, realizar la búsqueda contra la búsqueda vectorial. Tenga en cuenta que tendrá que utilizar el mismo modelo (por ejemplo, Ada versión 2) tanto para su base de conocimientos como para la pregunta. Puede enviar el resultado de la búsqueda, con los resultados Top-k, a la aplicación de chat o de búsqueda directamente o incluyéndolo como contenido para la respuesta de la cumplimentación.

Este proceso es similar para otros modelos de embedding y conversación (por ejemplo, los que están disponibles a través del catálogo de modelos de Azure AI Foundry y Hugging Face), y la arquitectura de alto nivel incluye los elementos que se pueden ver en la Figura 3-21: básicamente, el modelo básico de Azure OpenAI se complementa con la base de conocimientos interna que contiene PDF, documentos de Word, etc. En lugar de volver a entrenar/ajustar el modelo, simplemente se combina con esa base de conocimientos para que pueda encontrar similitudes entre las preguntas de los usuarios y la información contenida en las fuentes de datos.

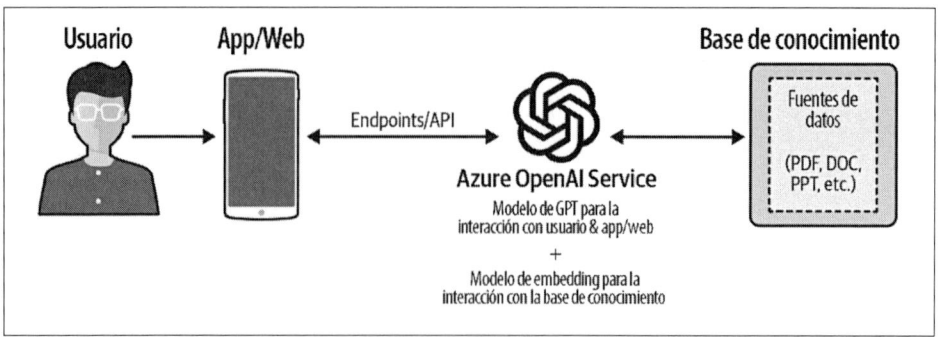

Figura 3-21 *Arquitectura de grounding basada en embedding.*

Puede encontrar más información y ejemplos de código sobre cómo crear embeddings en la documentación oficial de Microsoft (además de las definiciones de API que se han tratado anteriormente en este capítulo).

Además, existe un acelerador oficial de Microsoft para este tipo de implementación que puede aprovechar durante la fase de desarrollo. Existen varias opciones de despliegue y almacenamiento. No dude en explorar el código para ver los detalles de las llamadas a la API.

Grounding basado en la indexación/recuperación de documentos

El enfoque basado en la indexación/recuperación de documentos es una alternativa al enfoque basado en el embedding. En este caso, no generará vectores matemáticos. En su lugar, generará índices de datos específicos para que Azure OpenAI Service pueda encontrar la información de esas fuentes e incluirla como parte de sus respuestas. Para ello también utilizará Azure AI Search, que es un servicio que permite indexar, comprender y recuperar datos relevantes de una base de conocimientos o una colección de documentos.

La combinación de ambos servicios permite potentes aplicaciones de chatbot que pueden comunicarse con los usuarios en lenguaje natural y proporcionar interacciones intuitivas y personalizadas, basadas en datos específicos de la organización. Al igual que el enfoque basado en el embedding, existe un acelerador de Microsoft oficial disponible para que despliegue su primera prueba de concepto, además de un segundo llamado GPT-RAG, del equipo de Microsoft Argentina, con algunas funcionalidades adicionales para implementaciones más grandes. Puede explorar ambos para ver detalles actualizados y enfoques de implementación con Azure OpenAI y Azure AI Search. También puede ver la arquitectura de alto nivel de los bloques de construcción clave en la Figura 3-22.

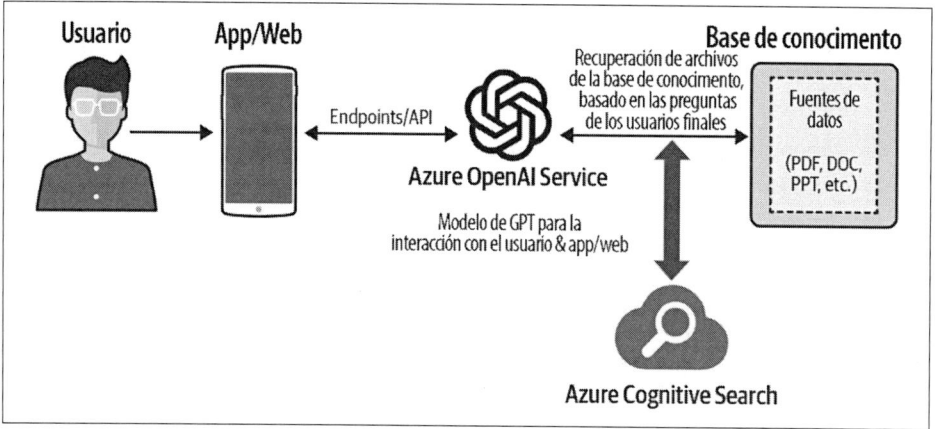

Figura 3-22 *Arquitectura de grounding basada en la recuperación.*

La principal diferencia en la comparación con el enfoque basado en embeddings es que, en lugar de generar embeddings tanto para la base de conocimientos como para la pregunta del usuario, se limitará a realizar una búsqueda en el motor Azure AI Search (o cualquier equivalente, como se explorará en el Capítulo 4 para las bases de datos vectoriales).

Puede que esta opción le parezca un poco más sencilla que el enfoque de los embeddings, y más adecuada para aplicaciones en las que se necesita encontrar la fuente de información (e incluso proporcionar un enlace al documento original como parte de la respuesta); los embeddings pueden manejar potencialmente conjuntos de datos más grandes y ofrecer un mejor rendimiento. Sin embargo, todo depende del conjunto de datos específico y de su alcance de conocimiento y formato de archivo, así como del caso de uso previsto, por lo que mi recomendación es que pruebe ambas opciones y evalúe la que ofrezca mejores resultados desde la perspectiva del usuario.

Grounding de búsqueda híbrida

Existen enfoques de implementación más recientes basados en técnicas de búsqueda híbrida. Concretamente, la búsqueda híbrida combina embeddings vectoriales y capacidades de recuperación de documentos. La función de búsqueda híbrida de Azure AI Search ofrece esa combinación, además de una técnica de reranking que produce el resultado final con mejor rendimiento que las técnicas de grounding mencionadas anteriormente. Ahora, va a explorar algunas opciones de grounding adicionales que pueden añadir más alcance de conocimiento a sus aplicaciones de IA generativa.

Otras técnicas de grounding

Se han explorado varias técnicas de ajuste y fundamentación basadas, principalmente, en información textual procedente de distintas fuentes. Pero ¿qué ocurre si se quiere aprovechar otro tipo de datos? ¿O si la información necesaria solo puede encontrarse a través de resultados de Internet en directo? He aquí otras técnicas de grounding que quizá le interese explorar:

LLM+ resultados de la web

Este enfoque se basa en la API de búsqueda web de Bing para ampliar el ámbito de conocimiento de los modelos del servicio Azure OpenAI. Como ya sabrá, todos los LLM se basan en conjuntos de datos de entrenamiento que llegan hasta una fecha concreta (por ejemplo, los modelos iniciales de Azure OpenAI se actualizaron con datos de hasta 2021). Si necesita información actualizada, puede utilizar la API de búsqueda web de Bing para encontrar páginas web, imágenes, vídeos, noticias, etc., o utilizarla para crear una instancia de búsqueda personalizada que filtre los resultados web en función de los criterios. El resultado de la API puede ser utilizado por Azure OpenAI para devolver una respuesta basada en esa información.

LLM+ datos tabulares y/o bases de datos

Al igual que otras fuentes, los datos tabulares (por ejemplo, archivos Excel y CSV) y las bases de datos de tipo SQL (por ejemplo, SQL Server, Azure SQL, PostgreSQL) pueden ser buenas fuentes de base. Puede desarrollar lo que el sector denomina Database Copilots para permitir a los usuarios finales consultar información sin ninguna sintaxis SQL compleja, solo con indicaciones basadas en lenguaje natural. O puede aprovecharlo para explorar otros datos de los temas, como el análisis exploratorio de datos o el análisis de casos raíz.

Al igual que con las otras opciones de grounding anteriores, existe un acelerador oficial de Microsoft que combina estas técnicas de grounding con ejemplos de código específicos e implementaciones actualizadas.

Al fin y al cabo, cada enfoque de implementación (de línea de base, de ajuste fino o basado en la grounding) sirve a un propósito diferente, pero la siguiente sección es una guía resumida para que entienda los pros y los contras de cada uno, de modo que pueda tomar la decisión más informada y crear sus aplicaciones de IA generativa con Azure OpenAI con el mejor equilibrio de rendimiento, coste y complejidad técnica.

Comparación de enfoques y recomendación final

No hay una única respuesta correcta a la pregunta: "¿Qué enfoque debo utilizar para mi implantación de IA generativa?". Realmente depende del caso de uso, el tipo y el volumen de datos disponibles, las arquitecturas informáticas existentes, el presupuesto y los recursos disponibles, etc. Una vez más, no hay una respuesta correcta y la elección depende por ahora de la experimentación y las pruebas de rendimiento.

La Tabla 3-1 muestra los pros y los contras generales de los enfoques de aplicación.

Tabla 3-1 *Comparación de enfoques de implementación con Azure OpenAI Service.*

Aproximación	Ventajas	Contras
1. Chat básico tipoGPT instancia (vainilla, privado)	Sencillo y rápido de implantar Buena opción para casos de uso interno (empleados) Disponible a través del playground "Visual" de Azure OpenAI Opción para definir el ámbito del tema basado en URL aprovechando el mensaje del sistema	Falta de datos actualizados Muy limitado para aplicaciones del lado del cliente Mayor riesgo de alucinaciones modelo
2. Ejemplos con one-shot/few-shot de aprendizaje	Fácil de aplicar Buena opción para adaptar el comportamiento del sistema en función de los conocimientos específicos de su empresa Disponible a través del playground "Visual" de Azure OpenAI	Falta de datos actualizados Muy limitado para aplicaciones del lado del cliente Mayor riesgo de alucinaciones modelo
3. Puesta a punto	Bueno para afinar un modelo existente con datos de la empresa Aprovecha las características de productos maduros	Es complejo preparar los datos de entrada para el ajuste fino y el aprendizaje con pocos disparos Aumento del coste de los modelos ajustados
4. Basado en el embedding grounding (vectores con Azure AI Search)	Ideal para personalizar sin necesidad de sintonización Buen ajuste para grandes cantidades de datos Facilidad de uso de las API de embedding	Requiere la preparación de los datos de entrada en función de los límites de fichas Necesidad de escanear archivos mediante OCR para extraer contenido primero Coste de generación de embeddings iniciales para datos personalizados (en función de los datos de alcance)
5. Basado en la recuperación grounding (indexación con Azure AI Search, no embeddings)	Buena opción para recuperar información de archivos existentes La indexación permite citar fuentes (bueno para la explicabilidad) Posibilidad de utilizar la opción "Añade tus propios datos" del playground para pequeñas implementaciones	Potencialmente menos eficaz que los embeddings para grandes cantidades de datos (a confirmar durante su experimentación preliminar)

Aproximación	Ventajas	Contras
6. Búsqueda híbrida	Mayor rendimiento gracias a la combinación de indexación, embedding y reordenación de los resultados de los modelos Relativamente factible a través de Azure OpenAI Playground	Complejo, pero para Azure OpenAI no más que la RAG normal basada en el embedding
7. Otrastécnicas de grounding (Bing Búsqueda, bases de datos, etc.)	Genial para añadir resultados en directo al LLM, y para explorar fuentes internas como bases de datos y archivos tabulares Resultados actualizados sin necesidad de volver a formarse o ajustar el modelo	Un poco más complejo (requiere motores de orquestación como LangChain o Semantic Kernel) Menos documentación disponible para este tipo de aplicación

Estos enfoques de implementación tienen diferentes ventajas y niveles de complejidad. Uno de los aspectos clave es la capacidad de evaluar su rendimiento, y lo buenos que son estos modelos de Azure OpenAI para preguntas y tareas específicas. Cabe explorar todo esto en la siguiente sección.

Métodos de evaluación del rendimiento de la IA

Una de las etapas clave de cualquier proyecto de IA generativa es la evaluación del rendimiento del modelo. Sin embargo, no es una tarea sencilla evaluar el rendimiento de los sistemas habilitados para LLM, y aún no está totalmente estandarizado. Dicho esto, puede empezar a evaluar métricas con Azure OpenAI y Azure AI Foundry, como verá en el Capítulo 5 con LLMOps y el flujo de solicitudes de evaluación.

He aquí una selección de las métricas más importantes para la evaluación de la IA generativa:

Enraizamiento o groundedness

La fundamentación se refiere a lo bien que se basan las respuestas de una IA generativa en la información dada o disponible en la entrada. Se trata de una buena métrica para analizar cómo se ciñe la IA a los hechos con el fin de evitar alucinaciones. Puede explorar la nueva función Groundedness Detection del AI Content Safety Studio.

Similitud

Esta métrica mide cuánto se parece un resultado GPT al de un humano. Resulta útil para la validación humana de los resultados de los modelos Azure OpenAI.

Relevancia

Mide la conexión entre el resultado de una IA y la entrada dada. Es como comprobar si la respuesta de alguien en una conversación está relacionada con la pregunta que le ha hecho.

Precisión de la clasificación

Una métrica para tareas de clasificación, entre 0 y 1, que mide el resultado del modelo de IA en comparación con una verdad básica.

Distancia Levenshtein

Mide cuántos cambios, como añadir, eliminar o cambiar piezas, tendría que hacer para pasar de la salida de la IA a la salida esperada.

Coherencia

Esto comprueba si la salida de la IA tiene sentido y sigue un orden lógico, como comprobar si una historia tiene un principio, un nudo y un desenlace, y no da saltos al azar.

Fluidez

Mide la fluidez con la que se lee el resultado de la IA, comprobando si un parágrafo escrito es fácil de leer y entender desde un punto de vista lingüístico y gramatical.

Puntuación F1

Se trata de un equilibrio entre las palabras de la respuesta modelo y la verdad sobre el terreno.

Otras métricas

Otras métricas del PLN tradicional.

Desde la perspectiva de Azure, puede explorar las métricas disponibles para la evaluación a través de Azure AI Foundry y Azure Databricks con MLFlow. Estas son varias iniciativas en curso de algunos de los principales actores de la industria (incluidos Microsoft y OpenAI), pero puede esperar más noticias y herramientas en los próximos meses y años:

- Marco de evaluación LLM de Microsoft
- Flujos de evaluación (Azure AI Foundry) de Microsoft
- Documentación de Microsoft para la supervisión de métricas LLM
- Proyecto Evals de OpenAI

Además, existen otras familias de métricas que puede utilizar para medir y analizar el rendimiento:

Revisión positiva/negativa de las respuestas

Una forma manual tanto de realizar un seguimiento del rendimiento como de reeducar potencialmente el modelo con reconfiguraciones ponderadas (por ejemplo, aprendizaje de pocos disparos con las respuestas buenas). Podría habilitar esto utilizando un signo positivo/negativo en la interfaz de usuario y añadiendo un valor numérico binario a nivel de la base de datos si decide almacenar las preguntas y respuestas con fines de revisión (por ejemplo, ID, pregunta, respuesta, revisión) en un archivo JSON almacenado a través de Cosmos DB. Para ello, mi recomendación es crear un conjunto de preguntas de prueba e involucrar a expertos en la materia durante la creación de dicho conjunto y durante la evaluación del sistema.

Métricas tradicionales de análisis de productos

Por ejemplo, el tiempo de sesión, la cantidad de veces que se vuelve a preguntar para obtener la mejor respuesta, la valoración global del producto, etc. Esto requeriría herramientas como Microsoft Clarity, Pendo, Amplitude, Mixpanel, etc., conectadas a la aplicación nativa de la nube (por ejemplo, iOS, Android, web, etc.). Como alternativa, existen funciones nativas de la nube como Azure App Insights que pueden implementarse como parte del sistema de supervisión de aplicaciones de IA generativa. Además, estas herramientas pueden aprovecharse para realizar un seguimiento del rendimiento en experimentos de pruebas A/B (por ejemplo, si lanza dos versiones diferentes del modelo de IA con diferentes conjuntos de usuarios).

Conclusión

Este capítulo incluye no solo las herramientas visuales y basadas en código disponibles para sus implementaciones de Azure OpenAI, sino también los enfoques de implementación recomendados, para ayudarle a comprender las diferencias entre los LLM normales, los ajustados y los basados en modelos. Una vez más, no hay una forma perfecta o única de hacerlo. Todos estos enfoques intentan aprovechar la potencia existente de los modelos de Azure OpenAI y la capacidad de aumentar el alcance del conocimiento de sus aplicaciones con ejemplos, fuentes de datos internas, búsquedas en directo en Internet, etc. En el Capítulo 4 se verán los bloques de construcción adicionales para sus desarrollos de IA generativa.

CAPÍTULO 4
Capacidades adicionales de la nube y la IA

Las aplicaciones de la IA generativa son mucho más que "un gran modelo". Como ya ha visto, los LLM juegan un papel central, pero hay otras piezas relevantes que complementan las capacidades de Azure OpenAI Service: ajuste fino a través de Azure OpenAI API o playgrounds, grounding con Azure AI Search y/o Azure OpenAI embeddings, capacidades de búsqueda en vivo con Bing Search API, etc.

Además, dispone de nuevos tipos de herramientas que le permiten ampliar aún más las capacidades de los LLM. Una selección curada para cualquier adopter de IA generativa y Azure OpenAI podría incluir plugins, integración de LMM, bases de datos y más. Cabe profundizar en ellas con más detalle.

Plugins

Uno de los nuevos términos en las aplicaciones de IA es la noción de "plugins". Puden ser definidos como interfaces directas a funcionalidades avanzadas que interconectan Azure OpenAI de Microsoft (o ChatGPT de OpenAI) con otros sistemas. Por ejemplo, existen plugins (*https://oreil.ly/MIQOJ*) de empresas como Expedia, FiscalNote, Instacart, KAYAK, Klarna, Milo, OpenTable, Shopify, Slack, Speak, Wolfram y Zapier. Son externas a Azure OpenAI, y su naturaleza y modalidades de negocio dependen de las empresas desarrolladoras.

Además, Microsoft anunció en mayo de 2023 su propia colección de plugins, definiéndolos como "interfaces estandarizadas que permiten a los desarrolladores construir y consumir API para ampliar las capacidades de los grandes modelos lingüísticos (LLMs) y permitir una profunda integración de GPT a través de Azure y el ecosistema de Microsoft". Estos complementos incluyen interfaces directas con Bing Search, Azure AI Search, Azure SQL, Azure Cosmos DB y Microsoft Translator. Como desarrollador, eso significa que puede conectar Azure OpenAI con otras piezas de Microsoft y de Azure con un mínimo esfuerzo de desarrollo e integración.

Desarrollo, orquestación e integración de los LLM

También existen piezas orientadas al desarrollador que permiten combinar los LLM existentes con otros servicios independientemente del lenguaje de programación. Cabe profundizar ahora en algunas de esas opciones.

LangChain

LangChain es un marco de código abierto que puede utilizar para desarrollar aplicaciones basadas en modelos lingüísticos. Proporciona varias utilidades y herramientas relacionadas con el lenguaje (por ejemplo, embeddings, canalizaciones, agentes, plugins) y es uno de los componentes clave para algunos de los aceleradores que ha visto antes en el Capítulo 3. La documentación oficial habla de seis áreas clave señaladas en orden creciente de complejidad:

LLMs y prompts

Esto incluye la gestión de avisos, la optimización de avisos, una interfaz genérica para todos los LLM y utilidades comunes para trabajar con los LLM.

Cadenas

Las cadenas van más allá de una única llamada al LLM e implican secuencias de llamadas (ya sea a un LLM o a una utilidad diferente). LangChain proporciona una interfaz estándar para cadenas, muchas integraciones con otras herramientas y cadenas de extremo a extremo para aplicaciones comunes.

Generación de datos mejorada

La generación aumentada por datos implica tipos específicos de cadenas que primero interactúan con una fuente de datos externa para obtener datos que se utilizarán en el paso de generación. Algunos ejemplos son el resumen de textos largos y las preguntas/respuestas sobre fuentes de datos específicas.

Agentes

Los agentes implican que un LLM tome decisiones sobre qué acciones llevar a cabo, realice esa acción, vea una observación y repita eso hasta que termine. LangChain proporciona una interfaz estándar para agentes, una selección de agentes entre los que elegir y ejemplos de agentes de extremo a extremo.

Memoria

La memoria se refiere al estado persistente entre llamadas de una cadena/agente. LangChain proporciona una interfaz estándar para la memoria, una colección de implementaciones de memoria y ejemplos de cadenas/agentes que utilizan esa memoria.

Evaluación

Los modelos generativos son muy difíciles de evaluar con las métricas tradicionales. Una nueva forma de evaluarlos es utilizar los propios modelos lingüísticos para realizar la evaluación. Linchan proporciona algunas instrucciones/cadenas para ayudar en esto.

El artículo *Introducing LangChain Agents* de Valentina Alto, especialista en IA de Microsoft y autora de *Modern Generative AI with ChatGPT and OpenAI Models* (Packt), explica un ejemplo de implementación para Azure OpenAI Service con LangChain. También puede consultar la integración oficial (*https://oreil.ly/HGIXQ*) para LangChain y Azure OpenAI Service.

Semantic Kernel

Semantic Kernel es un SDK de código abierto que ayuda a combinar Azure OpenAI Service y otros LLM con lenguajes de programación habituales como C#, Java y Python. El SDK incluye funciones como el encadenamiento de instrucciones, la repetición recursiva, el resumen, el aprendizaje sin disparos/con pocos disparos, la memoria contextual, la memoria a largo plazo, los embeddings, la indexación semántica, la planificación, la generación de recuperación aumentada, los almacenes de conocimiento externos y la opción "Trae tus propios datos".

La noción de extremo a extremo del kernel incluye los bloques de construcción que puede ver en la Figura 4-1.

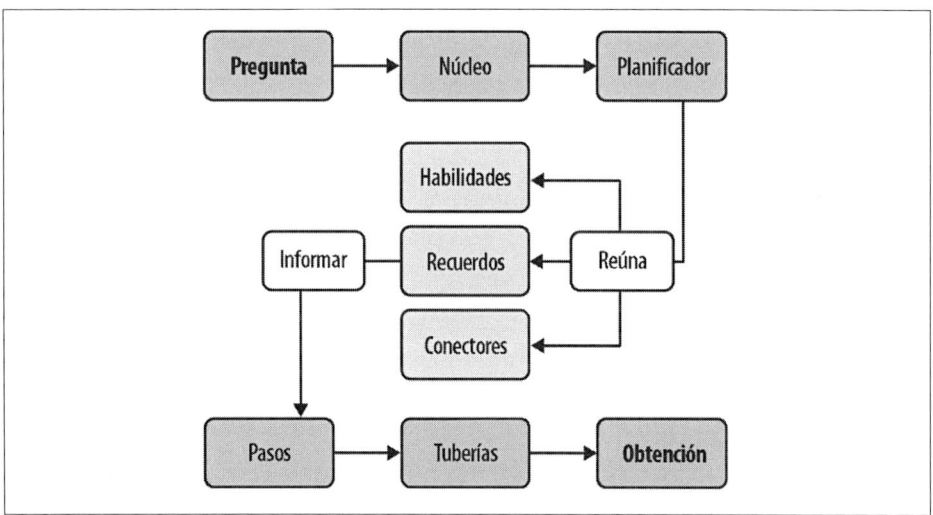

Figura 4-1 *Bloques de construcción del Semantic Kernel.*
Fuente: adaptación de una imagen de Microsoft).

Ahora se verá cada parte de la figura con más detalle:

Pregunta o petición

Se refiere a la entrada que se presenta al Semantic Kernel, que puede ser una pregunta o una directiva en lenguaje natural. Algunos ejemplos son preguntas como "¿puedes nombrar la montaña más alta del mundo?", u órdenes como "condensa este texto". Semantic Kernel trata de interpretar la pregunta y responder a ella utilizando sus diversas capacidades.

Núcleo

Representa el núcleo del procesador que gestiona su ASK coreografiando una mezcla de servicios de IA, memorias, modelos y complementos para elaborar una respuesta. Tiene flexibilidad para adaptar los ajustes y parámetros del núcleo según sus preferencias.

Planificador

Una faceta intrínseca del núcleo, el planificador une ingeniosamente las funciones formulando una estrategia para responder a su PREGUNTA. Si se le plantea una petición del tipo: "Componga un haiku sobre la luna", el planificador podría amalgamar funciones relacionadas con el inicio del tema, la rima y la estructuración del poema.

Reúna

En este punto del plan, el núcleo se embarca en la recopilación de datos procedentes de una serie de fuentes, como modelos de IA, almacenamiento en memoria, conectores o incluso vastos repositorios externos de conocimiento. Si tiene curiosidad por saber cuál es "el mamífero más grande de la Tierra", el núcleo podría recurrir a recursos como Bing o Wikipedia en busca de respuestas.

Habilidades

Epitomice la gama de competencias del Semantic Kernel al abordar sus ASK aprovechando sus vastos componentes. Las competencias pueden abarcar un espectro que va de lo básico a lo especializado en función de la complejidad de los pasos y las fuentes utilizadas. Algunos ejemplos de competencias son la elucidación, la interpretación, la elaboración, la categorización e incluso la respuesta a las consultas. Considere las habilidades como la "anatomía" funcional de su aplicación de IA.

Recuerdos

Capacidad del sistema para almacenar, recordar y procesar información derivada de interacciones, tareas o datos adquiridos externamente con anterioridad. Es análogo al funcionamiento de la memoria humana, pero en formato digital.

Conectores

Los conectores actúan como puentes que permiten a Semantic Kernel interactuar con un espectro de plataformas de IA, modelos, memorias o almacenes de datos externos. Mediante los conectores, se puede acceder a plataformas como OpenAI, Azure OpenAI o incluso a modelos como ChatGPT, así como a sistemas de memoria o depósitos de información como *La Enciclopedia Británica*.

Informar

En esta fase, el núcleo le informa del resultado de su pregunta, que puede manifestarse en forma de texto, imágenes, audio o una actividad específica. Cabe suponer que le pregunta: "Ilustra un bosque tranquilo"; el kernel responderá con una consulta basada en imágenes y proyectará la imagen resultante.

Pasos

Constituyendo los bloques fundamentales en el plan para abordar su ASK, cada paso podría enmarcarse como una indicación o una función innata. Las instrucciones son directivas basadas en el lenguaje que se envían a los modelos de Azure OpenAI. Por el contrario, las funciones nativas se refieren a operaciones de codificación estandarizadas, a menudo programadas en lenguajes como C# o Python. Por ejemplo, en respuesta a la pregunta "describa el proceso de fotosíntesis", un paso puede consistir en una indicación que señale los mecanismos principales, mientras que otro aprovecha una función nativa para alinearlos en un formato de viñetas.

Tuberías

Esencialmente, se trata de una serie de acciones que se inician para responder a su petición. Los procesos pueden ser preestablecidos o creados dinámicamente por el planificador. En el caso de una solicitud del tipo "escriba una narrativa sobre la evolución de la tecnología", el proceso podría abarcar etapas como el esquema, la elaboración de una introducción, la articulación del contenido principal, la conclusión y el arreglo final.

Obtención

Indica una operación que se puede iniciar en el Semantic Kernel para obtener detalles o datos de sus componentes. Por ejemplo, puede utilizar "GET" para echar un vistazo al banco de memoria del kernel y explorar su reserva de conocimientos pasados.

Por último, pero no por ello menos importante, Semantic Kernel es uno de los proyectos internos de Microsoft para la IA generativa, un esfuerzo dirigido por el Dr. John Maeda, y la información está disponible en el repositorio oficial de GitHub. Aquí tiene algunos recursos adicionales por si quiere seguir explorando Semantic Kernel:

- Libro de cocina oficial con "recetas" del Semantic Kernel

- Curso gratuito de LinkedIn Learning del Dr. John Maeda

- Algunas palabras de los creadores (entrevista (*https://oreil.ly/TWIMU*) y vídeo (*https://oreil.ly/A84pK*))

LlamaIndex

LlamaIndex es un framework de datos para aplicaciones LLM. Es otra alternativa para sus aplicaciones de IA generativa con Azure OpenAI, e incluye opciones empresariales y de código abierto. Ofrece simplicidad a través de un conjunto de escenarios RAG y capacidades de orquestación que combinan LLM y fuentes de datos internas, y tiene buena tracción con la comunidad desarrolladora.

Dependiendo de cómo se utilice, puede ser un equivalente, una alternativa o un complemento tanto de Semantic Kernel como de LangChain.

Bot Framework

Microsoft Bot Framework es un clásico de la era bot anterior a ChatGPT. No se basa en Azure OpenAI Service, pero algunos usuarios lo están utilizando para integraciones de escenarios específicos (por ejemplo, para implementar proyectos habilitados para GPT en Microsoft Teams u otros canales de comunicación), e incluye un conjunto de herramientas y servicios destinados a ayudar a crear, probar, implementar y gestionar chatbots inteligentes:

SDK de Bot Framework

Un kit de desarrollo de software modular y extensible que permite crear bots en C#, JavaScript, Python o Java. El SDK proporciona bibliotecas y plantillas para escenarios bot comunes, como diálogos, gestión de estados, autenticación, etc.

Compositor de Bot Framework

Herramienta de creación visual de código abierto que permite crear bots mediante una interfaz gráfica y mensajes en lenguaje natural. Puede utilizar Composer para diseñar registros, habilidades y respuestas para su bot sin escribir código.

Servicio Azure Bot

Un servicio en la nube que le permite alojar su bot en Azure y conectarlo a diversos canales y dispositivos, como Facebook Messenger, Microsoft Teams, Skype, chat web, etc. Azure Bot Service también ofrece funciones como análisis, depuración, seguridad, etc.

Emulador de Bot Framework

Una aplicación de escritorio que le permite probar y depurar su bot de forma local o remota. Puede utilizar el emulador para enviar y recibir mensajes de su bot, inspeccionar el estado y las actividades del bot y acceder a los registros del bot.

Conector Bot Framework

Un servicio que gestiona la comunicación entre su bot y los canales o usuarios. El conector define una API REST y un protocolo de actividad para que su bot pueda enviar y recibir mensajes y eventos.

Como puede ver, el Microsoft Bot Framework es una solución completa para escenarios bot clásicos (no LLM), con Azure Bot Service formando parte de algunos de los aceleradores oficiales de Azure OpenAI. La especificación completa está disponible en su repositorio oficial de GitHub.

Power Platform, Microsoft Copilot y AI Builder

Además de los SDK y los marcos de desarrollo, existen otras piezas para las implementaciones sin código y de bajo código. El conjunto de herramientas y servicios Power Platform ayuda a crear y gestionar aplicaciones de bajo código, automatizar flujos de trabajo, analizar datos y crear chatbots conectándolos a cualquier función Azure habilitada para la IA, incluida Azure OpenAI. Microsoft Copilot/Power Virtual Agents (PVA) es uno de los componentes de Power Platform que permite crear chatbots inteligentes utilizando una interfaz gráfica de bajo código. Puede utilizar PVA para crear bots que puedan proporcionar respuestas, realizar acciones e interactuar con los usuarios en lenguaje natural.

Hay tres formas diferentes en que estos componentes pueden interactuar con Azure OpenAI para aplicaciones de IA generativa sin código/de bajo código:

- Utilizando un *conector Azure OpenAI de Microsoft Copilot/PVA* a través de las API Azure OpenAI. Un ejemplo de implementación para ese escenario está disponible en línea. Se trata de una opción muy manual, pero sencilla de implementar.

- Aprovechando la función Boost conversations (también conocida como *respuestas generativas*) de PVA. Esta funcionalidad permite al bot encontrar y presentar información de múltiples fuentes. Las respuestas generativas pueden utilizarse como solución principal en el chatbot, o como alternativa cuando otros temas del autor no son capaces de responder a la consulta de un usuario.

- Además de estas dos aplicaciones de tipo bot, también puede aprovechar el componente AI Builder de Power Platform y su integración con Azure OpenAI para la automatización y las aplicaciones. Un vídeo de demostración en YouTube (*https://oreil.ly/dozKD*) ilustra el proceso de implementación.

Estos bloques de desarrollo son sus herramientas para continuar evolucionando sus proyectos de IA generativa con Azure OpenAI. La lista probablemente crecerá con el tiempo, pero esta selección representa algunas de las piezas más relevantes para cualquier practicante de IA generativa hoy en día. Se verán ahora las bases de datos vectoriales disponibles para implementaciones Azure-first, que permitirán realizar sus proyectos basados en embedding con Azure OpenAI y le permitirán guardar los vectores generados.

Bases de datos y almacenes vectoriales

Como ya se ha mencionado, las embeddings son una técnica que genera representaciones matemáticas de distancias entre temas, y esa información es lo que se llama un "vector". Han cobrado relevancia en el espacio de la IA generativa por su capacidad para conectar información relacionada lingüísticamente. Esto es relevante para los motores de búsqueda, la recuperación de documentos durante las sesiones de chat, etc. Para ello, cabe centrarse en un tipo específico de base de datos denominada base de datos vectorial, ya que es la más adecuada para almacenar y gestionar este tipo de información.

La principal ventaja de una *base de datos vectorial* es que permite buscar y recuperar datos de forma rápida y precisa en función de su distancia vectorial o similitud. Esto significa que, en lugar de utilizar los métodos tradicionales de consulta de bases de datos basados en coincidencias exactas o criterios predefinidos, se puede utilizar una base de datos vectorial para encontrar los datos más similares o relevantes en función de su significado semántico o contextual. Las bases de datos vectoriales se utilizan para almacenar, buscar y recuperar vectores (previamente generados mediante técnicas de embedding) que representan documentos, imágenes y otros tipos de datos utilizados en aplicaciones de aprendizaje automático.

Desde el punto de vista de Azure OpenAI Service, hay diferentes servicios nativos de Azure, o piezas de código abierto desplegables a través de Azure, que servirán como bases de datos vectoriales. A continuación se repasarán.

Búsqueda vectorial de Azure AI Search

La búsqueda vectorial es una función reciente de uno de los servicios de IA de Microsoft Azure, concretamente de Azure AI Search (*https://oreil.ly/-AIvZ*). Esta pieza forma parte de la implementación de enfoques basados tanto en el embedding como en la recuperación.

La búsqueda vectorial es una nueva capacidad para indexar, almacenar y recuperar embeddings vectoriales a partir de un índice de búsqueda. Puede utilizarse para casos típicos como la búsqueda por similitud, la búsqueda multimodal, los motores de recomendación o las implementaciones de grounding/RAG. El principal factor diferenciador (según las palabras de su creador) es la capacidad de permitir no solo la búsqueda vectorial clásica, sino también "un enfoque de búsqueda híbrido que aprovecha tanto las puntuaciones vectoriales como las de palabras clave tradicionales [y] ofrece una calidad de resultados de recuperación aún mejor que un único método de búsqueda", como se ilustra en la Figura 4-2.

	Búsqueda de texto	Búsqueda vectorial	Búsqueda híbrida
Coincidencia exacta de palabras	✓	✗	✓
Búsqueda por proximidad	✓	✗	✓
Ponderación de términos	✓	✗	✓
Búsqueda por similitud	✗	✓	✓
Búsqueda multimodal	✗	✓	✓
Búsqueda multilingüe	✓	✓	✓

Figura 4-2 *Funciones de búsqueda vectorial e híbrida con Azure AI Search. Fuente: adaptación de una imagen de Microsoft.*

Búsqueda vectorial de Cosmos DB

La búsqueda vectorial es una función vectorial similar de un servicio nativo de Azure diferente, en este caso Azure Cosmos DB, que es una base de datos NoSQL multitipo gestionada que admite varios tipos de matrices clave-valor, columna, gráfico y documento. Incluye opciones de código abierto como PostgreSQL, MongoDB y Apache Cassandra.

La función de búsqueda vectorial procede del producto Azure Cosmos DB for MongoDB vCore, que proporciona un servicio de base de datos compatible con MongoDB totalmente gestionado en Azure. La nueva funcionalidad se anunció en mayo de 2023, y es una alternativa a la opción Azure AI Search. Se trata de una opción para entornos en los que MongoDB ya forma parte de la pila tecnológica. Puede ver un repositorio adicional con ejemplos de implementación (*https://oreil.ly/5pwnr*), e implementaciones con Semantic Kernel como orquestador.

Azure Databricks Vector Search

Al igual que con Azure AI Search y Cosmos DB, existe otra excelente opción nativa con Azure Databricks. Ofrece la función Databricks Vector Search, que se integra directamente en el motor sin servidor y en Unity Catalog para la gobernanza de datos e IA. Esta es una buena opción si desea aprovechar una plataforma nativa de extremo a extremo en Azure y conectar Azure OpenAI al almacén de vectores aprovechando diversos motores de orquestación (por ejemplo, LlamaIndex y LangChain).

Bases de datos Redis en Azure

Una opción alternativa es Azure Cache for Redis, que es una solución para acelerar la capa de datos de las aplicaciones mediante el almacenamiento en caché en memoria basado en las bases de datos de código abierto Redis. Contiene RediSearch, que es un módulo de Redis que proporciona capacidades de búsqueda de texto completo. La versión para Azure se basa en el motor Redis y está diseñada para utilizarse con Redis Enterprise.

Al igual que las dos opciones anteriores, Azure Cache for Redis ha evolucionado e incorpora una nueva función de búsqueda vectorial que combina la potencia de una solución de almacenamiento en caché de alto rendimiento con la versatilidad de una base de datos vectorial, lo que abre nuevas fronteras para los desarrolladores y las empresas. Al igual que con Cosmos DB, esta opción es ideal para aquellas empresas que ya utilizan Redis o Azure Cache for Redis como parte de su pila tecnológica.

Otras bases de datos pertinentes (incluidas las de código abierto)

Hay otras opciones disponibles, incluidas las soluciones nativas y de código abierto, que puede aprovechar a través de Azure:

pgvector
> Para la búsqueda de similitud vectorial en Cosmos DB para PostgreSQL y Azure Database para PostgreSQL, las opciones nativas para PostgreSQL en Azure.

Base de datos vectorial Elasticsearch
> Disponible en Azure OpenAI Playground, directamente integrado en la función On Your Data.

Neo4j
> Permite implementar patrones RAG con datos de gráficos. Una buena opción para aprovechar la potencia de los gráficos de conocimiento, disponible en Azure, incluidos los aceleradores para probarlo.

Pinecone on Azure
> Disponible en vista previa privada desde julio de 2023, esto permite el despliegue de una base de datos vectorial Pinecone (comercial, totalmente gestionada) directamente a través de Azure. Aquí hay un ejemplo de implementación (*https://oreil.ly/aoRAk*) con Azure OpenAI Service y la base de datos Pinecone.

Milvus
> Un proyecto de código abierto para bases de datos vectoriales, disponible en Azure (*https://oreil.ly/ pp5mc*). Es uno de los principales contendientes del código abierto, y un proyecto graduado de la Fundación Linux (*https://oreil.ly/DFoM9*).

Azure Data Explorer
> Para la búsqueda de similitud de vectores, otra opción de almacenamiento de vectores para almacenar embeddings utilizando un servicio nativo de Azure. He aquí una explicación paso a paso (*https://oreil.ly/ TwpP-*).

Otras bases de datos vectoriales, para despliegue mediante contenedores (no PaaS)
Weaviate, Chroma, Vespa, Qdrant, etc.

Además, y aunque no sea un almacén de vectores (solo una biblioteca que crea un almacén de vectores en memoria), también puede explorar Faiss, la biblioteca de Meta para la búsqueda eficiente de similitudes y la agrupación de vectores densos. Su herramienta Index Lookup, a través de Azure ML Prompt Flow, permite realizar consultas dentro de un almacén de vectores basado en Faiss proporcionado por el usuario.

No dude en explorar todas estas opciones de bases de datos y almacenes vectoriales, así como otras de la lista del libro de cocina de OpenAI (*https://oreil.ly/9o2Wh*). La forma más sencilla de empezar es aprovechando servicios nativos como Azure AI Search o Azure Cosmos DB, pero la elección dependerá de su enfoque de implementación. Cabe echar ahora un vistazo a algunos de los componentes tecnológicos adicionales que podrá necesitar para sus proyectos de IA generativa.

Elementos adicionales de Microsoft para la IA generativa

Además de lo ya se ha cubierto en este capítulo, hay algunos servicios consolidados y proyectos de investigación en curso que se pueden aprovechar para sus proyectos Azure OpenAI. Para ello, cabe profundizar en algunos de ellos.

Azure AI Document Intelligence (antes Azure Form Recognizer) para OCR

Algunos de los escenarios de grounding que se han analizado previamente se basan en imágenes y documentos PDF como fuente principal de conocimiento, además del LLM base. Si quiere combinar el conocimiento del LLM con la información de esas imágenes y PDF, necesita extraer la información de esos documentos por adelantado, y tenerla transformada desde la fuente a formatos relevantes como JSON o JSONL.

En el caso de los PDF, la técnica clásica que extrae el texto del documento es el OCR (reconocimiento óptico de *caracteres*). Se trata de una técnica madura que reconoce cada carácter de un documento para leerlo y extraer su información para un uso posterior.

Si quiere aprovechar los servicios nativos de Azure para realizar tareas de OCR, existe un servicio de IA de Azure llamado AI Document Intelligence (antes llamado Form Recognizer). Desde el sitio web oficial se define como "un servicio de IA que aplica aprendizaje automático avanzado para extraer texto, pares clave-valor, tablas y estructuras de documentos de forma automática y precisa". Se trata de un paso previo al perfeccionamiento, el embedding, etc. Este artículo oficial (*https://oreil.ly/2D87V*) explica el proceso de principio a fin que combina AI Document Intelligence y Azure OpenAI Service para lanzar directamente consultas contra el documento.

Como alternativa, el servicio Azure AI Search, mencionado anteriormente, incluye una habilidad cognitiva OCR similar que funciona tanto con imágenes (que contienen texto) como con documentos.

Lakehouse de Microsoft Fabric

Esta opción es imprescindible para cualquier empresa que desee implementar su estrategia de datos habilitada para Microsoft Azurepara una arquitectura de lago: Microsoft Fabric. Este recurso podría ser un tema para un libro entero, pero debe saber que es una plataforma que ayuda a crear, utilizar y gobernar los conocimientos de datos en toda una organización. Como puede ver en la Figura 4-3, incluye herramientas de integración y ciencia de datos, lagos de datos, gobernanza y elementos de visualización. La relación entre Fabric y Azure OpenAI es bidireccional. Los datos de Microsoft Fabric pueden servir como fuente para los patrones RAG, pero también se aprovechan los modelos de Azure OpenAI dentro de las herramientas de datos de Microsoft Fabric. También contiene un Copilot habilitado para GPT para el análisis de datos con lenguaje natural. Si desea obtener más información, puede explorar la página documentación oficial (*https://oreil.ly/hVfoG*), ejemplos concretos (*https://oreil.ly/ 8LFSp*) y la especificación de la API REST (*https://oreil.ly/4JcB6*).

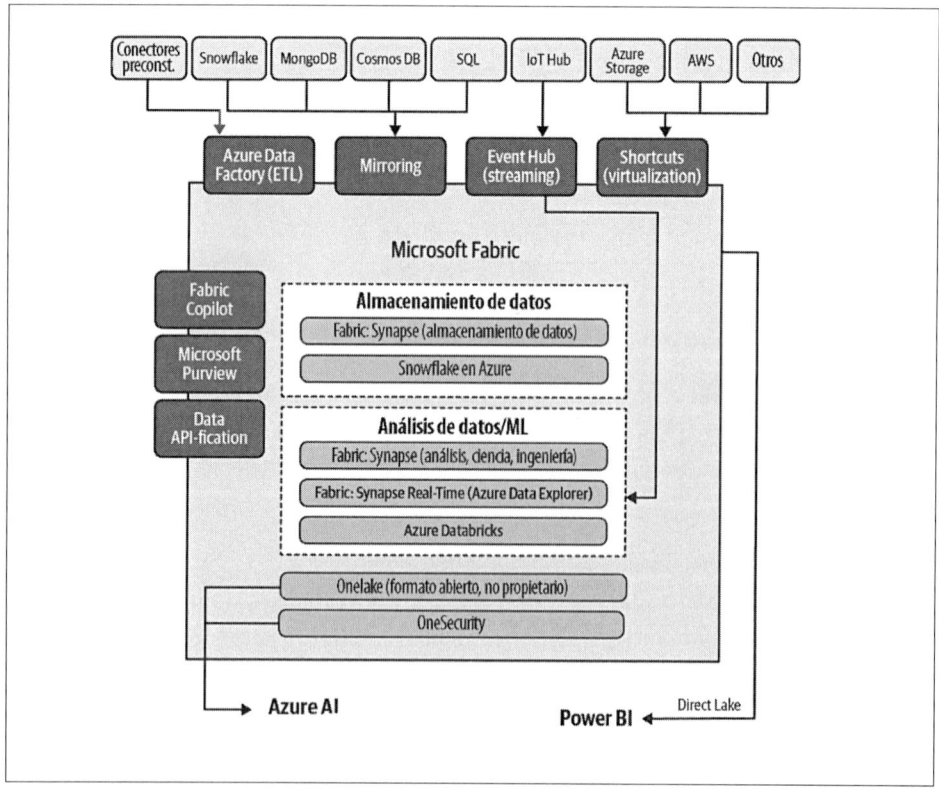

Figura 4-3 *Lakehouse con Microsoft Fabric.*

Microsoft Azure AI Speech

Otro servicio complementario es Azure AI Speech, que incluye capacidades de conversión de voz a texto, texto a voz, traducción de voz y reconocimiento del hablante para funciones habilitadas para voz que puede utilizar para sus aplicaciones habilitadas para Azure OpenAI. Esto es muy útil para interfaces accesibles en las que los usuarios pueden comunicarse con el motor de la IA generativa mediante la voz. Además, existen funcionalidades de avatar visual que le ayudarán a añadir caras virtuales a sus implementaciones.

Gestión de API de Microsoft Azure

Azure API Management es un elemento transversal que soporta todos sus despliegues Azure OpenAI de nivel empresarial, permitiéndole gestionar, equilibrar y monitorizar sus diferentes suscripciones, modelos y claves API. Es ideal para la gestión de costes y la devolución de cargos multidepartamento.

Proyectos de investigación y código abierto de Microsoft en curso

A continuación se revisará una selección de proyectos de investigación en curso de Microsoft, todos ellos relacionados con el desarrollo de LLM. La mayoría de ellos no son bloques de construcción listos para la producción, pero incluso si no van a ser utilizados por los profesionales habituales de la IA generativa, es posible que desee echar un vistazo y ver los últimos desarrollos relacionados con este campo:

DeepSpeed

Una biblioteca de optimización de aprendizaje profundo desarrollada por Microsoft, diseñada para ayudar a los investigadores a entrenar modelos a gran escala de forma más rápida y eficiente, entre 10 y 100 veces más grandes de lo que era posible anteriormente. Además, DeepSpeed Chat es un marco de sistema abierto para habilitar una experiencia de entrenamiento RLHF de extremo a extremo para generar modelos generativos de IA a todas las escalas.

ONNX Runtime

Un acelerador de aprendizaje automático de inferencia y formación multiplataforma, destinado a mejorar las experiencias de los clientes (proporcionando una inferencia de modelo más rápida) y a reducir los costes de formación. Microsoft abrió su código fuente en 2019 y se basa en el formato abierto ONNX (codesarrollado por Microsoft con Meta y AWS). Incluye el proveedor de ejecución DirectML, un componente de ONNX Runtime para acelerar la inferencia de modelos ONNX.

JARVIS/HuggingGPT

Un proyecto para utilizar LLM como interfaces para conectar diferentes modelos de IA de Hugging Face y otros para resolver complicadas tareas de IA.

ToxiGen

Un gran conjunto de datos generados por máquinas para la detección de discursos de odio, de Microsoft.

LLM-Augmentador)

Un proyecto que pretende reducir las alucinaciones (es decir, que los LLM den respuestas incorrectas) utilizando conocimientos externos para los LLM y comentarios automatizados.

AdaTest

Un proyecto de Microsoft para encontrar y corregir errores en modelos de lenguaje natural/aprendizaje automático mediante pruebas adaptativas.

LoRA (Low-Rank Adaptation)

Ayuda a reducir el número de parámetros de entrenamiento para los LLM, haciendo que este proceso requiera menos almacenamiento e informática.

Orientación

Un proyecto de Microsoft que permite controlar los modelos lingüísticos modernos de forma más eficaz y eficiente que los tradicionales prompting o encadenamiento.

PromptCraft-Robótica

Un proyecto de investigación que pretende combinar ChatGPT y sistemas robóticos como drones, robots con cámara, etc.

Gorila LLM

Una colaboración entre Microsoft Research y la Universidad de Berkeley, que han desarrollado un LLM conectado a API, lo que significa que puede proporcionar llamadas API apropiadas para diferentes temas, incluyendo PyTorch Hub, TensorFlow Hub, HuggingFace, Kubernetes, OpenAPI, y otros. Un gran paso hacia un tipo de inteligencia más general.

PowerProxy AI

Un proyecto que ayuda a supervisar y procesar el tráfico hacia y desde los puntos finales del servicio Azure OpenAI.

AutoGen

Un marco que permite el desarrollo de aplicaciones LLM utilizando múltiples agentes que pueden conversar entre sí para resolver tareas.

UniLM

Un repositorio de Microsoft que contiene una serie de documentos de investigación y enlaces a otros repositorios de GitHub relacionados con LLM.

LIDA

Una biblioteca de Microsoft para la generación automática de visualizaciones e infografías con LLM.

"Algoritmo de los pensamientos"

Un trabajo de investigación que explora posibles mejoras del LLM con técnicas de razonamiento similares a las humanas.

PromptBench

Un paquete Python para la evaluación de LLM.

Promptbase

Recopilación de las mejores prácticas para obtener el máximo rendimiento de los LLM.

AICI

Una interfaz de controlador de inteligencia artificial que limita y dirige la salida de los LLM en tiempo real.

Oliva

Herramienta de compresión, optimización y compilación de modelos que tiene en cuenta el hardware.

Phi-3

Un revolucionario modelo de lenguaje reducido (SLM) de código abierto disponible a través de Azure AI Foundry y Hugging Face.

Orca/Orca-2

Un proyecto de investigación de Microsoft para especializar los SLM con datos específicos del dominio.

PyRIT (Python Risk Identification Tool for generative AI)

Un potente marco para permitir actividades de equipo rojo para sus aplicaciones de IA generativa con Azure OpenAI y otros LLM.

LLMLingua

Un método de compresión rápida que acelera la inferencia LLM con una pérdida de rendimiento mínima, lo que hace que los modelos sean más eficientes desde el punto de vista del consumo de tokens y la latencia.

Dado que la IA generativa es un área en plena evolución, mi objetivo era proporcionarle una rápida visión general de lo que el sector está intentando conseguir, además de las capacidades básicas de Azure OpenAI LLM, que ya conoce.

Conclusión

Este capítulo es una continuación de lo que vimos en el Capítulo 3, e incluye un ecosistema de proyectos y tecnologías que puede aprovechar para crear arquitecturas nativas de la nube muy avanzadas. La mayoría de ellos son adicionales y complementarios a Azure OpenAI, y necesarios para implementar algunos de los enfoques técnicos del Capítulo 3.

Se trata de un área en plena evolución, así que considere este capítulo como una caja de herramientas inicial para su viaje como profesional de la IA generativa. El próximo capítulo se centrará en la noción de LLMOps (operaciones LLM, una evolución de los conceptos DevOps y MLOps), y en cómo manejar algunos temas a nivel de producción como el rendimiento, la seguridad y la privacidad. A continuación explorará todo esto.

CAPÍTULO 5
Operacionalización de la IA generativa
Aplicaciones

Hasta este punto, se ha explorado la evolución de la IA generativa y Azure OpenAI Service, los principales enfoques para el desarrollo de aplicaciones de IA generativa nativa en la nube, y las arquitecturas de IA y los bloques de construcción para aplicaciones habilitadas para LLM con Azure.

En este capítulo, se explorarán las principales consideraciones para pasar de la implementación a los despliegues a nivel de producción. Para ello, se hablará de temas avanzados de ingeniería rápida, operaciones relacionadas, seguridad y consideraciones de IA responsable. Todo ello contribuirá a una correcta implementación a nivel empresarial de aplicaciones nativas de la nube y habilitadas para la IA generativa.

El arte de la ingeniería rápida

La ingeniería de prompt es una de esas disciplinas que ha cogido por sorpresa a los marcos de trabajo existentes sobre habilidades de IA. Antes del ChatGPT de OpenAI, nadie podía imaginar que la capacidad de interactuar con modelos de IA utilizando simplemente lenguaje escrito natural sería una de las habilidades más preciadas para las empresas que intentan adoptar, probar y desplegar sus sistemas de IA generativa. Si existe un equivalente del famoso *Científico de datos: El trabajo más sexy del siglo XXI*, es la ingeniería de prompt en Anthropic en EE.UU., con un salario base de más de 300 000 dólares.

También es un área en plena evolución. Lo que empezó como una forma sencilla de enviar instrucciones a modelos se está convirtiendo en una especie de "arte" que permite también contextualizar, asegurar y hacer operativas las LLM. Es una mezcla de habilidades técnicas y creativas. Algunas personas ven similitudes entre las aptitudes de un ingeniero rápido y las de un QA (garantía de calidad), ya que ambas incluyen empatía, creatividad, pruebas técnicas, planificación, etc. La jerga también es nueva. Al igual que en la dinámica llamada-respuesta de las API tradicionales, aquí se habla de prompt (solicitud) y completion (respuesta del modelo).

Microsoft describe la ingeniería de avisos como un elemento clave para obtener el mejor rendimiento de los modelos habilitados para GPT, ya que los modelos son muy sensibles a la calidad o la forma de los avisos. Esta es la guía oficial para las técnicas de avisos con Azure OpenAI Service, tanto para escenarios de chat como de finalización. La Tabla 5-1 muestra las técnicas recomendadas en términos generales.

Tabla 5-1 *Técnicas de incitación recomendadas.*

Recomendación	Ejemplo
Aproveche tanto los mensajes del sistema (al principio de la solicitud para establecer el contexto, las instrucciones, etc.) *como el aprendizaje de pocos mensajes* (para obtener ejemplos de la entrada y la salida deseadas) como forma de mejorar el rendimiento	*Meta-prompt o mensaje del sistema:* "Eres un asistente de IA para temas de finanzas de la empresa X, si alguien pregunta por otra cosa, por favor, di que no puedes responder" *Ejemplos de pocas fotos:* "Si alguien pregunta por el precio del producto A, redirija a esta URL" "Si te preguntan por los servicios de una empresa, enumera A, B, C y D. Luego pide al cliente que elija"
Utilice instrucciones claras, defina el formato esperado y aproveche los ejemplos positivos y negativos	"Proporcione respuestas en dos párrafos, máximo 1000 fichas" "Evita hablar de cotizaciones bursátiles concretas, ya que pueden estar desfasadas. En su lugar, céntrate en enumerar fuentes de confianza donde los clientes puedan encontrar esos precios"
Adaptar los avisos a múltiples escenarios o subáreas, según el contexto o la entrada del usuario, y *utilizar variables* como técnica para representar valores dinámicos o desconocidos en la entrada o salida (por ejemplo, $nombre para nombre de usuario o $fecha para la fecha actual)	*Pasar los parámetros como variables para la cadena:* "Proporcionar recomendaciones a un usuario que tiene '$edad', de '$localización', adaptando el lenguaje a su contexto local. Utiliza su nombre '$nombre' al dar una respuesta"
Aplicar la lógica condicional como forma de utilizar sentencias "if-then" u otros operadores lógicos para controlar el flujo y el contenido de la salida, como cambiar el tono, el formato o la información en función de determinadas condiciones o criterios	"Si el sentimiento de los usuarios es mayoritariamente negativo, utiliza un enfoque amable, explicativo y paso a paso" "Si las indicaciones al usuario tienen un tono amable, ve directamente al grano. Un párrafo como máximo"
Utilice bucles de retroalimentación añadiendo el resultado del modelo como parte de la entrada para la siguiente iteración, por ejemplo, añadiendo el resultado a la pregunta o utilizándolo para generar nuevas preguntas o instrucciones	*Meta-prompt o mensaje del sistema:* "Responde a las preguntas de los usuarios para la empresa X, y ten en cuenta... <resultado de la discusión anterior> mientras responde. Explica el porqué de tu razonamiento"

OpenAI define también su propio conjunto de buenas prácticas para optimizar el envío de mensajes y obtener el mejor rendimiento del modelo:

Aproveche siempre el modelo más reciente

Esto le permite aprovechar los últimos avances y actualizaciones. Asegúrese de que trabaja con la versión más reciente del modelo. Esto no significa utilizar el modelo más potente, sino la versión más reciente de cada modelo. Siempre puede obtener la versión más reciente en la página oficial del modelo Azure OpenAI.

Incorpore instrucciones desde el principio

Coloque las instrucciones al principio del mensaje. Utilice marcadores como ### o """ para separar claramente estas instrucciones del contexto.

Busque la especificidad y el detalle

Evite la vaguedad al definir el contexto, el resultado, la longitud, el formato y el estilo deseados.

Proporcione un formato de salida claro mediante ejemplos

Los ejemplos pueden ayudarle a orientar el modelo hacia el resultado que prefiera. Por ejemplo, Ejemplo 1, Ejemplo 2, etc.

Siga una progresión comenzando con un enfoque de tiro cero

Esto implica probar el modelo para preguntas concretas sin proporcionar ejemplos ilustrativos. A continuación, proceda con escenarios de pocas preguntas, en los que proporcione uno o varios ejemplos al modelo, ya que los LLM pueden aprender de su contenido y forma. Si ninguna de estas estrategias da los resultados deseados, considere la posibilidad de afinar o fundamentar el modelo.

Elimine las descripciones esponjosas

Prefiera la precisión y la brevedad al lenguaje vago y demasiado complicado para agilizar su mensaje y mejorar la comprensión del modelo.

Especifique qué hacer

En lugar de limitarse a señalar lo que debe evitarse, articule claramente la acción deseada. Esto orienta positivamente el modelo para que funcione como es debido.

Impulse el modelo con palabras clave en la generación de código

Cuando su tarea está relacionada con la generación de código, las "palabras clave" pueden ser útiles para guiar el modelo hacia un patrón específico.

Todas estas recomendaciones y otras más están orientadas a reducir *la alucinación de los modelos de IA generativa*, que es la capacidad (o limitación) de los LLM para crear información no factual basada en su capacidad creativa. Este es un tema recurrente para todas las tecnologías de IA generativa, y las arquitecturas más avanzadas se crean para que los LLM no ofrezcan resultados imaginarios o incorrectos. Además de Microsoft y OpenAI, este marco de cuatro pasos puede ayudar a resolver este problema aprovechando las mejores prácticas de ingeniería:

1. *Incluir*

   Esta estrategia sugiere incluir instrucciones específicas en el mensaje, como pedir que el modelo no invente cosas y se ciña a los hechos. Al proporcionar directrices claras, es más probable que el modelo de IA genere contenidos precisos y basados en hechos.

2. *Restringir*

   Este enfoque implica limitar la salida del modelo de IA. Por ejemplo, puede elegir entre una lista limitada de opciones en lugar de permitir que el modelo genere cadenas de texto de forma libre. Al restringir la salida, puede asegurarse de que el texto generado se mantiene dentro de los límites deseados y es menos probable que se base en una alucinación.

3. *Añadir cadena de pensamiento (CoT)*

   Esta estrategia recomienda incorporar un estilo de "cadena de pensamiento", como "resuelve el problema paso a paso". Al guiar al modelo de IA para que siga un proceso de pensamiento lógico y estructurado, es más probable obtener un texto coherente y preciso.

4. *Repetir y colocar*

   Esta técnica consiste en repetir las instrucciones más importantes un par de veces y situarlas al final del mensaje. Así se aprovecha el efecto de latencia, que significa que el modelo de IA tiene más probabilidades de recordar y seguir las instrucciones que se presentan en último lugar.

La aplicación de estas estrategias en la ingeniería de avisos permite mejorar la calidad del texto generado por la IA y reducir las posibilidades de alucinación, lo que se traduce en contenidos más precisos y fiables. Esto es fundamental para la operatividad de la IA generativa en la empresa.

Como la ingeniería rápida es un área en plena evolución, le recomiendo que amplíe sus conocimientos con otros fabulosos recursos externos de profesionales de la comunidad:

PromptsLab's Awesome-Prompt-Engineering repo

   Este repositorio contiene recursos seleccionados a mano para la ingeniería de avisos, con especial atención a los transformadores generativos preentrenados (GPT), ChatGPT, PaLM, etc. Incluye artículos, tutoriales, blogs, vídeos, cursos y herramientas relacionados con la ingeniería de avisos.

Blog de Lilian Weng

   Lilian es directora de Sistemas de Seguridad en OpenAI. Su blog presenta el concepto de ingeniería de avisos, los retos y oportunidades que plantea y algunos ejemplos de cómo diseñar avisos eficaces para distintas tareas.

Blog de Chip Huyen

Chip es una conocida experta del sector, cofundadora de Claypot AI y autora de *Designing Machine Learning Systems* (O'Reilly). Comparte algunas de las mejores prácticas y consejos para crear aplicaciones LLM para la producción, como la elección del modelo adecuado, la optimización de la velocidad de inferencia y la supervisión de la calidad y fiabilidad de los resultados.

Blog de Xavier Amatriain

Xavier comparte su increíble caudal de conocimientos con los artículos de nivel básico (introducción y recursos) y avanzado (métodos adicionales y conjuntos de herramientas), así como con la formación en línea sobre ingeniería rápida de nivel introductorio.

Guía de ingeniería de DAIR.AI y su repositorio GitHub

Guías, documentos, conferencias, cuadernos y recursos para la ingeniería rápida, incluida una serie de ejemplos para escenarios avanzados de ingeniería rápida.

La ingeniería inmediata es solo un paso en la puesta en práctica de las implementaciones de la IA generativa. A continuación se explorarán otras operaciones relacionadas con Azure OpenAI y los LLM.

IA generativa y LLMOps

Si se tiene en cuenta todas las consideraciones sobre arquitectura, modelos e indicaciones, y se explora el flujo de trabajo previsto para una implementación de LLM de extremo a extremo, se llega a la noción *de LLMOps*, un nuevo término utilizado para definir todas las operaciones relacionadas con LLM en la entrprise. LLMOps es similar a MLOps (machine learning operations), que es un conjunto de herramientas y mejores prácticas para gestionar el ciclo de vida de las aplicaciones basadas en ML.

LLMOps es una disciplina que combina varias técnicas para el desarrollo, despliegue y mantenimiento de aplicaciones LLM e IA generativa. Esto incluye la ingeniería rápida, pero también el despliegue y la observabilidad de los topics. Las operaciones relacionadas con los temas de IA no son nuevas, pero han evolucionado exponencialmente en los últimos años, como se puede ver en la Figura 5-1.

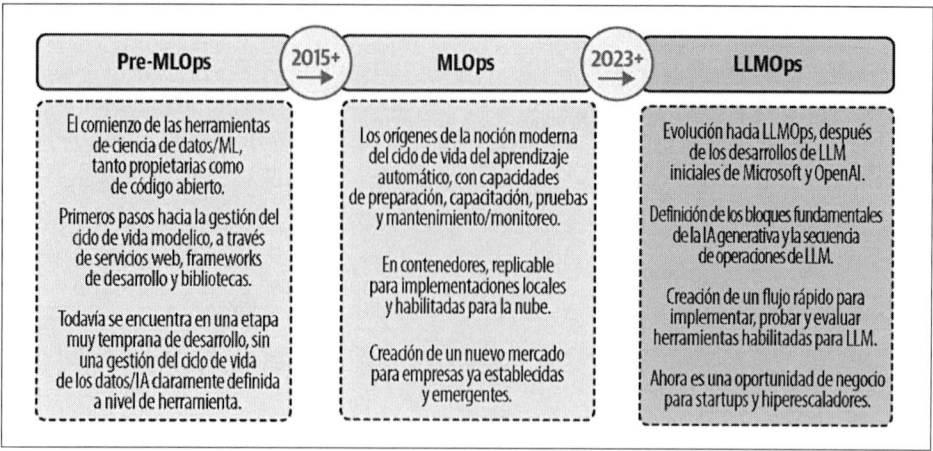

Figura 5-1 *Evolución de los LLMOps.*

Esto supuso una evolución en términos de complejidad de las operaciones, pero también de escalabilidad de los métodos y de disponibilidad de plataformas comerciales para simplificarlos:

Hasta 2015

Este período representa la época anterior al desarrollo de las prácticas modernas de MLOps. Durante este, se utilizaron herramientas propietarias para el modelado y la inferencia, pero también hubo un auge de las herramientas de ciencia de datos de código abierto, como Python y R. Estas herramientas permitieron una mayor flexibilidad y accesibilidad en la ciencia de datos y el aprendizaje automático.

2015+

La inclusión de la nube nativa y la contenerización facilitó un poco más la puesta en producción de los modelos, así como su escalabilidad de forma robusta y más eficiente. Este período fue testigo del crecimiento de las plataformas MLOps, que utilizan pilas de ML en contenedores y las despliegan tanto en las instalaciones como en la nube a través de Kubernetes, incluyendo funciones de gestión y supervisión.

2023+

El inicio del mercado de soluciones LLMOps. Un área prometedora, pero todavía muy nueva (se explorará una de las primeras herramientas LLMOps en este capítulo), centrada en funcionalidades específicas que no formaban parte de las herramientas MLOps tradicionales. Dicho esto, los MLOps existentes y los nuevos enfoques LLMOps comparten algunas similitudes, como puede verse en la Figura 5-2.

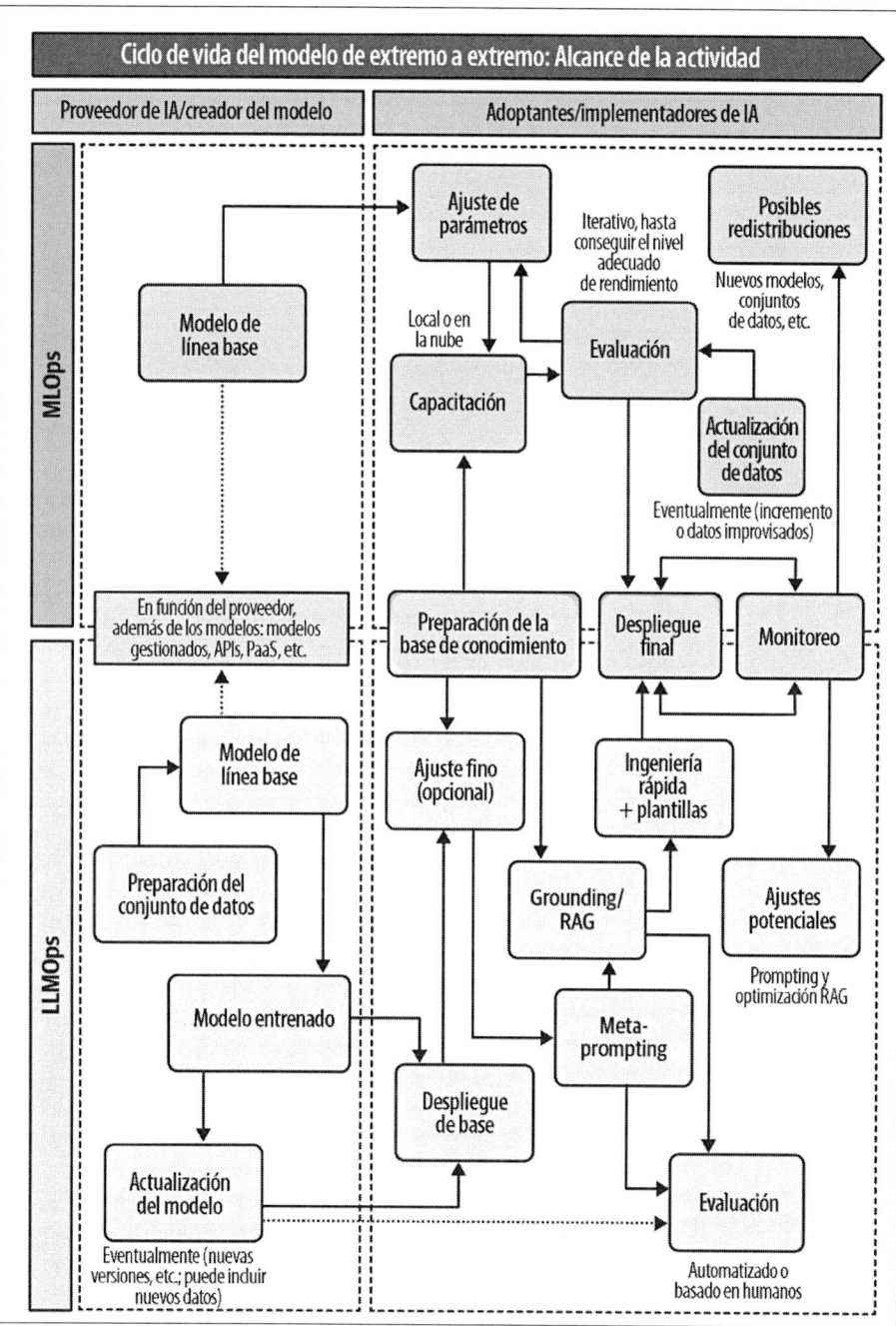

Figura 5-2 *Comparación del ámbito de actividad de los MLOps/LLMOps y de los proveedores/adopters de la IA.*

En resumen, los LLMOps suponen una división completamente diferente de las actividades de proveedor y adopter de los modelos de IA en comparación con los

MLOps, dado el papel de los modelos de cimentación preentrenados y sus enormes conjuntos de datos. También existen claras diferencias en las necesidades de datos (formato, volumen), la creación de canalizaciones y flujos, y los métodos para evaluar y supervisar los resultados de los modelos. Además, algunas tareas de ingeniería tradicionalmente centradas en la preparación y comprobación de modelos de ML están evolucionando hacia la ingeniería de pronóstico.

Además, empresas como Databricks comparan los LLMOps con los MLOps tradicionales basándose en estos conceptos:

- Los LLM pueden *ajustarse con nuevos datos* para adaptarse a dominios o tareas específicos, lo que reduce la cantidad de datos y recursos necesarios en comparación con el entrenamiento desde cero.

- Los LLM pueden beneficiarse *del aprendizaje por refuerzo a partir del feedback humano*, que ayuda a mejorar su rendimiento y a evaluar sus resultados en tareas abiertas.

- Los LLM tienen *diferentes métricas de rendimiento* que los modelos ML tradicionales, como BLEU y ROUGE, o cualquiera de las métricas de evaluación integradas de Azure AI Foundry que se analizaron en el Capítulo 3.

- Los LLM pueden *combinarse con otros sistemas*, como la búsqueda web o las bases de datos vectoriales, para crear pipelines capaces de gestionar tareas complejas como las preguntas y respuestas de las bases de conocimiento, o incluso combinarse en sistemas multiagente (MAS) más complejos.

Volviendo a las actividades de la IA generativa, ya está claro que van mucho más allá de las simples actividades de ingeniería de avisos e incluyen consideraciones adicionales a nivel de sistema y aplicación. El LLM técnico y las cuestiones relacionadas con los avisos pueden explorarse desde muchas perspectivas diferentes. Por ejemplo:

- Desde el punto de vista de *la experiencia del usuario*, anticipando las preguntas de los clientes y evaluando las respuestas de los modelos, e incluyendo a los diseñadores de UX durante el proceso de desarrollo de aplicaciones de IA generativa.

- Teniendo en cuenta *las capacidades de la aplicación*, incluyendo:

  — Limitaciones de coste, latencia y longitud de los tokens (por ejemplo, división de tareas en trozos más pequeños).

  — Articulación de las instrucciones, orquestar flujos de información y alternar entre las funciones de asistente y de sistema.

  — Ajuste de los parámetros del modelo, como la temperatura, los formatos de salida, etc.

- Combinación de las actividades principales de LLM y prompt con el *diseño general de la arquitectura*:

    — Colaboración con arquitectos para abordar requisitos de sistemas complejos.

    — Empleo de patrones avanzados como RAG y redondeo de respuestas de IA en los datos de enterprise para obtener respuestas precisas.

- Incluir cuestiones de *conformidad, seguridad* y *responsabilidad* desde la fase de diseño; por ejemplo, elegir la mejor región Azure para garantizar la residencia de los datos en los países de la UE, o elegir la mejor configuración de filtrado/moderación tanto a nivel de solicitud como de finalización.

En las siguientes secciones se explorarán algunos de estos temas, y las consideraciones y opciones disponibles desde la perspectiva de Azure y Azure OpenAI. Cabe empezar hablando de flujos y canalizaciones rápidas.

Prompt flow y Azure ML

Azure Azure AI Studio y Azure ML son servicios de IA de nivel empresarial para el ciclo de vida completo del aprendizaje automático que incluyen la creación, las pruebas, la implementación y la gestión de modelos de aprendizaje automático. Se trata de PaaS que incluyen funcionalidades AutoML para aprovechar los modelos de clasificación, regresión, previsión, visión por ordenador y PLN ya creados.

Con la llegada de Azure OpenAI Service a la familia de soluciones Azure AI, Azure ML ha incorporado una nueva funcionalidad llamada *prompt flow*. Un prompt flow es una representación gráfica del flujo de datos y la lógica de procesamiento de su aplicación de IA (ofrece también una librería de Python y una extensión de Visual Studio); esta funcionalidad de Azure ML es una herramienta de desarrollo diseñada para agilizar todo el ciclo de desarrollo de aplicaciones habilitadas para LLM.

Microsoft define los flujos como flujos de trabajo ejecutables que agilizan el desarrollo de su aplicación de IA basada en LLM, con un marco completo para gestionar y procesar flujos de datos. Prompt flow incluye tres tipos diferentes de flujos:

Flujo estándar

Este es el tipo de flujo predeterminado para el desarrollo general de aplicaciones, para los escenarios de instrucciones (no de chat). Puede utilizar diversas herramientas integradas para crear un flujo que conecte el LLM, avisos y herramientas Python. También puede personalizar y depurar su flujo utilizando una interfaz similar a un bloc de notas.

Flujo de chat

Se trata de un tipo de flujo especializado para aplicaciones conversacionales. Puede utilizar las mismas herramientas que el flujo estándar, pero con funciones adicionales para entradas/salidas de chat y gestión del historial de chat. También puede probar y depurar su flujo en un modo de conversación nativo.

Flujo de evaluación

Se trata de un tipo de flujo específico para escenarios de evaluación. Puede utilizar este flujo para medir la calidad y eficacia de sus avisos y flujos utilizando flujos de evaluación integrados o personalizados. También puede comparar los resultados de diferentes variantes de avisos mediante gráficos y tablas.

Independientemente del tipo de aviso, la plataforma de flujo de avisos se centra en las diferentes fases de implementación de Azure OpenAI y otros LLM en Azure, incluido el proceso de cuatro etapas que puede ver en la Figura 5-3.

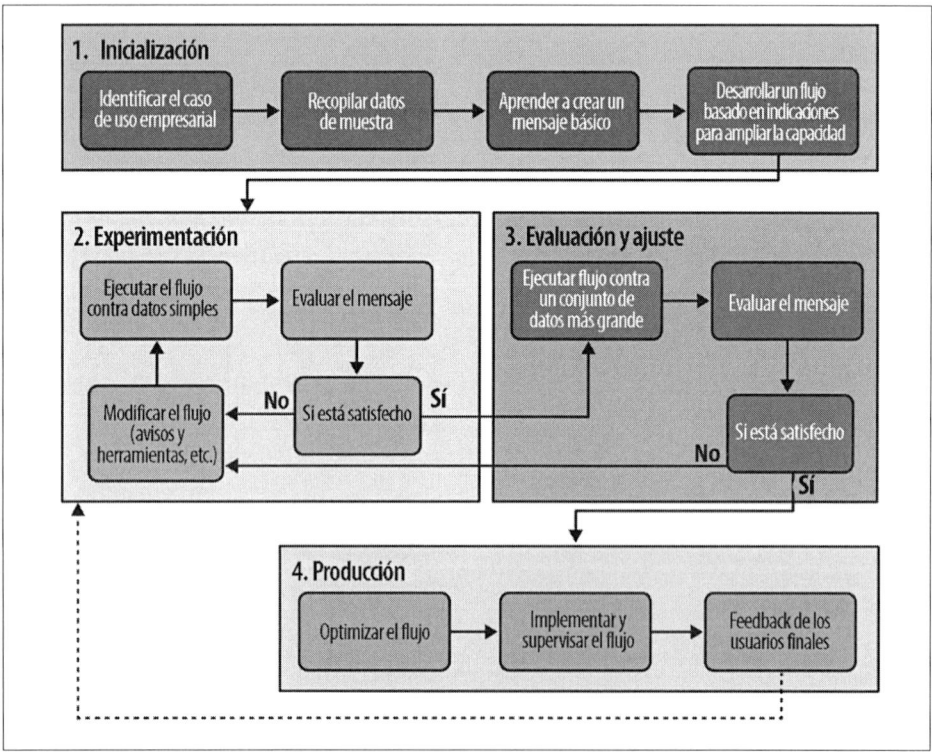

Figura 5-3 *Pasos del flujo de LLM. Fuente: adaptado de una imagen de Microsoft.*

A continuación se verá cada paso:

1. Inicialización (o creación)

Utilice el lienzo de creación de flujos de avisos para diseñar y desarrollar su flujo de avisos. Conecta LLM, prompts y herramientas Python en un flujo de prompt, y puede generar múltiples variantes de un prompt para ajustar las salidas del LLM. También permite la integración con las funcionalidades de LangChain.

2. *Experimentación (o pruebas)*

En esta etapa, el panel de prueba del flujo de avisos le ayuda a ejecutar y depurar su flujo de avisos. Puedes ver la entrada y salida de cada nodo en su flujo de avisos y sus variantes.

3. *Evaluación y perfeccionamiento*

En esta fase, puede utilizar el panel de evaluación del flujo de versiones/variantes del flujo de instrucciones para evaluar la calidad y eficacia de sus instrucciones. Puede utilizar los flujos de evaluación incorporados o crear sus propios flujos de evaluación personalizados para medir diferentes parámetros como la precisión, la fluidez, la diversidad y la relevancia. También puede ver los resultados de sus flujos de evaluación en gráficos y tablas.

4. *Producción (o despliegue)*

En esta fase, puede utilizar el panel de despliegue de flujo de avisos para desplegar su flujo de avisos como un endpoint en tiempo real, por ejemplo, a través de Azure Kubernetes Service (AKS). También puede supervisar los puntos finales a través de Azure Monitor, solucionar problemas y gestionarlos mediante los tiempos de ejecución de flujos de avisos de Azure AI/ML Studio.

Prompt flow es una herramienta muy potente (y en evolución) con capacidad para planificar y desplegar implementaciones basadas en prompt. El siguiente paso es planificar los requisitos de seguridad de estas aplicaciones de IA generativa.

En el momento de escribir este libro, Microsoft publicó una serie de funcionalidades que son relevantes para esta sección y la siguiente, ya que incluyen capacidades de rendimiento, seguridad y protección:

Evaluaciones de seguridad asistidas por IA

Esta potente función le ayudará a crear evaluaciones automatizadas para evaluar y mejorar sistemáticamente sus aplicaciones de IA generativa antes de desplegarlas en producción. Puede consultar la nota de transparencia para saber cómo y cuándo utilizarlas.

Escudo de Prompts

Esta funcionalidad protege el desarrollo de la IA generativa contra ataques directos e indirectos. Los ataques directos son los que se incluyen directamente en el prompt, mientras que los indirectos se producen cuando la aplicación procesa información que no ha sido autorizada directamente ni por el desarrollador de la aplicación ni por el usuario. Puede obtener más información sobre Prompt Shields en la documentación oficial.

Spotlighting

Una técnica de Microsoft Research que aprovecha el prompt del sistema para protegerlo contra ataques indirectos.

Asegurar los LLM

Crear avisos eficientes y gestionar todos los flujos necesarios es clave para alcanzar un alto nivel de rendimiento en las implantaciones a nivel empresarial. Sin embargo, las empresas que desarrollan aplicaciones de IA generativa tienen elevados requisitos de seguridad para reducir cualquier riesgo potencial. Como se puede ver en la Figura 5-4, existen varios niveles de seguridad para cualquier desarrollo LLM con Azure Cloud de Microsoft y Azure OpenAI Service.

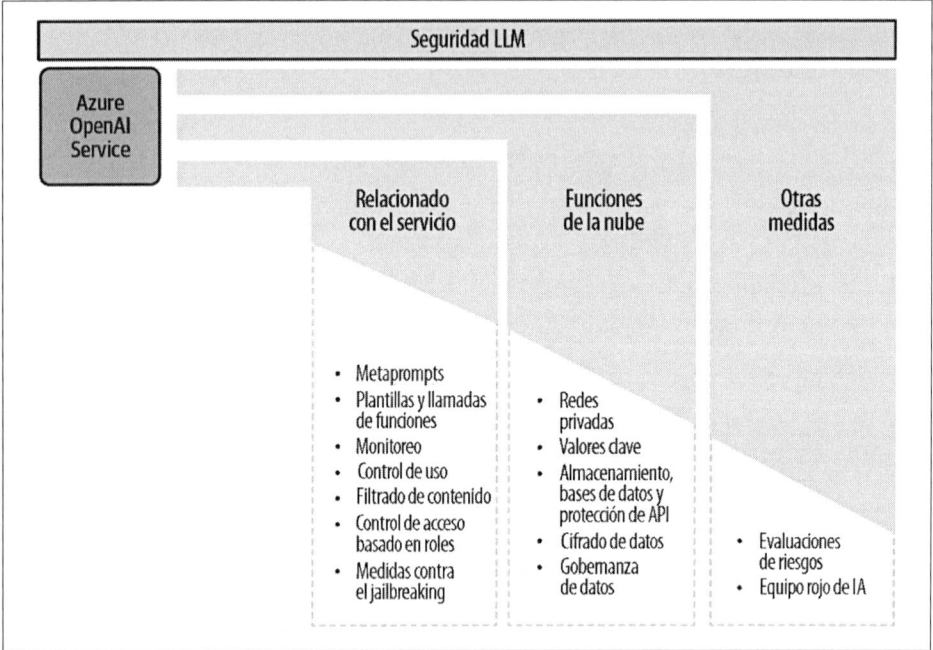

Figura 5-4 *Enfoque por capas para proteger los LLM.*

Este enfoque incluye:

Medidas a nivel de servicio

La seguridad de una implementación de IA generativa con Azure OpenAI comienza con la gestión de todos los temas relacionados con el modelo de servicio, incluido el rendimiento del modelo central, pero también la protección de las solicitudes, los puntos finales y las API. A continuación se indican algunas formas de implementarlos:

- Para la interacción con el modelo, utilice métodos de contextualización a través de *mensajes/meta-prompts del sistema* para definir y reducir el ámbito del tema. Esto le permite evitar mediante la programación los avisos que no se desean por diseño.

- Para las plantillas de avisos que fueron definidas como cadenas de texto reutilizables, se almacenan y protegen mediante bases de datos en Azure.

Independientemente del formato, esas bases de datos se pueden consumir de forma segura implementando actividades de monitorización con Azure Monitor.

- Para los puntos finales de Azure OpenAI, Azure Application Gateway proporciona un único punto de entrada y load balancing para obtener las respuestas de forma rápida y fiable. Un Application Gateway puede funcionar como un Web Application Firewall (WAF) proporcionando protección contra ataques comunes basados en la web, configurado con un conjunto personalizado de reglas que coinciden con los requisitos de su aplicación OpenAI para asegurar solo el acceso autorizado. Dicho esto, el load balancing no es compatible con las operaciones de estado, como el ajuste fino de modelos, los despliegues y la inferencia de modelos ajustados.

- También puede aprovechar el RBAC (control de acceso basado en roles) con Azure OpenAI para decidir quién puede acceder a qué, en función de sus derechos de acceso a información específica a través de aplicaciones de IA generativa. Esto es útil si quiere desarrollar copilotos internos para diferentes departamentos que deben acceder a información diferente.

- Para controles de seguridad adicionales, como auditoría de modelos y supervisión, Azure API Management ayuda a conceder acceso a las API de modelos aprovechando los grupos de Microsoft Entra ID (Azure Active Directory) con permisos basados en suscripción, habilitando el registro de solicitudes con Azure Monitor y proporcionando métricas de uso detalladas e indicadores clave de rendimiento para sus modelos.

Otras medidas a nivel de la nube

Además de las medidas básicas del modelo, existen otras mejores prácticas de seguridad y redes que ayudarán a proteger el resto de la arquitectura nativa de la nube:

- Utilice *Azure Private Link* para conectar el API Management a sus instancias de Azure OpenAI y otros recursos de Azure como AI Search. Esto puede ayudar a proteger los datos y el tráfico de la exposición externa y mantenerlos dentro de la red privada. Puede utilizar puntos finales privados para conectarse entre diferentes redes virtuales.

- Habilite *Azure Key Vault* para almacenar las claves y secretos de seguridad que utilizan las aplicaciones de IA generativa. Esto puede ayudar a evitar el acceso no autorizado a sus datos y modelos. Como alternativa, herramientas como Databricks MLflow AI Gateway también pueden ayudar a centralizar la gestión de credenciales e implementaciones de LLM, especialmente para casos que combinan Azure OpenAI Service y otros LLM que no son de OpenAI.

- Implemente *Azure Storage* para almacenar artefactos y datos de formación de modelos, y *Defender for Storage* para añadir una capa de inteligencia de seguridad nativa de Azure que detecta posibles amenazas a las cuentas de almacenamiento. Esto ayuda a evitar la carga de archivos maliciosos, la filtración de datos confidenciales y la corrupción de datos. Además, puede aprovechar servicios como Microsoft Sentinel y *Cloud Defender para bases de datos*, un servicio de seguridad que protege las bases de datos con detección de ataques y respuesta a amenazas, o Defender para API, un servicio que ofrece capacidades de protección, detección y respuesta para sus API. Todo esto puede ayudar a garantizar que sus datos sean accesibles y seguros.

- Aproveche los mecanismos de cifrado predeterminados en Azure como una forma de proteger los datos de forma nativa en reposo y en tránsito. Más concretamente, Azure OpenAI Service incluye formas automáticas de cifrar los datos, cuando se transfieren a la nube, con el fin de cumplir los compromisos de seguridad y conformidad de la organización.

- *Gobierne los datos y gestione su calidad* utilizando Microsoft Purview Micro (la solución unificada de gobierno de datos de soft) y herramientas de terceros como CluedIn o Profisee para la gestión de datos maestros (MDM) y la calidad de los datos. Encontrará más información sobre este tema en el Capítulo 7, dentro de las entrevistas a los expertos del libro.

- Por último, pero no por ello menos importante, hay otros bloques de construcción basados en el Marco arquitecturado bien que ayudan a construir una zona de aterrizaje de extremo a extremo para implementaciones de Azure OpenAI altamente seguras.

Medidas generales de gobierno de la empresa
Pueden incluir medidas como las siguientes:

- Desde una perspectiva general *de la gestión de la seguridad*, la evaluación de Microsoft de riesgos para la seguridad de la IA es un proceso de evaluación de los riesgos y vulnerabilidades potenciales de los sistemas de IA, como los modelos de aprendizaje automático, las canalizaciones de datos y los entornos de despliegue. Microsoft desarrolló un marco y una herramienta para ayudar a las organizaciones a realizar evaluaciones de riesgos de seguridad de la IA y mejorar la seguridad de sus sistemas de IA, y puede aprovecharse para Azure OpenAI e implementaciones de IA generativa.

- Desde el punto de vista *de las pruebas de seguridad y la mitigación de riesgos*, la noción de red teaming define los ataques adversarios sistemáticos para probar las vulnerabilidades de seguridad. Red teaming para Azure OpenAI y otros LLM es una práctica para probar la seguridad y robustez de los sistemas de IA generativa. Consiste en simular ataques adversarios contra sistemas de IA e identificar posibles daños o vulnerabilidades que podrían afectar a su calidad, fiabilidad y confiabilidad. El red teaming es una parte importante del desarrollo y despliegue responsables de los sistemas de IA que utilizan LLM. Las pruebas se realizan tanto a nivel de LLM como de aplicación/UI.

Aunque este enfoque de tres niveles puede ayudar a asegurar y evitar la mayoría de los riesgos de seguridad, esta nueva área de desarrollo requiere un análisis y una mejora continuos. Como ocurre con cualquier otro tema relacionado con la IA generativa, el sector sigue actualizando la lista de riesgos potenciales relacionados con los LLM, y estar al tanto de ellos puede ayudar a reforzar sus iniciativas de seguridad.

La Fundación OWASP ha elaborado una lista exhaustiva de los principales riesgos y vulnerabilidades que se observan a menudo en las aplicaciones LLM, destacando su impacto potencial, facilidad de explotación y prevalencia en aplicaciones del mundo real:

Inyección inmediata

Esta es una forma de engañar a un LLM dándole entradas inteligentes que cambian su comportamiento (por ejemplo, imagine una aplicación de RR. HH. para el análisis automatizado de CV que utiliza LLM en la que alguien inserta un mensaje en texto oculto que altera el backend de la herramienta habilitada para la IA). En general, las entradas pueden sobrescribir las indicaciones del sistema que guían al LLM, o incluso manipular datos de otras fuentes que el LLM utiliza. Esto incluye el jailbreaking, una técnica que aprovecha la manipulación de las instrucciones para eludir las medidas de política de uso en los chatbots LLM, lo que permite la generación de respuestas y contenidos maliciosos que violan las políticas del chatbot. Todos estos problemas pueden provenir de cualquier parte del código de IA generativa, incluido el desarrollo con piezas como LangChain y Semantic Kernel.

Tratamiento inseguro de la salida

Se trata de un problema que se produce cuando la salida de un LLM no se comprueba cuidadosamente antes de utilizarlo, lo que expone a otros sistemas a riesgos. La salida puede contener contenido dañino que puede causar diferentes tipos de ataques. Por ejemplo, esto podría ocurrir en escenarios RAG con LLM que se conectan y envían consultas inseguras a bases de datos.

Envenenamiento de los datos de formación

Alguien se mete con los datos que se utilizan para entrenar a un LLM, haciéndolo vulnerable o sesgado y afectando a su seguridad, rendimiento o ética.

Modelo de denegación de servicio

Los atacantes hacen que un LLM realice mucho trabajo, que consume sus recursos, haciéndolo lento o caro. El problema se agrava porque los LLM necesitan muchos recursos para ejecutarse y las entradas del usuario son difíciles de predecir.

Vulnerabilidades de la cadena de suministro

Una aplicación LLM puede verse comprometida por el uso de componentes o servicios que presentan debilidades, dando lugar a ataques de seguridad. Los componentes o servicios pueden incluir conjuntos de datos de terceros, modelos preentrenados y plugins.

Divulgación de información sensible

Esto puede ocurrir cuando un LLM revela accidentalmente datos privados en sus respuestas, lo que permite accesos no autorizados, violaciones de la privacidad y fallos de seguridad. Es importante limpiar los datos y promulgar políticas de usuario estrictas para evitarlo. Esto también puede aplicarse a la filtración de meta-prompts, revelando información clave de rendimiento a usuarios externos.

Diseño inseguro del plug-in

Esto se convierte en un problema cuando los plugins LLM tienen entradas inseguras y un pobre control de acceso. Esta falta de control de la aplicación los hace fáciles de explotar y puede tener consecuencias, como la ejecución remota de código.

Agencia excesiva

Los sistemas basados en LLM pueden hacer cosas que tengan consecuencias no deseadas. Por ejemplo, si el LLM puede interactuar y controlar otros sistemas (es decir, un copiloto de IA que controle algunas funcionalidades basadas en software para un coche autónomo), puede aumentar la superficie de ataque. El problema viene de dar demasiada funcionalidad, permisos o autonomía a los sistemas basados en LLM, y puede afectar no solo a la pieza de la IA, sino también al resto de los sistemas conectados.

Exceso de confianza

Esto ocurre cuando los sistemas o las personas dependen demasiado de los LLM sin supervisión. Pueden enfrentarse a problemas como la desinformación, la falta de comunicación, los problemas legales y las vulnerabilidades de seguridad debido al contenido incorrecto o inapropiado generado por los LLM. También puede generar problemas de TI en la sombra, donde los empleados de la empresa pueden estar utilizando sistemas habilitados para LLM que no forman parte de la lista aprobada de aplicaciones.

Modelo de robo

Esto ocurre cuando alguien accede, copia o roba modelos LLM patentados sin permiso. Las consecuencias incluyen pérdidas económicas, ventajas competitivas comprometidas y acceso potencial a información sensible. Las investigaciones han demostrado que incluso es posible recrear parte de los conjuntos de entrenamiento de un LLM.

Además, hay otras organizaciones que ya están explorando los riesgos relacionados con la generación de software de código abierto (OSS) debido a su naturaleza especial. Dicho esto, asegurar tanto los modelos cerrados como los abiertos seguirá siendo un área de estudio importante. Cabe analizar ahora otras consideraciones jurídicas.

Gestión de la privacidad y el cumplimiento de la normativa

Asegurar los desarrollos de la IA generativa es una necesidad, pero es solo uno de los elementos clave para las implementaciones a nivel de empresa. Existen requisitos adicionales de cumplimiento y seguridad de los datos que influirán en la elección de la tecnología, incluidas consideraciones como la residencia de los datos, la disponibilidad de modelos por región geográfica, etc.

Para ello, existen funciones básicas relacionadas con Microsoft Azure y el servicio gestionado Azure OpenAI Service que ayudan a lograr el cumplimiento y facilitan cualquier actividad legal y de auditoría:

- Mecanismos generales *de protección de datos* para los servicios de Microsoft Azure, que se centran en el principio clave de "dar el control sobre los datos". Esto es importante para aprovechar las características clave de seguridad y protección de los datos, al tiempo que se mantiene su control.

- Información de cumplimiento relacionada con todos los servicios de Azure. Esto incluye normativas internacionales como GDPR, CCPA, HIPAA, etc. Esto garantiza que cualquier implementación con Microsoft Azure (incluida Azure OpenAI) esté alineada con todos los requisitos normativos.

- Detección de la información personal identificable (PII) y la redacción de documentos mediante Azure AI Language, que puede habilitar sus escenarios de IA generativa con un filtrado preliminar de cualquier dato sensible antes de crear su escenario habilitado para RAG con su base de conocimientos. Por ejemplo, esto es muy relevante para la información personal en escenarios sanitarios o financieros.

- Ventajas específicas de *Azure OpenAI como servicio gestionado*, en comparación con otras opciones que no son de Azure. Específicamente:

  — *Privacidad y seguridad de los datos*: los datos enviados a Azure OpenAI Service permanecen dentro de Microsoft Azure y no se pasan a OpenAI (la empresa) para realizar predicciones. Azure OpenAI Service cifra automáticamente cualquier dato que persista en la nube, incluidos los datos de entrenamiento y los modelos ajustados. Incluye información específica sobre cómo se gestionan los datos y las predicciones. Consulte la documentación de Microsoft oficial para cualquier actualización de esta información:

    Sus preguntas (entradas) y respuestas (salidas), sus embeddings y sus datos de entrenamiento:

    — NO están disponibles para otros clientes.

135

— NO están disponibles para OpenAI.

— NO se utilizan para mejorar los modelos de OpenAI.

— NO se utilizan para mejorar ningún producto o servicio de Microsoft o de terceros.

— NO se utilizan para mejorar automáticamente los modelos de Azure OpenAI para su uso en su recurso (los modelos no tienen estado, a menos que usted ajuste explícitamente los modelos con sus datos de entrenamiento).

— Sus modelos Azure OpenAI perfeccionados están disponibles exclusivamente para su uso.

El Servicio Azure OpenAI está totalmente controlado por Microsoft; Microsoft aloja los modelos OpenAI en el entorno Azure de Microsoft y el Servicio NO interactúa con ningún servicio operado por OpenAI (por ejemplo, ChatGPT o la API OpenAI).

— *Disponibilidad regional y redes privadas:* Azure OpenAI Service le permite definir la ubicación de los modelos (en función de la disponibilidad regional específica de los modelos), el procesamiento de los datos y el almacenamiento de sus datos de entrenamiento, lo que puede ser importante para cumplir las normativas locales o las preferencias de los clientes.

— *Filtrado responsable de contenidos:* Azure OpenAI Service proporciona una capa adicional de filtrado de contenido para evitar que los modelos generen contenido inapropiado u ofensivo. A nivel de API, esto significa que la respuesta puede incluir `finish_reason` = `content_filter` cuando se filtra el contenido.

— *Otras funciones de seguridad de contenidos de AI:* entre ellas, la detección de jailbreak (ahora llamada Prompt Shields), la detección de material protegido y la monitorización del abuso de servicios . Estas ventajas, más el filtrado de contenidos, ayudan a mejorar la calidad y la seguridad de las aplicaciones que utilizan Azure OpenAI Service.

— *Soporte y SLA para mayor fiabilidad:* Azure OpenAI Service ofrece un soporte técnico más comprensible y un acuerdo de nivel de servicio (SLA) que garantiza una alta disponibilidad del servicio. Esto puede proporcionar más confianza y tranquilidad a los clientes que utilizan Azure OpenAI Service para sus aplicaciones críticas.

— *Condiciones específicas del producto Azure OpenAI* con datos, uso previsto, propiedad intelectual y otros detalles. Esto documenta las condiciones relevantes y los compromisos de Microsoft para implementaciones de nivel empresarial.

— Por último, pero no por ello menos importante, Azure OpenAI incluye opciones de gestión de datos personalizadas tanto a nivel de datos como de avisos (que también se consideran datos privados del cliente), como las operaciones DELETE de la API y la opción de excluirse de la supervisión y el filtrado automatizados de avisos sobre temas nocivos.

Ahora, cabe continuar con el último punto de los temas de operacionalización de la IA generativa, que se centra en las normativas existentes y futuras, así como en las prácticas de IA responsable para implementaciones con Azure OpenAI Service.

IA responsable y nueva normativa

Una de las consecuencias directas de la nueva era de la IA generativa fue la concienciación general de todos los actores de la sociedad sobre las ventajas y los riesgos potenciales de la inteligencia artificial. Los movimientos de "ética de la IA" no son nuevos, pero estaban relacionados principalmente con académicos, observatorios de IA y asociaciones internacionales que intentaban dar sentido a los principios que deberían guiar lo que sería una "buena IA", así como a los posibles resultados negativos de los sistemas habilitados para la IA. Ahora, con la llegada de la IA generativa y ChatGPT, las iniciativas reguladoras se han acelerado y han incluido nuevas consideraciones para los LLM, etc. Desde el punto de vista de la plataforma, Azure OpenAI Service y Azure AI Foundry han evolucionado e incorporado varias medidas de IA responsable (RAI).

Esta sección incluye información contextual (por ejemplo, normativas internacionales) que será importante tener en cuenta al diseñar soluciones de IA generativa, además de varios recursos que facilitan la implementación de la IA generativa con enfoques de IA responsable, incluidos varios recursos de Microsoft para RAI y LLM, lo que engloba también a los modelos de Azure OpenAI Service.

Contexto normativo pertinente para los sistemas de IA generativa

Aunque la normativa sobre IA sigue siendo un trabajo en curso a nivel internacional (al menos en 2024), hay algunas iniciativas clave que le ayudarán a comprender en qué se centrarán los reguladores, especialmente para el desarrollo de la IA generativa:

La Ley de AI de la Unión Europea (UE) o AI Act
El primer ejemplo de regulación para sistemas de IA integral, y una referencia clave para otras regulaciones internacionales (por ejemplo, la *Ley de IA y Datos de Canadá*, la regulación de IA de China). Se basa principalmente en varios niveles de riesgos, con obligaciones específicas tanto para los proveedores como para los adopters (en este caso, Microsoft es el proveedor de sus modelos Azure OpenAI, y usted o su empresa son los adopters). También incluye *requisitos específicos para los sistemas de IA generativa*. Existen varios niveles de riesgo de IA:

Riesgo inaceptable

Se trata de sistemas de IA que suponen una clara amenaza para la seguridad, la dignidad o los derechos de las personas, como los que manipulan el comportamiento humano, explotan vulnerabilidades o permiten el escrutinio social o la vigilancia masiva. Pueden permitirse algunas excepciones con fines policiales bajo estrictas condiciones y supervisión. La mayoría de sus aplicaciones nunca llegarán a este nivel, pero es importante ser consciente del tipo de sistemas "prohibidos".

Sistemas de alto riesgo

Se trata de sistemas de IA que tienen un impacto significativo en la vida de las personas o en el funcionamiento de la sociedad, como los utilizados en sanidad, educación, empleo, justicia o transporte. Estos sistemas tendrán que cumplir requisitos estrictos antes y después de su despliegue, como garantizar la calidad de los datos, la supervisión humana, la precisión, la seguridad y la transparencia. También deberán registrarse en una base de datos de la UE.

Dependiendo de su sector y área de actividad, será importante ajustarse a este tipo de requisitos. En general, será una forma de proporcionar información sobre los detalles del sistema tanto a nivel de rendimiento como de mantenimiento.

Sistemas de IA generativa

Se trata de requisitos específicos para los sistemas de IA generativa, todos ellos relativamente sencillos de implementar con Azure y Azure OpenAI:

Divulgación de contenidos generados por IA

Esto puede lograrse fácilmente proporcionando una marca de agua para el contenido generado tanto a nivel de la interfaz de usuario como cuando el usuario copia las respuestas de la herramienta habilitada para Azure OpenAI.

Diseñar el modelo para evitar que genere contenidos ilegales

Esto está directamente relacionado con la capacidad de filtrar entradas y salidas para evitar cualquier tipo de contenido negativo. Se profundizará en ello más adelante en este capítulo.

Publicación de resúmenes de datos protegidos por derechos de autor utilizados para la formación

Esto incluirá las obligaciones iniciales del proveedor (directamente relacionadas con el LLM de base), y sus obligaciones en caso de ajuste o grounding con otros datos protegidos por derechos de autor.

Sistemas de riesgo limitado

Se trata de sistemas de IA que plantean poco o ningún riesgo para las personas o la sociedad, como los utilizados para el entretenimiento, el ocio o el uso personal. Estos sistemas estarán en su mayoría exentos de regulación, pero tendrán que cumplir las leyes vigentes y los principios éticos.

El marco de gestión de riesgos de la IA o NIST AI

Elaborado por el Instituto Nacional de Normas y Tecnología (NIST) de Estados Unidos, este marco no es una normativa sobre la IA propiamente dicha, pero sienta las bases de una definición de lo que debe ser una IA fiable, incluidas las aplicaciones generativas de IA. Según el marco, los sistemas de IA deben ser válidos y fiables, seguros y resistentes, responsables y transparentes, explicables e interpretables, respetuosos con la intimidad y justos, con un control de los sesgos perjudiciales. El NIST ha creado un grupo de trabajo específico de IA generativa para ponerse al día de los últimos avances. Este marco forma parte del compromiso de Microsoft de adoptar las mejores prácticas en sus productos.

Otros recursos normativos para el desarrollo de la IA generativa

Por ejemplo, los principios de IA generativa de la *Association for Computing Machinery (ACM)* incluyen consideraciones para los modelos de la IA generativa, como los límites y el uso, los datos personales, la capacidad de corrección y las cuestiones relativas al propietario del sistema.

Por su parte, el informe 2023 de *la Global Partnership on AI (GPAI)* sobre *Mecanismos de detección para modelos de base* se centra en la detección de contenidos generados por IA y complementa los requisitos de transparencia de las normativas y marcos internacionales. Existe una iniciativa similar de la Partnership on AI para la IA generativa y las prácticas responsables para los medios sintéticos.

Esta lista de normativas, marcos y recomendaciones seguirá evolucionando en los próximos años, pero todas ellas convergen e incluyen cuestiones de transparencia y rendición de cuentas que deben tenerse en cuenta a la hora de desarrollar un sistema Azure OpenAI. Para ello, las dos secciones siguientes incluyen recursos a nivel técnico y de organización que puede aplicar a su desarrollo de la IA generativa.

Recursos para la gobernanza de la IA a nivel de empresa

Microsoft ha publicado una serie de recursos para guiar la implementación responsable de sistemas de IA, incluida la IA generativa, que pueden servir de referencia o inspiración para adaptar el desarrollo de la IA generativa con Azure OpenAI a enfoques responsables:

- Responsible AI Standard (versión 2) de Microsoft, que incluye los principios RAI y un documento exhaustivo con los requisitos para adoptar dichos principios. Este es el enfoque utilizado en Microsoft para lograr equidad, fiabilidad y seguridad, privacidad y seguridad, inclusión, transparencia y responsabilidad. Estos principios están muy relacionados con las normativas y marcos que se han analizado anteriormente, por lo que representan una buena línea de base para sus implementaciones de IA generativa para la empresa. Si quiere una versión alternativa, también orientada a la IA generativa, aquí tiene una lista de RAI de LinkedIn .

- El Modelo de Madurez de la IA Responsable, una forma de analizar y evaluar el nivel de madurez de la IA responsable en su empresa. Incluye cinco niveles y veinticuatro dimensiones derivadas empíricamente. Es una buena forma de asegurarnos de que estamos sentando las bases para una IA generativa alineada con la futura normativa.

- Mejores prácticas y requisitos específicos de LLM y Azure OpenAI para garantizar los enfoques de RAI, lo que incluye:

  — Una *metodología de cuatro etapas para la IA responsable y Azure OpenAI*, adaptada de la norma general RAI de Microsoft, que incluye medidas para que:

  — *Identifique* y priorice los daños potenciales que podrían derivarse de su sistema de IA a través de la creación iterativa de equipos rojos, pruebas de estrés y análisis.

  — *Mida* la frecuencia y gravedad de esos daños estableciendo métricas claras, creando conjuntos de pruebas de medición y realizando pruebas iterativas y sistemáticas (tanto manuales como automatizadas).

  — *Mitigue* los daños aplicando herramientas y estrategias como la ingeniería de avisos y los filtros de contenidos. Repita la medición para comprobar la eficacia tras aplicar las medidas de mitigación.

  — *Defina y ejecute* un plan de despliegue y preparación operativa.

  — Un enfoque de ocho pasos para una IA responsable para LLM, incluyendo Azure OpenAI y otras opciones de código abierto en Azure, como LLaMA2 de Meta. Se centra en la mitigación de riesgos, el diseño centrado en el usuario y las medidas de seguridad adicionales.

  — *Requisitos* específicos *para la adopción de Azure OpenAI*, que incluye un código con casos de uso prohibidos, incluidos la violencia, la explotación, el contenido nocivo, etc., y una nota de transparencia con usos de casos previstos y consideraciones sobre la adopción.

- El HAX Toolkit (*https://oreil.ly/XPSKw*), que es un recurso muy bueno para sus soluciones de IA de cara al usuario, para apoyar el proceso de diseño y anticipar cómo funcionará y se comportará el sistema habilitado para IA.

Las medidas a nivel organizativo le ayudarán a cumplir la normativa y los requisitos internacionales. Sin embargo, la aplicación real de contramedidas en el modelo requiere herramientas RAI técnicas.

Herramientas de IA responsables a nivel técnico

Estas son las principales herramientas y funciones que puede utilizar para garantizar que sus implementaciones de Azure OpenAI se ajusten a los principios de RAI:

- El RAI Dashboard general y Toolbox, que Microsoft define como la forma de evaluar, desarrollar y desplegar sistemas de IA de manera segura, fiable y ética mediante el uso de una colección de herramientas y funcionalidades integradas para ayudar a hacer operativa la IA responsable en la práctica. El repositorio oficial incluye herramientas para evaluar errores, analizar la imparcialidad, comprender las dimensiones de los datos, interpretar los modelos, etc.

- *Azure AI Content Safety*, que añade una capa adicional de protección para filtrar entradas y salidas dañinas del modelo. Esto puede ayudar a prevenir abusos intencionados por parte de sus usuarios y errores por parte del modelo. Este sistema de seguridad funciona comprobando tanto la entrada como la salida de su modelo con un grupo de modelos de clasificación que tienen como objetivo detectar y detener la salida de datos dañinos en cuatro categorías (odio, sexual, violencia y autolesiones) y cuatro niveles de gravedad (seguro, bajo, medio y alto). La configuración predeterminada es filtrar el contenido en el nivel de gravedad medio para las cuatro categorías de daños, tanto para las indicaciones como para las finalizaciones. Puede acceder a ella:

  — Directamente desde AI Content Safety Studio, que permite la moderación de texto, imágenes y multimodal, así como la personalización y monitorización de la actividad en línea. También incluye Prompt Shields para sus despliegues habilitados para LLM.

  — A través del filtro de contenido de Azure OpenAI Studio para una moderación responsable de la IA. Cada filtro se puede aplicar a las "implementaciones" de Azure OpenAI, y esas implementaciones incluirán el filtro de contenido para cada implementación de chat o completación.

Conclusión

Este capítulo cubre el conjunto final de consideraciones técnicas para aplicaciones de IA generativa con Azure OpenAI Service. Ha explorado todas las cuestiones operativas relevantes relacionadas con la implementación, la seguridad, la protección y la adopción responsable de la IA generativa. Recuerde que el diseño y la arquitectura de soluciones con Azure OpenAI es "solo" el primer paso (como ya se ha comentado en los Capítulos

2, 3 y 4). La operacionalización de estas aplicaciones de IA generativa es clave para las implementaciones a nivel de empresa, donde la seguridad, el rendimiento y la privacidad, así como las normativas y la ética de la IA, son aspectos clave para la implementación de proyectos sostenibles.

Ahora, cabe continuar con un aspecto clave de la IA generativa relacionado con el negocio: elaborar casos de negocio realistas y financieramente sostenibles. Esto significa analizar los posibles proyectos y sus beneficios esperados y justificar el coste humano y técnico analizando escenarios de ROI (retorno de la inversión). Estos aspectos son tan relevantes como los detalles técnicos que se han explorado hasta ahora para implantar con éxito aplicaciones de IA generativa en su empresa.

CAPÍTULO 6
Elaboración de casos empresariales de IA generativa

Los primeros cinco capítulos del libro se centraron en aspectos técnicos relacionados con arquitecturas nativas de la nube para la IA generativa, capacidades avanzadas con Azure OpenAI y otros servicios de Azure, y la operacionalización de la IA generativa en la empresa, lo que ha incluido temas como LLMOps y la IA responsable. En el Capítulo 3, incluso se exploraron enfoques técnicos detallados que aprovechan diferentes recursos de Azure, con recomendaciones según el alcance del proyecto y el tipo de datos de la empresa.

Una de las principales motivaciones de las empresas para adoptar Azure OpenAI, y los LLM en general, es generar ventajas significativas en forma de ahorro mediante la automatización de escenarios basados en el lenguaje, o crear diferenciación, ofrecer algo mejor que sus competidores con el potencial de aumentar los ingresos.

Este capítulo se centrará en las consideraciones de negocio para construir un proyecto de IA generativa con Azure OpenAI Service, incluyendo temas de planificación y evaluación de proyectos, como escenarios y estimaciones de costes, ROI, roadmapping, etc. Se verán los aspectos clave que permitirán que cualquier implementación técnica se convierta en una iniciativa de IA generativa sostenible y viable.

Premortem, o qué tener en cuenta antes de poner en marcha un proyecto de IA generativa

Una de las técnicas de gestión más interesantes es la *premortem*. Un poco menos conocida que la *postmortem* (en la que se analiza un proyecto después de haberlo terminado), la premortem se hace antes de empezar el proyecto, suponiendo que ya ha fracasado, y luego tratando de identificar los factores que causaron el fracaso. Se trata de una poderosa herramienta para la IA generativa y para cualquier proyecto de IA dada la complejidad e incertidumbre de este tipo de implementación, ya que puede incluir cualquier tema técnico o de negocio como forma de identificar riesgos potenciales y crear un plan de mitigación.

La Tabla 6-1 recopila una lista de riesgos típicos relacionados con una implementación de IA generativa, y las siguientes secciones de este capítulo incluirán varios recursos para aumentar la probabilidad de éxito de sus proyectos con Azure OpenAI.

Tabla 6-1 *Riesgos potenciales de los proyectos de IA generativa.*

Categoría	Riesgo	Qué podría ir mal
Contextual	Regulación y conformidad	El caso de uso o proyecto potencial tiene que estar alineado con las próximas normativas. Aunque algunas de ellas son "work in progress", ejemplos como el scoring social, la manipulación y otros son ya claros ejemplos de aplicaciones prohibidas Para los despliegues de IA generativa, las obligaciones de transparencia requeridas son clave y deben tenerse en cuenta desde la fase de diseño del proyecto (por ejemplo, generando trazas y registros de cambios directamente desde los sistemas MLOps y LLMOps)
	Uso adecuado	Tanto Microsoft como OpenAI tienen políticas claras sobre cómo usar y cómo no usar los modelos. Incumplirlas (además de utilizarlos para casos de uso que ya están prohibidos por la normativa internacional y general sobre IA) puede conllevar limitaciones en el acceso a los servicios
	Preocupaciones internas	Debido a la naturaleza nueva y compleja de la IA generativa, múltiples departamentos dentro de una empresa tendrán que participar en las discusiones, y puede que no todos estén en la misma página. Mientras que los departamentos técnicos y de negocio pueden tener una idea clara de cómo y por qué utilizar Azure OpenAI, otros departamentos como el legal o el de cumplimiento pueden bloquear temporalmente las implementaciones para entender primero cuestiones relacionadas con la naturaleza del servicio, la privacidad de los datos, la residencia, etc. Aprovechar recursos como la nota de transparencia, los límites de datos de la UE de Microsoft, el portal de ofertas de cumplimiento y cualquier información legal y relacionada con el apéndice de protección de datos (DPA) ayudará a desbloquear este tipo de situaciones
Empresa	Uso incorrecto del descubrimiento de los casos y priorización	Un reto clave es encontrar y priorizar los casos de uso más factibles y con mayor impacto. A veces, la priorización se basa en ideas del equipo ejecutivo o de los departamentos técnicos Una ideación adecuada y un proceso claro de pensamiento de diseño pueden ayudar a analizar todos los aspectos relevantes a partir de una lista de casos de uso potenciales
	Falta de escenarios de uso cuantitativos	Otro reto para quienes adoptan la IA generativa es imaginar hasta qué punto su nueva solución nativa en la nube será utilizada por los usuarios finales Los escenarios preliminares son necesarios para dimensionar adecuadamente la solución prevista tanto a nivel técnico como presupuestario. Esto puede lograrse estimando un número total de usuarios por el uso medio diario/mensual de la plataforma
	Coste inesperado	Estimar los costes es relativamente sencillo debido a la l inealidad de los precios de las herramientas de la IA generativa, incluido Azure OpenAI Service

Categoría	Riesgo	Qué podría ir mal
		Pero para estimar con precisión los costes, no solo es necesario tener claros los escenarios de uso, sino también comprender la estructura de precios y ser capaz de crear estimaciones basadas en los modelos elegidos, utilizando la calculadora de Azure oficial y otras herramientas como el tokenizador de OpenAI Además, las mejores prácticas generales de FinOps, como el etiquetado de recursos, las alertas de precios y el uso de Azure Cost Management ayudan a supervisar los costes de sus proyectos de IA generativa
	Argumento comercial poco claro	Si los posibles casos de uso no se priorizan adecuadamente, y no hay escenarios claros y una estimación de costes, es difícil redactar un caso de negocio y una expectativa de retorno de la inversión Cualquier negocio de IA generativa debe incluir una estimación de los posibles ingresos, ahorros o diferenciación para la empresa que la adopte. Por ejemplo, "horas humanas ahorradas en un call center", "número de tickets resueltos automáticamente", "upselling de artículos en un bot de recomendación", etc.
	El dilema de la innovación	Incluso si la mayor parte de la empresa está dispuesta a adoptar la IA generativa, algunas iniciativas pueden quedar en pausa debido al dilema de la innovación. Esto significa que pueden plantearse preguntas como: "¿Es demasiado pronto para implantar algo así?", o "¿por qué esto y no otras innovaciones que también requieren presupuesto?", y tener una base sólida para justificar un nuevo proyecto Azure OpenAI será clave para el éxito. Factores como la rápida evolución del ecosistema y el aumento de la competencia son consideraciones potenciales para la adopción de la IA generativa
Técnico	Alta complejidad	A pesar del nivel relativamente accesible de tecnicidad para las implementaciones con Azure OpenAI, es común ver empresas adopters, integradores e individuos que no confían en su nivel de conocimiento, especialmente para implementaciones complejas La evolución de interfaces visuales como Azure OpenAI Studio como forma de probar y desplegar aplicaciones web y agentes bot equipados con IA generativa, así como para el despliegue de modelos y otras capacidades visuales como el flujo de avisos, ayudará a reducir la barrera de entrada para los adopters menos técnicos o no expertos
	Bajo rendimiento	En función de las expectativas iniciales, el rendimiento de las aplicaciones de la IA generativa puede percibirse como imperfecto (lo que obviamente es cierto) debido a su tendencia a producir errores esporádicos. Si las expectativas no son realistas, la fase de pruebas puede llevar a la decepción bloqueando el camino hacia la producción Es importante tener una alineación inicial y unas expectativas claramente definidas de lo que significaría un rendimiento "suficientemente bueno", así como un plan adecuado para evaluar la solución con expertos en la materia (SME) y/o usuarios finales.

Categoría	Riesgo	Qué podría ir mal
	Falta de recursos	Las implantaciones pueden detenerse antes o durante el proyecto debido a la falta de recursos, como el presupuesto, los datos para modelos personalizados y las personas disponibles con los conocimientos adecuados Una buena manera de garantizar la viabilidad es delimitar adecuadamente el alcance de la aplicación prevista y planificar en consecuencia en función de la prioridad del proyecto y la complejidad técnica
	Cuestiones de seguridad	Como ocurre con cualquier otro sistema de datos o de IA, la IA generativa puede sufrir ataques a varios niveles: perímetro, fuentes de datos (las utilizadas para la grounding) y avisos (mediante técnicas de inyección de avisos) Adoptar las mejores prácticas de arquitectura y DevSecOps y planificar actividades de equipo rojo para simular escenarios puede ayudar a aumentar la solidez y seguridad generales de los sistemas

Sin duda, habrá otros temas relevantes que deberá tener en cuenta, por lo que cualquier actividad premortem debe prepararse y debatirse con todas las partes interesadas pertinentes. Una de las mejores formas de comprender y reducir el riesgo es conocer en detalle la solución de IA generativa prevista y su aplicación. Para ello, definir una hoja de ruta detallada y los recursos y actividades relacionados ayudará mucho.

Definición del enfoque de implantación, los recursos y la hoja de ruta del proyecto

Uno de los mayores retos de los proyectos complejos de IA es planificar las actividades de forma detallada y elaborar hojas de ruta detalladas que especifiquen las principales categorías de trabajo, la duración y los recursos técnicos y humanos necesarios.

Esta sección incluye una metodología no exhaustiva que le permitirá, como adopter de Azure OpenAI, planificar sus nuevos proyectos paso a paso. Para ilustrar los ejemplos más allá de la teoría en las siguientes secciones, se hará referencia a Azure DevOps (el servicio nativo de Azure para la planificación de proyectos y más) y algunas de sus características.

Definición de los flujos de trabajo del proyecto

Antes de planificar las actividades del proyecto, es fundamental definir el ámbito de trabajo de la implantación. Para ello, la creación de categorías de trabajo (o flujos de trabajo) ayudará a crear compartimentos para añadir diferentes actividades e historias de usuario. A continuación se muestra una lista recomendada de flujos de trabajo (independientes entre sí; las viñetas no representan un enfoque secuencial) para proyectos de IA generativa con Azure OpenAI Service:

Habilitación en la nube

Todas las actividades de diseño, despliegue y optimización relacionadas con las zonas de aterrizaje en la nube de Azure, los inquilinos, los grupos de recursos y recursos, etc. También incluye la configuración de seguridad y supervisión.

Preparación del conjunto de datos

Todas las actividades de preparación, ingeniería y almacenamiento de datos que permiten personalizar los sistemas habilitados para Azure OpenAI. Este no es el típico proceso de ingeniería y canalización de datos de la IA no generativa, en el que se tiene que trabajar para obtener una entrada de datos consolidada que se utilizará para entrenar un modelo. En su lugar, el conjunto de datos incluirá un conjunto diverso de "piezas" como documentos, archivos JSON/JSONL y embeddings generados. Temas como la medición y mejora de la calidad de los datos siguen siendo muy pertinentes y fundamentales para el éxito de las aplicaciones.

Ingeniería rápida

Todo lo relacionado con el diseño, las pruebas, la automatización y la optimización de los avisos al sistema y al usuario. Se trata de un tipo específico de flujo de trabajo debido a la exploración y experimentación necesarias para llevar a cabo estas actividades (y, por tanto, a la complejidad para planificarlas y estimarlas desde el punto de vista de la planificación de proyectos).

Diseño y pruebas de usuario

Las actividades de principio a fin relacionadas con el diseño de las interfaces de usuario (incluidas las entrevistas previas a los usuarios), así como las pruebas de la solución de IA generativa en términos de interfaz de usuario/UX y rendimiento y evaluación del modelo.

Actividades de despliegue

Un flujo de trabajo transversal que incluya todos los despliegues preliminares y a nivel de producción, incluidos los pilotos iniciales, las aplicaciones web temporales para pruebas internas, etc. Este flujo de trabajo incluirá hitos y fechas clave para pasos específicos dentro del ciclo de vida completo del software de IA generativa (es decir, prueba de concepto, producto mínimo viable) basándose en los principios de desarrollo de sistemas de IA basados en la evaluación.

Estos flujos de trabajo se pueden representar como rutas de área a través de Azure DevOps, ya que estas rutas ayudan a organizar cualquier proyecto en grupos de elementos de trabajo. También servirán como categorías de trabajo para hojas de ruta visuales, como se verá más adelante en el capítulo. Ahora que se tienen los flujos de trabajo, cabe entrar en los detalles para definir y cuantificar los recursos del proyecto.

Identificación de los recursos necesarios

El siguiente paso es comprender y planificar los diferentes recursos que se necesitarán para una implementación de Azure OpenAI. Esto irá desde los aspectos puramente técnicos hasta los costes "hora-hombre" relacionados con el desarrollo de la solución, así como su mantenimiento. Se pueden definir las siguientes categorías de recursos:

Recursos humanos

Los diferentes perfiles y habilidades relacionadas dependerán obviamente del tipo y alcance de la implementación. Sin embargo, hay algunas funciones clave que debe tener en cuenta para cualquier implementación de IA generativa y Azure OpenAI Service:

Ejecutivos de empresa

Para patrocinar sus proyectos de IA generativa, apoyar las necesidades empresariales y proporcionar los recursos necesarios.

Arquitectos/especialistas

Perfiles técnicos con conocimientos altamente especializados en Azure OpenAI y otros servicios de IA generativa. Pueden evaluar requisitos funcionales y técnicos, y definir arquitecturas adecuadas aprovechando el chat, los embeddings, la conversión de texto en imagen y otros modelos, así como analizar diferentes opciones de ajuste fino y grounding en función de la naturaleza y el formato de las fuentes de datos.

Desarrolladores

Perfiles de desarrollador de software con experiencia previa en backend o frontend, especialmente para proyectos de integración con API. Algunas de las principales capacidades están relacionadas con Azure OpenAI API, y bloques de orquestación como LangChain y Semantic Kernel.

Ingenieros puntuales

Talento con experiencia híbrida técnica y empresarial, con una mezcla de habilidades que incluye el diseño, la prueba, la iteración y la optimización de avisos, así como la creación de plantillas para la reutilización de avisos a nivel de producción. Los perfiles con experiencia previa pueden incluir capacidades de prueba avanzadas y conocimientos de seguridad y técnicas de inyección de avisos (por ejemplo, ingenieros de control de calidad).

Profesionales de la seguridad

Como parte de las actividades del equipo rojo de IA, o de las actividades de desarrollo granular para proteger API, fuentes de datos, etc.

Ingenieros/administradores de la nube

Profesionales clásicos de la nube con conocimientos para administrar, implementar, configurar y consumir recursos en la nube de Microsoft Azure. Pueden tener un conocimiento inicial del portal de Azure, el estudio y las interfaces del playground relacionadas con Azure OpenAI Service.

IA responsable y expertos en cumplimiento

Funciones específicas con conocimientos éticos y jurídicos, relacionados con los temas de privacidad de datos y regulación de la IA mencionados en el Capítulo 5. Suelen estar disponibles a tiempo parcial, y pueden tener conocimientos específicos de herramientas como ChatGPT, Bing, Azure OpenAI Service, nube general, APD de productos, etc.

Otras funciones tácticas y técnicas

Funciones relacionadas con proyectos y productos, como gestores de productos (PM) y propietarios de productos (PO), directores de proyectos, scrum masters, etc. Es posible que tengan poca o ninguna experiencia en IA generativa, pero puede esperar que estas funciones sigan actualizándose y adquiriendo conocimientos prácticos tras unos cuantos proyectos. Además, las funciones clásicas, como la trilogía de datos (ciencia, ingeniería, análisis), pueden formar parte del equipo e incluso asumir algunas de las principales responsabilidades de la IA generativa como evolución de sus funciones actuales (o complemento de estas).

Si está dudando entre las funciones clásicas de datos y la IA (por ejemplo, científico de datos) y las nuevas funciones orientadas al LLM, como ingeniero rápido, la Figura 6-1 muestra algunas orientaciones de alto nivel sobre las funciones y la evolución de las competencias.

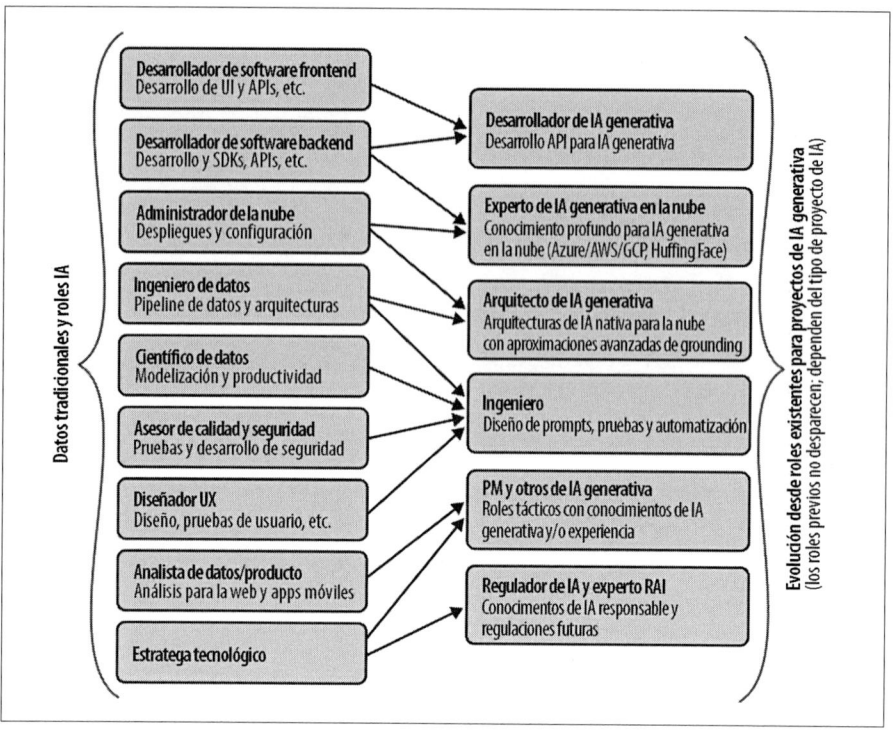

Figura 6-1 *Evolución de las funciones y competencias de la IA (ejemplos ilustrativos).*

Otros recursos técnicos

Todos los productos y servicios necesarios para implementar proyectos habilitados para Azure OpenAI y otros proyectos de IA generativa con Microsoft Azure:

Suscripción a la nube

En este caso, todos los servicios Azure requeridos funcionan en base al consumo. Esto significa que no hay un precio fijo o licencia requerida, solo el precio de cada uno de los servicios de Azure que se despliegan para sus implementaciones específicas de IA generativa.

Otras licencias de software

No es un requisito para la mayoría de los casos, pero algunas implementaciones podrían incluir licencias específicas, por ejemplo si utiliza Microsoft Copilot Studio como bloque de orquestación e interfaz de bot, o si aprovecha otros servicios de IA generativa que no sean de Azure para crear arquitecturas de extremo a extremo.

Costes externos

Esto podría estar relacionado con los servicios técnicos y de consultoría externos, a menudo aprovechados por las empresas adopters para acelerar sus proyectos de IA generativa.

Este esfuerzo debe cuantificarse durante el ejercicio de retorno de la inversión que se revisará en este capítulo.

Otros costes posteriores a la aplicación

Esto incluye futuros escenarios de costes relacionados con las actividades de mantenimiento, la mejora del modelo o la evolución del alcance de la toma de tierra (es decir, añadir nuevos archivos y datos a la base de conocimientos existente, generar nuevos embeddings).

Estos factores implican un coste total que se usará para planificar y evaluar la sostenibilidad del caso empresarial relacionado con la implantación de la IA generativa. Este es un paso clave para asegurarse de que realmente merece la pena para las empresas que la adopten.

Estimación de la duración y el esfuerzo

Un segundo nivel de detalle a partir de los "recursos humanos" definidos en el apartado anterior sería cuantificar su participación y nivel de implicación en el proyecto. Una buena forma de presentarlo es enumerar todas las funciones con los detalles específicos que se muestran en la Figura 6-2.

Figura 6-2 *Plantilla visual de funciones y niveles de esfuerzo del proyecto.*

En esta figura se ve la distribución de los roles, con el número de personas por rol, su ámbito de actividad y el nivel de esfuerzo en comparación con una implicación regular a tiempo completo. Este sencillo gráfico puede ser su mejor aliado a la hora de presentar las funciones necesarias y su nivel de esfuerzo (número de horas semanales). Sin embargo, tendrá que calcularlas en función del proyecto y del contexto de su empresa. Una estimación ilustrativa:

- Un ingeniero puntual es un puesto muy especializado al que se le puede pedir que trabaje en un solo proyecto a tiempo parcial. Dependiendo del alcance y el nivel de esfuerzo requerido, se puede imaginar una horquilla del 25 % al 50 % de su tiempo para un proyecto, lo que supondría trabajar en varios proyectos de IA generativa al mismo tiempo (concretamente, entre dos y cuatro).

- Las funciones a la carta, como los expertos en cumplimiento y RAI, podrían tener un número máximo de horas asignadas a proyectos para una dedicación ad hoc reactiva. Depende del proyecto, pero la media podría ser del 5 % al 10 % de su tiempo, lo que representaría de 4 a 8 horas semanales de media. Evidentemente, su implicación variará en función de la fase del proyecto.

- Otras funciones, como arquitectos, ingenieros, administradores, etc., requerirán conocimientos específicos en distintas fases del proyecto. Algunos de ellos incluso tendrán dos o más papeles funcionales (por ejemplo, un arquitecto puede definir inicialmente la arquitectura y los requisitos, y luego desempeñar el papel de ingeniero para implementar la solución). Lo mismo ocurre con los desarrolladores de IA generativa, que pueden trabajar en actividades relacionadas con el código, pero también pueden desplegar modelos de Azure OpenAI e integrarlos en las herramientas a través de API. Todos ellos pueden tener entre un 20 % y un 100 % de dedicación dependiendo del alcance del proyecto.

Independientemente del tipo y el número de funciones, es importante planificar inicialmente las necesidades de recursos, saber cuántas personas trabajarán, cuántas horas a la semana y durante qué fases del proyecto integral. Esto significa que lo importante es tener un plan, no buscar el perfecto. La capacidad de planificar y estimar de forma precisa dependerá obviamente de la creciente experiencia en proyectos relacionados con la IA generativa con Azure OpenAI, por lo que es normal hacer suposiciones incorrectas durante los primeros proyectos. Aun así, dispondrá de los elementos clave para preparar una hoja de ruta inicial para un proyecto de IA generativa. Se verán los detalles en la siguiente sección.

Crear una hoja de ruta evolutiva

Analice lo que debería tener hasta ahora: una comprensión clara de los posibles casos de uso y enfoques de implementación, una definición inicial de la arquitectura, una idea preliminar de los recursos necesarios tanto a nivel humano como de herramientas, y una estimación de la disponibilidad de los distintos miembros del equipo.

Todos ellos son elementos clave para crear la hoja de ruta "viva" de un proyecto. Empiece por lo básico. Una hoja de ruta es una forma visual de comunicar un plan para alcanzar un objetivo o resultado, en este caso la ejecución del proyecto. Incluye los principales pasos o hitos necesarios para alcanzarlo, así como los flujos de trabajo de los que se ha hablado anteriormente como forma de organizar todas las tareas necesarias.

El concepto de activo "vivo" se refiere a la capacidad de evolucionarlo a partir de su versión inicial. Esto es especialmente importante para los proyectos de IA (incluida la IA generativa), ya que las hojas de ruta preliminares tienden a evolucionar durante la fase de implementación debido a incógnitas (por ejemplo, cuánto tiempo se necesita para probar diferentes indicaciones) o acontecimientos inesperados (por ejemplo, acceso limitado a plataformas en la nube, bajas temporales de miembros del equipo). Así que puede considerar la hoja de ruta como un lienzo para planificar y hacer evolucionar sus implantaciones con una visual y fácil de leer, un activo que puede utilizar tanto con el equipo técnico como con el empresarial o ejecutivo

de las partes interesadas para debatir periódicamente los planes y los avances. La figura 6-3 es un ejemplo de hoja de ruta visual para un proyecto de IA generativa, con un caso ilustrativo de una empresa farmacéutica imaginaria.

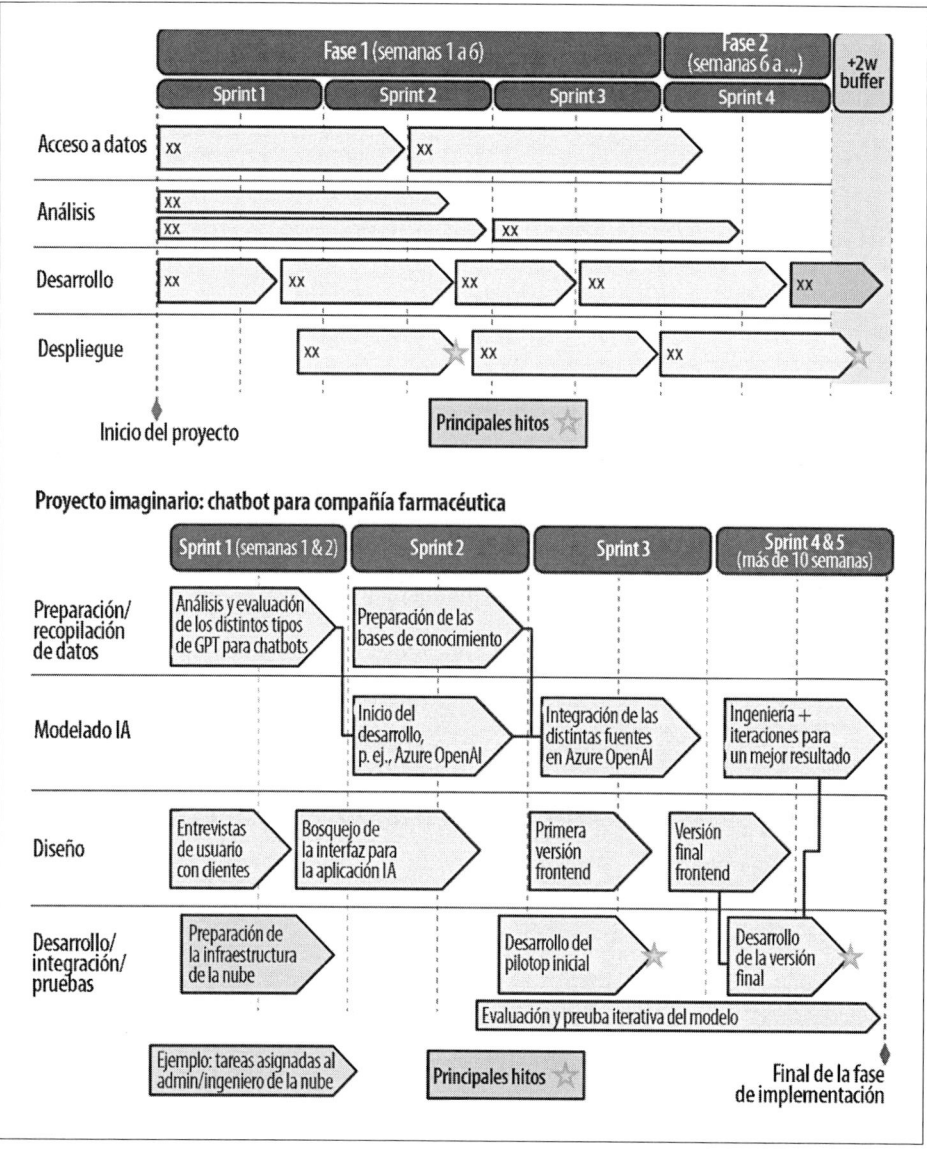

Figura 6-3 *Plantilla de hoja de ruta visual para proyectos de IA e IA generativa (arriba), y ejemplo ilustrativo (abajo).*

En este tipo de hoja de ruta lo importante no es entrar en detalles hipergranulares, sino definir el "qué" y el "para cuándo" de los flujos de trabajo y de las actividades.

Utilizar sprints para estructurar bloques de trabajo durante un período de dos a cuatro semanas es la forma de obtener detalles más tangibles de la secuencia y duración de las tareas.

Desde el punto vista de Azure, una vez que haya definido una hoja de ruta visual (en algún formato habitual, como una diapositiva de PowerPoint), puede implementar sus detalles a través de la función Boards en Azure DevOps. Esta funcionalidad incluye la capacidad de crear tableros Kanban y Scrum, así como planes de entrega, que representan los elementos de trabajo programados por sprint contra una vista de calendario.

Ahora que tiene un plan de proyecto y todos sus detalles relacionados, va a ver cómo crear en Azure OpenAI escenarios de uso para estimar el coste de los servicios relacionados con la nube.

Creación de escenarios de uso

Una de las actividades más desafiantes para los adopters y los socios relacionados (por ejemplo, integradores, empresas de consultoría) es crear escenarios realistas para el uso potencial de las soluciones de IA generativa. Esto es fundamental para los casos empresariales sostenibles, pero también para garantizar que haya suficiente presupuesto para los costes relacionados con la nube (la estructura de costes de Azure OpenAI está bien optimizada para el uso masivo, pero sigue siendo lineal y depende directamente del número de interacciones con el sistema). El reto consiste en imaginar cuántos usuarios aprovecharán realmente la solución y cómo lo harán.

Para ello, la mejor opción es adoptar un *enfoque de redacción de escenarios multinivel,* en el que se calcularán paso a paso varios factores para una aplicación basada en chat con un número potencial de usuarios finales:

Número de usuarios previstos (media)
> Esto es relativamente difícil para cualquier escenario de empresa a consumidor (B2C) en el que se puedan tener usuarios finales que lleguen de forma dinámica, o incluso empleados internos que utilicen aplicaciones internas de IA generativa. Dicho esto, la idea es establecer un número medio máximo de usuarios que se sabe que se conectarán activamente a la solución final.

Número de interacciones por usuario, por día/semana/mes
> Una vez más, no es fácil predecir cuántas veces utilizará la solución un usuario, pero tiene que definir un número máximo. Puede basarse en el número de interacciones pasadas con soluciones existentes, o asignando un número máximo de sesiones por día, semana o mes. Este número máximo puede servir como límite de sesiones a nivel de aplicación para garantizar que nadie utilice en exceso la solución.

Duración máxima de cada interacción (en fichas)

Esto es relativamente sencillo y se aplica tanto a los mensajes como a las respuestas. Puede limitarla tanto a nivel del modelo Azure OpenAI (a través de los ajustes de "longitud máxima", pero también definiendo la longitud mediante el mensaje del sistema) como a nivel de la aplicación (limitando el número de caracteres y palabras que puede escribir un usuario). Si maneja el máximo tanto para las preguntas como para las respuestas, puede obtener una longitud media para cada interacción (por ejemplo, 250 tokens para una pregunta de 50 tokens con una respuesta de 200 tokens).

 La regla general es que 1000 tokens equivalen a 750 palabras (para texto en inglés), pero realmente depende del idioma y del tipo de palabras. Para obtener una estimación precisa de cómo sería una pregunta o respuesta con X-token, consulte la herramienta de tokenización de OpenAI.

Si obtiene estos tres elementos, puede imaginar técnicamente el coste máximo asignado a este escenario de uso creando una fórmula muy sencilla:

Número de usuarios esperados × número de interacciones por usuario
(para un período específico; para esto se dirá por mes)

× longitud máxima de token de cada interacción

= coste total (número total de fichas por mes)

En este caso, si tiene el número de interacciones por mes, la cantidad total de tokens corresponderá al uso total de tokens en un solo mes. Si toma esa cantidad, por ejemplo unos 2000 usuarios × 30 interacciones × 500 tokens como máximo, obtendrá un total de 30 millones de tokens.

Como sabe, el precio habitual Azure OpenAI del servicio se basa en "bolsas" de 1000 tokens. Esto significa que se paga una cantidad fija (dependiendo del precio de cada modelo, que tiende a cambiar y reducirse con el tiempo), en este caso 30 000 000 tokens / 1000 tokens por bolsa = 30 000 bolsas. Si se supone un precio unitario de 0,002 USD (cantidad ilustrativa para un modelo "X"), esto significa 30 000 × 0,002 = 60 USD de coste mensual por el uso de Azure OpenAI, lo que supone 720 USD al año. Obviamente, esta cantidad será mayor para escenarios mayores, y no incluye:

- Costes adicionales de Azure OpenAI para escenarios basados en embeddings. Esto significa que si aprovecha los embeddings, además de las capacidades habituales de tipo chat, utilizará un tipo de modelo diferente (por ejemplo, Embeddings Large) con precios específicos por interacción de 1000 tokens.

- Otras piezas de implementación como Web Apps, otros servicios de IA para inteligencia documental, búsqueda cognitiva, almacenamiento vectorial, voz a texto y texto a voz, etc. Depende del tipo de solución y puede calcularse como cualquier otro servicio en la nube utilizando la calculadora de Azure oficial.

- Cualquier otra licencia relacionada o software externo que se utilice para la arquitectura final. Un buen ejemplo podría ser el uso de PVA como despliegue y orquestación para su servicio Azure OpenAI. En este link tendrá que añadir su coste mensual.

Unidades de rendimiento provisionadas

En el momento de escribir estas líneas, existe una opción de compra relativamente nueva para Azure OpenAI Service denominada *unidades de rendimiento provisionadas* (PTU). Las PTU son una alternativa al modelo habitual de pago por uso (PAYG) que se basa en la tarificación pública basada en tokens. Las PTU ofrecen recursos de IA dedicados para un modelo GPT específico, con ventajas de latencia, rendimiento y coste, especialmente importantes para escenarios a nivel de producción. Hay que tener en cuenta que las PTU no son solo la infraestructura de confianza, sino también la plataforma y los recursos optimizados para ese modelo GPT. Además, las PTU son el camino a seguir para los despliegues a nivel de producción en comparación con el pago por uso, ya que permiten realizar pruebas y experimentos.

Desde el punto de vista de la empresa, sus instancias de PTU pueden dar servicio a todos sus casos de uso de Azure OpenAI juntos si el número de PTU se elige correctamente. Los precios de las PTU para Azure OpenAI Service están disponibles a través de la calculadora oficial de Azure, con SKU específicas para opciones de compra por hora, mes y año. Aquí hay varios datos que puede aprovechar:

¿Qué es un rendimiento provisionado?
La documentación oficial que explica en toda su extensión el concepto de PTU.

Proceso de incorporación a la PTU
Información constantemente actualizada sobre la lógica de las PTU, los escenarios de dimensionamiento y la medición del uso.

Primeros pasos
Instrucciones de implantación (marque este recurso y tenga en cuenta que el proceso puede evolucionar) y detalles técnicos.

Dimensionamiento de los despliegues de PTU
Las técnicas para planificar escenarios de PTU.

Benchmarking PTUs
Un repositorio oficial que incluye una herramienta para evaluar implementaciones específicas habilitadas para PTU con Azure OpenAI.

Gestión de API
Un recurso útil que incluye técnicas de gestión de API y load balancing para combinar los modelos PTU y de pago.

Además, puede aprovechar una calculadora de Azure OpenAI Playground (puede acceder a esta funcionalidad desde el menú "Cuota" > sección "Provisionado"). Como puede ver en la Figura 6-4, esta calculadora incluye el número de tokens necesarios para la solicitud y la finalización.

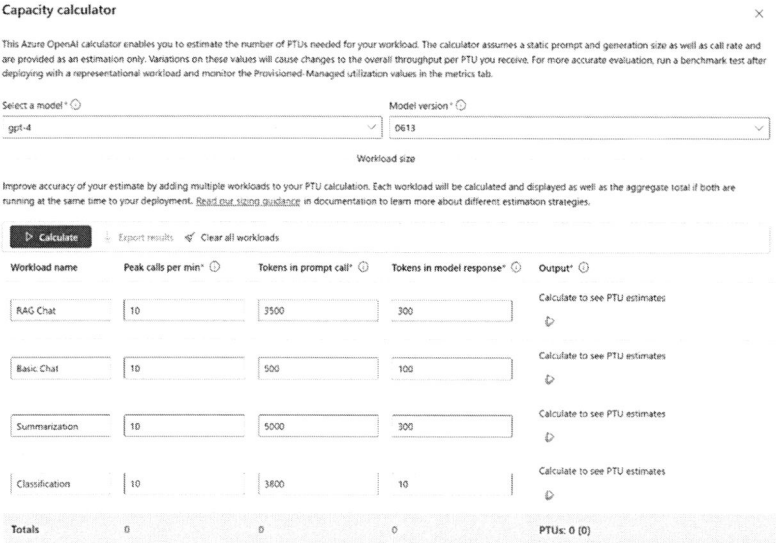

Figura 6-4 *Azure OpenAI Playground: calculadora PTU.*

Recuerde que el principio subyacente sigue siendo el mismo (calcular el coste mensual para un modelo GPT determinado), pero la lógica que subyace es diferente. Si su empresa compra capacidad de PTU, el objetivo será dimensionar sus escenarios en términos de consumo de tokens, agregados para todos sus escenarios de IA generativa. Puede combinar modelos, y las principales métricas que debe tener en cuenta son:

RPM

La cantidad de *solicitudes por minuto* que puede lanzar para un recurso Azure OpenAI específico, que será mayor para los escenarios PTU que para las opciones PAYG regulares.

TPM

Al igual que en los modelos de pago normales, existe una cuota específica basada en la noción *de tokens por minuto* (que suele seguir una equivalencia de 6 RPM por 1000 TPM); esta se incrementa al adquirir PTU.

TTFT

La métrica de tiempo hasta el primer token es la consecuencia directa de adquirir PTU y dimensionar los escenarios en función del uso previsto del servicio entre los proyectos. Si dimensiona correctamente sus despliegues de PTU, los modelos responderán más rápido y proporcionarán una respuesta de la API en el momento oportuno, más rápido que cualquier despliegue basado en el pago.

En términos generales, cualquier "caja" o bloque de construcción de una arquitectura visual debe tenerse en cuenta para calcular el coste total de la solución. Consulte regularmente los sitios web oficiales de precios para obtener información actualizada sobre el precio por modelo. Para escenarios que abarquen toda la empresa, puede explorar posibles configuraciones de chargeback para poder facturar el coste correspondiente a unidades de negocio o departamentos específicos.

Una vez elaborado su escenario de uso, además de todas las consideraciones previas sobre los recursos humanos y técnicos, por fin está listos para elaborar su caso empresarial cuantitativo.

Calcular el coste y el posible retorno de la inversión

Ahora puede juntarlo todo y centrarse tanto en el coste agregado como en el valor total estimado. Estos dos elementos le ayudarán a elaborar su caso de negocio con una estimación clara del ROI:

Coste total

> Esto incluye todos los bloques de construcción que se han mencionado anteriormente (recursos humanos, coste de la nube, licencias, gastos externos, etc.), todo lo que implique un coste directo o indirecto para la organización, incluido el coste del equipo de implantación para la capacitación y el trabajo en el proyecto. El coste de la nube debe calcularse en función del escenario de uso concreto teniendo en cuenta las modalidades de precios de pago por uso y PTU.

> *Valor estimado*

> > Esto incluirá cualquier mejora que la empresa adopter pueda obtener del proyecto de IA generativa con Azure OpenAI:

> *Beneficios duros*

> > Esto incluirá cualquier aumento de ingresos o ahorro generado. Es posible cuantificar cuánto y para cuándo, ya que el impacto financiero suele comenzar tras la implantación inicial.

Ventajas blandas

> Cualquier ventaja adicional relacionada con la creación de nuevas líneas de negocio, diferenciación estratégica para la empresa, creación de nueva propiedad intelectual, experiencia generativa de proyectos de IA para el equipo, etc.

La fórmula del ROI es sencilla y se centra principalmente en cifras financieras tangibles:

ROI = [(Beneficios tangibles cuantificados − Coste total) / Coste total] × 100

Puede incluir consideraciones como el umbral de rentabilidad, que indica cuándo se recuperará la inversión inicial. Por ejemplo, se puede decir que el coste total de implantación del proyecto es X, pero que ayudará a generar 2X en dos años, por lo que el ROI es del 200 %, y es probable que se produzca entre el primer y el segundo año.

Usted (y su empresa) deben tener en cuenta estos aspectos financieros o a nivel de empresa al evaluar su lista potencial de casos de uso de IA generativa con Azure OpenAI. Puede utilizar la Tabla 6-2 como ejemplo y completarla con sus proyectos reales de IA generativa.

Tabla 6-2 *Lista de descubrimiento de casos de uso de la IA generativa.*

Caso práctico	Descripción	Duración	Coste	ROI	Otras ventajas	Prioridad
UC1	Ejemplo: Chatbot Para una empresa farmacéutica	7 semanas	X K$	Entre el 150 % y el 200 % dependiendo del escenario	Mayor satisfacción de los empleados	Top
...						
UCn						

Obviamente, puede añadir otros factores relevantes para su toma de decisiones interna, pero este tipo de análisis facilitará los debates internos y la priorización de su próximo proyecto de IA generativa. Al igual que con los demás elementos visuales de este capítulo, estas sencillas tablas y diapositivas eliminan la complejidad a la hora de tratar con todas las partes interesadas del ámbito empresarial y técnico.

Conclusión

Con esto concluye nuestro sexto capítulo, que se ha centrado en los elementos clave (por ejemplo, hojas de ruta de proyectos, recursos necesarios, estimación de costes) para crear casos de negocio sostenibles y realistas para sus proyectos de IA generativa con Azure OpenAI.

Recuerde que estos temas relacionados con el negocio son tan importantes como cualquier otra consideración técnica, y la forma de permitir implementaciones exitosas y garantizar la adopción por parte de los usuarios tanto para casos de uso interno como externo. Si su sistema de IA generativa es estupendo pero los números no cuadran, su empresa no podrá adoptarlo y sacarle el máximo partido. Intente incluir las recomendaciones de este capítulo durante su proceso de priorización y diseño.

Ahora se continuará con el último capítulo del libro, que incluye varias historias de éxito de la IA generativa de expertos en la materia. Ya casi ha llegado este apartado.

CAPÍTULO 7
Explorar el panorama general

Este capítulo incluye las últimas piezas de conocimiento para su aprendizaje generativo de IA con Azure OpenAI y otras tecnologías de Microsoft. Incluye algunas visiones de futuro, entrevistas con expertos y casos de éxito. Recuerde, la IA generativa (y la inteligencia artificial en general) es un dominio en gran evolución, así que utilice este libro como su entrada a todo un universo de conocimiento y activos de aprendizaje.

Empiece este último capítulo hablando de lo que está por venir desde la perspectiva de Azure OpenAI. Para un ávido aprendiz y adopter de IA como usted, ¿cuáles son las otras áreas que debería explorar?

¿Y ahora qué? La evolución hacia Microsoft Copilot

Azure OpenAI Service forma parte de un ecosistema más amplio. Todas las arquitecturas, API e integraciones con otros bloques de construcción de IA generativa contribuyen a la noción de copilotes de IA que se mencionaron en el primer capítulo.

Los copilotos de IA son asistentes habilitados por la tecnología, compañeros que ayudan a los agentes humanos a ser trabajadores mejores y más eficientes. El principio en el que se basan es proporcionar una interfaz (escrita o hablada) que ayude a las personas a realizar tareas complejas, como buscar información específica o añadir información a un sistema de terceros (por ejemplo, un CRM, un sistema de tickets de asistencia).

Como se puede ver en la Figura 7-1, la visión integral de Microsoft para los de IA incluye modelos de Azure OpenAI, pero también su conexión con otros sistemas como Microsoft 365, que ya incluye. Esto puede ampliarse con capacidades adicionales aprovechando los datos de la API Graph de Microsoft, la interfaz de desarrollo para acceder a los datos de la suite 365 (incluidos el calendario y los correos electrónicos de Outlook, y las grabaciones y transcripciones de reuniones de Teams, por nombrar algo), y el Dataverse de Microsoft, antes conocido como Common Data Model, un almacén de datos para los ecosistemas Power Platform y Dynamics 365.

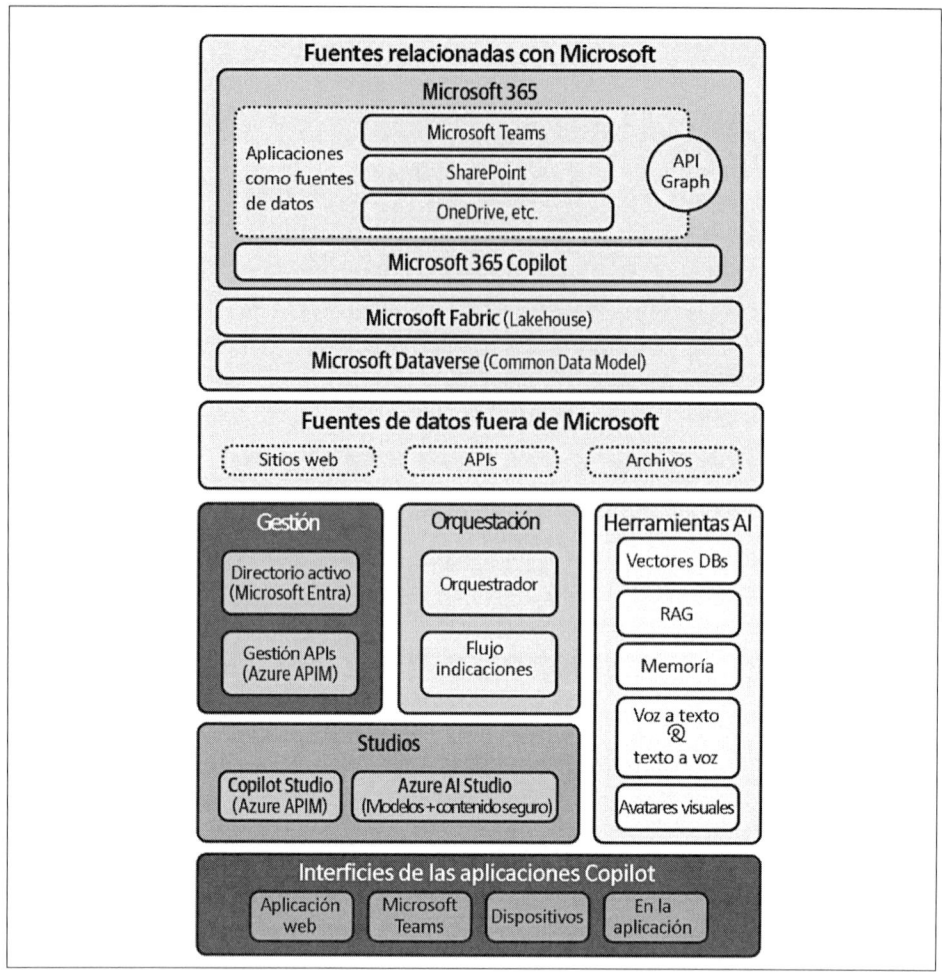

Figura 7-1 *Arquitectura del copiloto de extremo a extremo.*

La combinación de todos estos bloques permite nuevos patrones de desarrollo, lo que aumenta los modelos de IA generativa con otras fuentes de datos y sistemas, y la noción de copiloto evolucionará sin duda en los próximos años. Verá cómo este tipo de arquitectura integral se convierte en un estándar del sector, por lo que le recomiendo que comprenda cómo se conectan todas estas piezas y permiten nuevos escenarios de productividad e IA generativa.

Dicho esto, harían falta dos o tres libros más para explorar todas estas piezas, pero para aprovechar algunos recursos oficiales de Microsoft, eche un vistazo al sitio Learning Pathways del equipo de Microsoft UK, y consulte la ruta AI Learning Companion, ya que contiene una gran variedad de vídeos, artículos y programas de formación. También puede explorar un ejemplo ilustrativo de la pila tecnológica Microsoft Copilot, que incluye Azure OpenAI y otros servicios de Microsoft, muy útil si tiene conocimientos técnicos.

Cabe ir ahora a lo que considero la joya oculta de este libro: valiosos y exclusivos puntos de vista procedentes de entrevistas con algunos de los mayores expertos que existen, que complementarán el contenido de este libro con diversas perspectivas sobre temas relacionados, como el diseño, la calidad de los datos, el futuro de la IA, etc.

Ideas de expertos para la era de la IA generativa

Es bastante raro, y un privilegio extraordinario, tener acceso a algunos de los expertos más relevantes en la IA generativa, personas que tienen una mano en la configuración de la IA generativa y cómo las organizaciones están adoptando Azure OpenAI y otros bloques de construcción relacionados.

Esta sección incluye una serie de entrevistas con:

David Carmona

Vicepresidente y director técnico de Incubaciones Estratégicas de Microsoft y autor de *The AI Organization* (O'Reilly). Esta entrevista incluye un debate sobre la adopción de la IA y casos de uso avanzados, así como su visión del futuro de la IA generativa. Obtendrá las mejores ideas de un líder visionario.

Brendan Burns

Vicepresidente corporativo de Microsoft, auténtica leyenda del ecosistema nativo de la nube gracias a su papel como cofundador de Kubernetes y autor de múltiples libros de O'Reilly, como *Kubernetes: Up and Running*, *Kubernetes Best Practices*, *Managing Kubernetes* y *Designing Distributed Systems*. Esta conversación aborda la convergencia entre las arquitecturas nativas de la nube de la era de la IA generativa.

John Maeda

Vicepresidente de Ingeniería y responsable de Diseño Computacional/Plataforma de IA en Microsoft, y principal patrocinador del proyecto Semantic Kernel. Se trata de una asombrosa exploración del papel del diseño para las soluciones de IA y de la importancia de las tecnologías de orquestación LLM.

Sarah Bird

Director de producto de IA responsable de Microsoft. Esta entrevista incluye una conversación con la líder a cargo de los desarrollos de RAI para la plataforma Azure AI, incluida Azure OpenAI. Sarah ofrece una perspectiva diferente sobre un tema muy importante.

Tim Ward

CEO de CluedIn, es una gran fuente de información sobre temas de gestión de datos. Este debate se sumerge en la calidad de los datos como elemento facilitador de los desarrollos de la IA generativa, pero también analiza cómo la IA está cambiando la forma en la que las empresas llevan a cabo la gestión de datos maestros (MDM) y el control de calidad.

Seth Juárez

Director principal de programas para la plataforma de IA en Microsoft. Seth ha sido una de las caras más visibles de la era Azure OpenAI gracias a su papel como anfitrión del AI Show. Seth es uno de los profesionales más conocidos para los temas de Azure OpenAI y Azure AI Foundry, y un gran narrador que hace que los temas complejos parezcan un poco más sencillos.

Saurabh Tiwary

Anteriormente vicepresidente corporativo de Microsoft Copilot y Turing. Esta entrevista incluye un gran intercambio sobre la visión de Microsoft Copilot como arquitectura integral que aprovecha Azure OpenAI Service.

¡Y ahora a profundizar en estas entrevistas!

David Carmona: la adopción de la IA y el futuro de la IA generativa

A.G.: Conozco tu experiencia y tu carrera profesional en Microsoft, pero ¿quién es David y cuál es su papel en Microsoft?

D.C.: Bueno, gracias por la invitación. Es un gran placer. Creo que compartimos el dolor de escribir un libro, así que siempre me asombra cuando alguien emprende esa gran aventura. Es increíble que lo hayas hecho, así que enhorabuena por ello. Creo que, al fin y al cabo, mi papel en Microsoft consiste en crear nuevas empresas de incubación. Llevo casi veintitrés años en esta compañía y siempre he estado muy centrado en esa función. Soy originario de España, estuve trabajando para Microsoft en Europa Occidental, y luego me trasladé hace quince años a Corp en Seattle. Yo era

parte de la incubación de la nube y fue increíble ser parte de eso.

Después, cuando la nube se convirtió en la corriente principal, y no tuve que demostrar todo el tiempo su importancia, entonces se me ofreció liderar la incubación de la IA. Fue justo cuando la nube se estaba convirtiendo en la corriente principal en ese momento, lo que fue hace ocho o nueve años, ya que fue algo que comenzó en Microsoft Research. En aquella época trabajaba con Microsoft Research, y todo giraba en torno a crear una nueva categoría de negocio para Microsoft. Justo cuando esto se convirtió en mayoritario, recientemente —hace dos años, cuando ya no tenía que volver a demostrar en cada conversación, de nuevo, la importancia de la IA—, avancé hacia los siguientes negocios. Ahora trabajo en áreas como el futuro de la IA, cuáles las nuevas fronteras de la IA que veremos en el futuro. Por ejemplo, la aplicación de la IA en la ciencia, que es un caso de uso increíble. Y lo mismo con otras áreas como la computación cuántica, que también tengo el placer de incubar, y otras como el espacio, las comunicaciones, etcétera.

A.G.: Es una buena persona para hablar sobre la visión de la IA generativa, la inteligencia artificial en general, y cómo las utilizaremos en los próximos años. ¿Cuál es el potencial y las cosas interesantes que estás viendo ahora? ¿Cuál es tu visión de esta era de la IA generativa?

D.C.: Para mí, la gran diferencia son las situaciones que puedes abordar con esta nueva IA y que antes no podías, por supuesto. Todo el concepto de razonar sobre el lenguaje, o sobre cualquier otra modalidad, y no solo sobre los datos, es algo súper potente y de lo que podemos hablar mucho. Pero, para mí, la gran transformación, lo que es realmente la revolución de esta nueva generación de la IA, es que es más amplia, está más generalizada. Antes, para crear un modelo de IA, se necesitaban un conjunto de datos y un modelo específicos. Aún recuerdo aquellos primeros tiempos cuando creábamos estos hitos de clasificación de imágenes de paridad humana, reconocimiento del habla, etc., para la IA en Microsoft Research. Todo eso requería un equipo muy específico, muy especializado en eso, con un conjunto de datos y un modelo muy concretos.

El gran cambio de eso, el gran impacto de eso, es la posibilidad. Ahora ese modelo se ha convertido en algo que no solo pueden crear los científicos de datos, sino que incluso los usuarios finales pueden personalizar y utilizar en su vida diaria y en su trabajo, que es el concepto de Copilot. El resto es historia. Pero, para mí, esa es la principal diferencia de esta nueva IA.

A.G.: Exacto. Porque hemos estado utilizando la IA. Teníamos IA en diferentes productos, pero la mayoría de la gente no era consciente de que la estaba usando o de que estaba sometida a ella. Ahora es natural, y ese es el concepto de democratización, el acceso a la tecnología, porque usamos el lenguaje, que es la forma más pura de comunicarnos. Creo que es muy emocionante.

D.C.: Esto es solo el principio. Como saben, estoy muy ilusionado con lo que vendrá después. No solo en cuanto a la tecnología en sí, por supuesto, la tecnología evolucionará, pero también creo que, a medida que la entendamos mejor, y empecemos a utilizarla en más casos, vamos a ver escenarios que ni siquiera podríamos pensar hoy. El que mencioné al principio, y en el que trabajo mucho últimamente, es, por supuesto, su aplicabilidad en los descubrimientos científicos, esto va a abrir áreas que son simplemente asombrosas, que ni siquiera podemos imaginar todavía.

A.G.: Sí. Llevar esa escalabilidad a situaciones en las que quizá en el mundo tradicional no podríamos ocuparnos de eso. Hay un caso público con el SERMAS, el Departamento de Salud de Madrid en España, con Julián Isla, que probablemente conozcas. Están intentando aprovechar la IA generativa para detectar la información correcta, para recuperar la relacionada con las enfermedades raras. Normalmente, todo se basa en un argumento comercial y, con la IA tradicional, se dice que no hay suficiente público objetivo porque se trata de una enfermedad rara. Con esto, en realidad esta información se puede llevar a todos los médicos del mundo, y pueden detectar la situación de una manera más rápida y eficiente. Es un ejemplo perfecto del tipo de cosas que, aunque no parezcan muy avanzadas porque se trata simplemente de recuperar información, a mí personalmente me encantan.

D.C.: Desde luego. Estoy enamorado de ese caso de uso. También formo parte de la Fundación sin ánimo de lucro 29 que lidera Julián Isla, con Carlos Mascías y otros. Para mí es un gran ejemplo, como has dicho, porque está centrada, como sabes, en el diagnóstico de enfermedades raras. El problema que tenemos con una profesión como la de los médicos es que depende mucho de la experiencia del doctor. Eso funciona perfectamente cuando se diagnostica una enfermedad común. Pero los médicos de Atención Primaria están muy expuestos a las enfermedades raras. Es muy difícil para ellos diagnosticar esas enfermedades. Pensemos que el tiempo medio de diagnóstico de una enfermedad rara es de siete años. Son siete años en los que no se aplica el tratamiento adecuado a esa enfermedad. Con cosas como esta, en las que un modelo puede ayudar al doctor guiándole y dándole pistas sobre la enfermedad, se trata de una herramienta asombrosa que, en mi opinión, es un gran ejemplo de este nuevo paradigma en el que los humanos y las máquinas trabajan juntos.

A.G.: Eso es, además de mejorar el *statu quo*. Algo que es imposible negar es que hay algo que podemos mejorar con la tecnología. Has mencionado los modelos, has hablado sobre la plataforma. Este libro trata sobre Azure OpenAI, pero ¿cómo ves Azure OpenAI, como una pieza de tecnología, como una plataforma o como un habilitador de la tecnología para esta era? Se trata del modelo, de la plataforma, de las distintas capas, de lo que lo rodea. Yo tengo mi opinión, pero quiero oír la tuya.

D.C.: Podría decir que es una conversación más profunda. Si solo se analiza un estrato concreto del ecosistema, probablemente se pasen por alto muchas cosas. Para mí, la IA es más que una tecnología, es un nuevo paradigma, una nueva economía. Si nos fijamos en el impacto que la IA va a tener incluso para el crecimiento del PIB básico, es enorme. La estamos abordando solo con una capa del conjunto, no es suficiente. Tienes que echar un vistazo a todo el ecosistema. En ese ecosistema hay muchos actores. Por supuesto, en la base están los chips, el hardware puro, que hay que tener en cuenta. Además, están los grandes centros de datos, a los que hay que dirigirse y orientar una de estas aplicaciones. Además, están los modelos fundacionales, que son muy visibles, por supuesto, son una parte fundamental. Pero, además de eso, también necesitas las herramientas, la plataforma para sacar el máximo provecho de estos modelos. Es muy fácil, y tú lo sabes mejor que nadie, empezar una prueba de concepto sobre un servicio y un modelo. Es muy fácil empezar a hacer prompts y empezar a conseguir más de ese modelo. Pero, para crear un caso real, para crear un escenario completo, necesitas mucho más que eso. Tienes que empezar a hablar de grounding, seguridad, integración de servicios, plugins y muchas otras áreas que son independientes del modelo, pero igualmente importantes. Por encima de eso todavía hay más capas. Tenemos la responsabilidad, que es fundamental. Tenemos las aplicaciones, tenemos la distribución.

En el caso de Azure OpenAI creo que es clave, por supuesto que es una pieza crítica de ese conjunto completo. Pero, en nuestro caso, el principio que tenemos desde el principio, desde que empezamos con la IA, es que creemos en una velocidad de innovación que va de la mano de la plataforma. Incluso internamente en Microsoft vemos la innovación como una plataforma para el resto de la empresa. Al mismo tiempo, llevamos esa plataforma a Azure para que nuestros clientes puedan utilizarla. Azure OpenAI es un ejemplo perfecto de ello, porque lo que hicimos fue crear el concepto de modelo como servicio, lo que ha facilitado al máximo el acceso de los clientes, y esto los ha convertido en ciudadanos de primera clase de Azure. Se accede a él como a cualquier otro servicio, lo que supone, de nuevo, llevarlo a una plataforma más amplia para que los desarrolladores creen nuevas aplicaciones con él.

A.G.: Sí. Con todas estas capas que has mencionado de la plataforma, por eso hacía la pregunta, porque normalmente la discusión gira en torno al modelo. Estamos creando un modelo más grande, antes estaba más centrado en los parámetros, y ahora lo mejor es el benchmark. Pero creo que los modelos se están convirtiendo en una mercancía muy cara y difícil de crear. Aunque ahora el valor, el verdadero valor, está en la combinación de estos modelos con el resto de la plataforma. Eso es lo que más me ha gustado de la evolución de Azure OpenAI y Azure AI Foundry en general durante este período de 2023-2024.

D.C.: Completamente de acuerdo.

A.G.: Tienes una visión general de todo lo que ocurre en Microsoft, tanto a nivel interno como externo, como las plataformas, los modelos, los proyectos más interesantes, la investigación de Microsoft, los documentos, las novedades que están por llegar. ¿Qué es lo que más te entusiasma? ¿Se trata de modelos lingüísticos grandes o pequeños? ¿Tienes alguna preferencia?

D.C.: De la investigación probablemente porque, por supuesto, en ese conjunto completo hay cosas que suceden en cada capa. Me entusiasma cada una de ellas porque son muy importantes. En mi corazón soy un desarrollador de software. Me apasiona especialmente cualquier cosa que tenga que ver con la plataforma porque es lo que, realmente, permite a los desarrolladores crear cosas interesantes en las partes más altas de las capas. Soy un gran fan, por ejemplo, de Azure AI Foundry y de todas las herramientas que contiene. Todo lo que tenga que ver con la orquestación de todo el ciclo de vida de los modelos me encanta. En mi puesto inicial me centré mucho en cómo podemos transformar el proceso de desarrollo con la nube. El concepto de DevOps, la integración continua, el despliegue continuo, etcétera. Lanzamos lo que entonces se llamaba Visual Studio Online (VSO) (*https://oreil.ly/IJeOu*), ahora es Azure DevOps. Creo que siempre nos olvidamos de esa parte del conjunto, y es enormemente importante. No hay forma de tener éxito en una empresa que adopta la IA si solo lo hace con un enfoque muy específico de las herramientas y los modelos, es necesario ver todo el ciclo de vida y orquestarlo. Eso es algo que me apasiona.

Pero ahora, si me preguntas por las cosas sorprendentes, las cosas que vienen de la investigación que me entusiasman, tengo que decir que, probablemente debido a mi trabajo actual, soy un gran fan de todo el trabajo que viene sobre la aplicación de la IA en la ciencia. Hay cosas alucinantes de las que apenas estamos rascando la superficie. Un ejemplo que anunciamos hace poco fue la aplicación de algunos de estos modelos a un descubrimiento científico real. En este, se trataba del descubrimiento de una batería, del resto del material para crear una batería. Se descubrió completamente con estas herramientas. Estas son las tres cosas que estos modelos pueden hacer, pero, en cierto sentido, en el fondo el concepto es tan sencillo como decir "oye, igual que la IA puede razonar sobre un texto, igual que la IA puede razonar sobre unas imágenes, un vídeo, etc., la IA también puede razonar sobre unos gráficos". Un grafo muy importante que nos rodea son las moléculas. Son grafos de átomos. La posibilidad de que la IA razone sobre esas estructuras, sobre las moléculas, es simplemente asombrosa. Vemos que el mismo concepto que vemos con la IA generativa se aplica a las imágenes. Piensa en DALL-E cuando escribes un mensaje y el modelo te da una imagen como resultado. Estamos empezando a verlo, y Microsoft Research ya ha presentado externamente algunos modelos que pueden hacerlo con moléculas. Piensa en explicar el modelo, cuáles son las propiedades que buscas en un modelo concreto, y que el modelo cree mucha varianza y muchas posibilidades para esa molécula. Es alucinante, piensa en sus posibilidades.

Pero esa es la parte de la generación. La segunda parte es la simulación. Con la IA podemos simular las propiedades y las interacciones de estas moléculas, imaginad el equivalente de lo que podría ser ir a un "laboratorio húmedo" y hacer eso en persona. Ahora, si eres capaz de hacerlo con la IA, acelerando miles de veces el tiempo que se necesitaba en la computación tradicional, esto te permite, simplemente, ampliar tu espacio de búsqueda. Ahora se pueden examinar millones de moléculas para encontrar esas propiedades. Por último, también nos ayuda a sintetizar esas moléculas, lo que ofrece mejores formas, y más eficientes, de sintetizarlas. Las implicaciones de todo esto en cualquier ciencia —desde los materiales hasta la salud, pasando por la sostenibilidad, el cambio climático y muchos otros ámbitos— son asombrosas. Si combinamos esto con el concepto de razonamiento sobre el conocimiento, tenemos por un lado modelos de inteligencia artificial capaces de simular la naturaleza. Por otro lado, tenemos el concepto de copiloto para los científicos, que pueden utilizarlo para razonar con todo el conocimiento científico anterior y todo el conocimiento actual de ese ámbito. Las posibilidades son alucinantes.

A.G.: Es impresionante el impacto en todos los niveles, incluso el académico. Las personas que están aprendiendo pueden recuperar toda la información, pueden acelerar su aprendizaje y pueden contribuir cada vez más a la investigación. Verás, por eso te invité, porque tienes la visión de este tipo de cosas.

D.C.: Es curioso, creo que siempre hablamos del trabajo que la IA puede hacer en nombre de los humanos. Pero con este concepto de razonamiento de la IA sobre el conocimiento colectivo de la comunidad científica, lo que puede hacer es acercar aún más a esa comunidad, ya que ahora mismo existe una gran barrera para que los científicos razonen sobre el conocimiento creado por otros científicos, porque hay mucho. Es casi imposible para un científico estar al tanto de todo el conocimiento colectivo de la comunidad. Ahora, con estas herramientas, será más fácil para los científicos realizar los descubrimientos y seguir los avances de otros, lo cual es asombroso.

A.G.: Para terminar el debate, volveré a su libro *The AI Organization*. Los estudiantes se preguntan si esto es relevante. La IA descriptiva, como la IA tradicional, ¿necesito aprenderla cuando hablo de la IA generativa? Ahora hay muchos nuevos expertos hablando del tema. Yo dije "sí, por supuesto, el tipo de consideración, la consideración técnica, sino también consideraciones de organización de la adopción y las barreras, los trucos y las cosas que hay que hacer y el componente de datos, la estrategia de datos de las empresas, esto es muy importante". Y creo que tu libro incluye muchos buenos ejemplos. Recuerdo el de Telefónica y Chema, Alonso, que me gusta especialmente porque es muy ilustrativo y creativo. Aunque ¿cuál sería, si tuvieras que vender el valor de ese libro para los que adoptan la IA generativa a nivel de empresa, su valor?

D.C.: El libro se escribió pensando en lo que aprendí de las grandes empresas que adoptaban la IA. Así que he visto muchos de esos en los primeros días, ¿verdad? Así que los primeros días en IA son como hace ocho años. Así que no hace mucho tiempo. Y es curioso, porque por lo general los bloqueos en contra que estaba viendo para la adopción de la IA a escala no tenían nada que ver con la tecnología. Eso me hizo preguntarme: "Oye, hay un montón de libros que hablan de la tecnología, pero hay un vacío en lo de contar una historia más amplia que los líderes de las organizaciones de cualquier nivel deben saber para tener éxito con la IA". Ese fue el enfoque del libro. Identifico cuatro grandes áreas que hay que abordar para tener éxito en la adopción de la IA a escala. De nuevo, no pruebas de concepto, no casos de uso específicos, sino realmente transformar tu empresa con la IA, ¿verdad? Y convertirse en ese concepto de organización de la IA. Y es, sí, la tecnología es uno de ellos. Así que, por supuesto, está ahí y hablo mucho de tecnología, pero hablo de la estrategia. Debes tener una estrategia completa que sea a corto plazo, pero también a largo plazo, y la conexión entre los dos, ¿verdad? También

169

comparto lo aprendido en Microsoft. Cómo lo enfocamos, lo llamamos el marco del horizonte y cómo realmente nos aseguramos de que equilibramos esas inversiones a lo largo del horizonte. Tenemos una estrategia conectada que está invirtiendo a corto plazo, ya que no solo tiene valor a corto plazo, sino también a largo plazo y la forma de conectar ambos, ¿verdad? Eso es bueno. También hablo de la importancia de tener un enfoque que vaya de la tecnología al negocio, pero también del negocio a la tecnología. Eso es fundamental. Veo, y estaba viendo en ese momento, un montón de conversaciones que se iniciaron en las posibilidades de las tecnologías, pero no lo que el negocio necesitaba, ¿verdad? Así que necesitas un marco. Y también comparto el marco que utilizamos en Microsoft para tener una conversación centrada en el negocio. Y luego conectar eso con la tecnología para centrarse en la identificación de los casos prácticos y las apuestas a largo plazo en mi empresa. Esa es la estrategia.

El segundo es la cultura, porque es otro aspecto crítico. Esta transformación de la IA no es algo que ocurra en un laboratorio. No es que puedas crear un centro de excelencia de IA y considerarlo como una caja negra y olvidarte de este problema. Esto es algo que impactará, y como líder necesitas saberlo. Así que cada empleado tiene que ser parte de ello. Y eso es algo que requieren unas acciones y unas necesidades específicas. Y también comparto formas de hacerlo, algunos aprendizajes de Microsoft. Tenemos mucho que aprender al respecto. Y te das cuenta de lo importante que es si comparas los fracasos con los éxitos, ves que la cultura es generalmente una gran parte de eso. Cuando la organización no está totalmente comprometida, cuando hay cosas aisladas, que no están conectadas, es muy difícil tener un impacto en el negocio. Y, por último, la responsabilidad. Como sabes, es un aspecto fundamental. Y es algo que parece que solo está relacionado con la creación de principios para la IA. Pero es mucho más que eso, ¿verdad? Tienes que convertir esos principios en realidad. Y ahora aún más, ya que en ese momento no había regulación, pero ahora con la llegada de la legislación no solo va a ser como un buen añadido. Va a ser absolutamente crítico que cada empresa lo haga. Y no es algo que se pueda pensar al final del proceso, es algo que hay que tener en cuenta en cada paso del desarrollo, desde la ideación hasta el desarrollo, el despliegue y la supervisión.

A.G.: Estoy totalmente de acuerdo. Y mira, estos cuatro pilares son exactamente los mismos hoy en día. Tenemos el mismo tipo de casos, la gente se entusiasma con la tecnología, luego se olvida de la estrategia general de la empresa, entonces se crea un caso que no tiene nada que ver con la estrategia de la empresa, el retorno de la inversión o el valor potencial para la empresa. Y en relación con la cultura, con todas las partes de la educación, ahora es cada vez más obvio que la gente necesita aprender sobre la IA genética, y vemos esa tendencia al lado de los equipos tecnológicos. Y a la parte de la IA responsable, yo la llamo responsabilidad. No es IA en este punto porque es responsable. Es fiable, responsable, ética, todo lo que quieras, pero hay una regulación. Así que ahora queremos cumplir con las regulaciones. Y por eso sigue siendo lo mismo. Por eso que creo que sigue siendo algo esencial para cualquier adopter de la AI generativa.

Brendan Burns: el papel de la nube nativa para los desarrollos de la IA generativa

A.G.: Me alegro mucho de tenerte aquí. Sé que mucha gente te conoce, pero ¿cuál es tu función actual y tu trayectoria en Microsoft?

B.B.: Claro, actualmente soy vicepresidente corporativo de código abierto nativo de la nube y de la plataforma de gestión de Azure. Supongo que el mejor resumen es que me centro en todo lo relacionado con DevOps y el desarrollo de aplicaciones modernas en Azure, especialmente con los contenedores y Linux.

A.G.: Así que en todo lo relacionado con la nube nativa y el ecosistema de Microsoft estás ahí.

B.B.: Sí. Así como el Azure Resource Manager, que es una especie de pasarela API con políticas y todo tipo de herramientas de infraestructura como código.

A.G.: Eso es muy importante para el tipo de arquitectura que tratamos en el libro. Y aunque sea una pregunta obvia, ¿cuál es tu experiencia en cloud native y Kubernetes?

B.B.: Sí, claro. Obviamente, yo empecé el proyecto Kubernetes. Se está acercando a una década en realidad, que es algo, supongo, porque hay un poco de pelo gris, pero ya sabes, yo era el responsable de los primeros días de ese proyecto dándole forma, ayudando a formar la comunidad. Luego llegué a Azure y me centré en averiguar cómo puede ser el mejor lugar para ejecutar cargas de trabajo de código abierto y nativas de la nube. Y como parte de eso también, creo que he ayudado a muchas empresas, los clientes tradicionales de Microsoft, con su transición a aplicaciones nativas de la nube. Parece que hay una sensación de que la nube nativa es como una cosa nueva puesta en marcha, pero, la verdad, la mayoría de las aplicaciones nativas de la nube que se están construyendo hoy en día están siendo construidas por las grandes empresas que necesitan este tipo de agilidad en el desarrollo y la fiabilidad de sus aplicaciones.

A.G.: Eso está relacionado con la era actual de la IA generativa aquí en Microsoft. ¿Cuál es tu punto de vista personal sobre esta nueva ola?

B.B.: Bueno, a mí me hace mucha ilusión. Creo que todo el mundo lo está. Estoy muy entusiasmado con él a nivel personal porque en realidad me ha ayudado. Creo que el uso de cosas como GitHub Copilot realmente acelera las cosas, sobre todo estoy aprendiendo algo nuevo. Yo estaba aprendiendo Rust hace seis meses aproximadamente. Y me di cuenta de que estás en un nuevo lenguaje, que acaba de hacer una gran diferencia en la velocidad con la que podía captar los modismos. Y lo piensas, porque a veces, cuando estás aprendiendo un nuevo lenguaje, lo estás programando como el otro lenguaje. Así que terminas escribiendo Python como solías escribir Java, por ejemplo. Creo que tener acceso a esos patrones idiomáticos te ayuda a dominar el lenguaje mucho más rápido. Además, creo que Rust también es un poco menos intuitivo, los mensajes de error no son tan buenos como podrían ser. Y, de nuevo, tener esa capacidad de ser relacionada con señalar "por favor, arreglad este mensaje de error para mí, ¿verdad?". Con esto simplemente me daría el fragmento de código que necesitaba. Y eso fue muy útil también. Así que creo que es genial.

Es realmente emocionante también cómo podemos ayudar a nuestros clientes a tener reducciones similares en la complejidad, ya sea para los lenguajes de programación, o su infraestructura, o ya sabes, cualquier número de cosas. Convertirse en un nativo de la nube es un buen ejemplo, de hecho, la infraestructura como código (IaC) puede ser difícil para la gente y permitir una transición desde, ya sabes, ClickOps en el portal de la infraestructura, con códigos sencillos, es realmente grande. Y cosas como la exportación mecánica de una plantilla de infraestructura como código no siempre han sido tan buenas. Entonces, la IA generativa nos da la oportunidad de ir en una dirección diferente y obtener plantillas mejores y más fluidas que si simplemente, ya sabes, escribimos código que intenta hacerlo.

A.G.: Sí, y creo que es emocionante porque va en ambas direcciones, ¿no? Podemos aprovechar la IA generativa para todos los fines de la nube nativa. Y podemos aprovechar las buenas prácticas de la nube nativa para implementar la IA generativa en aplicaciones nuevas y existentes.

B.B.: Absolutamente, quiero decir, es interesante pensarlo, ¿verdad? Suena un poco grandioso afirmar que la inteligencia artificial generativa no existiría sin Kubernetes. Pero creo que, en realidad, es un poco cierto, ¿verdad? No en el sentido de que Kubernetes sea especial, sino en el sentido de que ha permitido a mucha gente que quería crear sistemas a gran escala olvidarse de la gestión de las máquinas. El primer paso para hacer inferencias de IA ya no es averiguar cómo hacer que un montón de máquinas trabajen juntas. Los contenedores y Kubernetes se encargan de eso por ti. Y así puedes decir "vale, tengo esta flota de máquinas con GPU y todo lo demás. ¿Cómo consigo que mi aplicación haga el entrenamiento?". Y creo que esa es la historia de la informática en general, la construcción de mayores niveles de abstracción para permitir que se desarrolle la siguiente plataforma en la parte superior.

A.G.: Y ese es uno de los casos que más me gustan. Si echas un vistazo a los casos de éxito en *kubernetes.io* o CNCF, hablan de OpenAI con Cloud Native y de cómo eso estaba permitiendo todo el tipo de cosas que hemos visto, como una escala más amplia, en la que mucha gente puede conectarse a ChatGPT. Por supuesto, está la infraestructura de IA de Microsoft detrás de eso. Pero eso es un nuevo habilitador para todas estas áreas de aplicaciones y los compiladores de IA.

B.B.: Sí. Y también una reducción de la complejidad. Así que no solo la IA generativa puede reducir la complejidad, sino que tener ese orquestador reduce la complejidad para los ingenieros de la IA, que no tienen que preocuparse de ese problema. Y cuando lo obtienes de Azure, ni siquiera tienes que preocuparte de ejecutarlo. Simplemente se encarga de ello por ti.

A.G.: Salvando a mucha gente como yo.

B.B.: Creo que también es siempre el objetivo, ¿no? Es mucho más fácil consumir la idea que ponerla en práctica. Puedes decir "vale, sé cómo utilizar un algoritmo de ordenación". Probablemente puedas escribir un algoritmo de ordenación, pero te va a llevar mucho más tiempo escribirlo que usarlo. Da poder a mucha gente, lo que es genial.

A.G.: Y acelera la implementación, algo que antes llevaría tanto tiempo ahora se está convirtiendo en algo que no es una mercancía, pero sí ciertamente en algo más fácil de implementar.

B.B.: Creo que verás esa explosión creativa después, donde mucha gente quizás no tiene la paciencia o las habilidades para implementar la IA generativa, pero pueden tener nociones realmente creativas sobre cómo usarla. Así que cuando se pone a disposición esa capacidad, se genera un montón de creatividad sobre cómo utilizarla.

A.G.: Por supuesto. Desde la perspectiva nativa de la nube en Microsoft, ¿cómo ves toda esta explosión de la pila tecnológica para Copilot, Semantic Kernel, y todas las piezas diferentes y geniales que mencionamos en este libro? ¿Cuál es tu opinión personal al respecto?

B.B.: Bueno, todavía tienes que ejecutar tu aplicación en algún lugar, ¿verdad? Ya sabes, no puedes, la IA generativa no te permite no tener una página web allí o no tener una API Restful en alguna parte. Así que no solo herramientas como Azure Machine Learning se construyen sobre Azure Kubernetes Service (AKS), sino que también vemos a mucha gente construyendo, ya sabes, la aplicación frontend o las API que necesitan tener, incluso plugins para OpenAI sobre AKS. Sigue siendo un lugar estupendo para alojar código e integrarlo. Y, por supuesto, AKS es compatible con la GPU, así que hay gente que hace sus propias inferencias o construye sus propios modelos. Algunos de nuestros clústeres más grandes están construidos para hacer ese tipo de IA para una variedad de grupos diferentes. Y de nuevo creo que se trata de simplicidad, ¿verdad? Porque si quieres centrarte en la IA, no querrás centrarte en lo que se necesita para ejecutar un clúster Kubernetes de 5000 nodos. No es lo más fácil de hacer. Y si puedes pulsar un montón de botones o hacer una plantilla de infraestructura como código y tener 5000 nodos de GPU está muy bien. Y luego saber que mi equipo está en guardia para ellos. Te ahorra mucho tiempo.

A.G.: Y tanto, eso es lo que estamos viendo ahora con Azure AI Foundry, con todas estas aplicaciones y la capacidad de desplegar cualquier tipo de modelo, porque el libro trata sobre Azure OpenAI y un modelo propietario. ¿Cómo ves el papel del código abierto facilitador de la IA generativa?

B.B.: Así es. Creo que, con el tiempo, sospecho que va a haber más y más modelos que surgirán, que la gente afinará, que la gente construirá para diferentes situaciones. Quiero decir, tú ya estás viendo ese tipo de modelo de intercambio y reentrenamiento modelo sucediendo. Yo creo que eso es realmente genial. Creo que si nos fijamos en algo, ya sabes, Semantic Kernel está en código abierto compartiendo nuestras mejores prácticas. LangChain está ahí fuera en código abierto. Creo que todo está arraigado en el código abierto. También es una de las cosas que va a suceder con el tiempo, creo que será de nivel superior también. La gente todavía está tratando de averiguar exactamente lo que se necesita para construir un copiloto completo. Hay un montón de lo que yo llamaría una especie de copilotos verticales, ya sabes, que son buenos en una cosa. Pero creo que hay cierto valor en decir "bueno, en realidad, hay algunas áreas muy amplias por ahí y usted puede realmente querer algo que sabe cómo elegir entre los copilotos". Pienso en ello como una especie de búsqueda, tal vez, ¿verdad, cuando haces una búsqueda en la web, los mapas, los vídeos? Hay una gran variedad de diferentes tipos de contenido que podrías estar buscando. Y creo que lo mismo va a ser cierto con Copilot. Va a haber múltiples niveles en términos de elegir lo que quieres generar. Quiero decir, en cierto sentido, es como tus amigos, supongo. Como cuando vas a un amigo a por consejos tecnológicos, vas a un amigo asuntos de deportes o lo que sea. Y vas a encontrar lo mismo.

A.G.: Por un lado, están todos los bloques de construcción que se están creando y los orquestadores que has mencionado, distintos enfoques como la recuperación (RAG), como el tipo de bases de conocimiento que podemos utilizar, que pueden ser bases de datos, etc. Y creo que eso está evolucionando mucho por supuesto.

B.B.: Totalmente. Y creo que una de las preguntas que me han hecho, y para la que no tengo necesariamente la respuesta correcta, es ¿cuándo hay que reentrenar y cuándo hay que generar a partir de la recuperación? Porque ambas cosas hacen lo mismo en cierto nivel, influir en los resultados reentrenando o reentrenando tu corpus, o haciendo una generación aumentada por recuperación. Creo que la gente va a tener que luchar con este tipo de preguntas durante un tiempo.

A.G.: Sí. No hay una respuesta única para eso. En uno de los capítulos de este libro menciono (con mucho cuidado, ya que se trata de un tema nuevo) que tenemos que probar en función del conjunto de datos dependiendo del tipo de reentrenamiento, del tipo de ajuste que deseemos o del comportamiento general del LLM en comparación con el tipo de tareas que le asignemos.

B.B.: O incluso la aplicación. Probablemente no vas a poder volver a entrenarla para cada cliente. Puede que tengas que hacerlo, en plan "bueno, tengo un conjunto muy diverso. Quiero ofrecerle contenido personalizado a cada usuario, pero no puedo volver a entrenar a todos los usuarios, así que voy a utilizar la generación aumentada por recuperación". Pero, por otro lado, puede ser como "yo soy mi empresa y vale la pena volver a entrenar porque conozco a mi empresa y solo voy a tener resultados para mi empresa". Creo que son cosas interesantes.

A.G.: Sí, y quizá sea una combinación con la segmentación o un sistema de recomendación, algo que filtre previamente el tipo de usuarios que tienes delante. Y luego, en función de la capacidad que tenga ese usuario para acceder a la información, a la base de conocimientos basada en el directorio activo o lo que sea, puedes personalizar esa respuesta.

B.B.: Quiero decir que el control de acceso basado en roles (RBAC) es una parte fascinante. Tenemos este reto incluso en el Azure Resource Graph, que se utiliza para consultas a escala. Es un índice de todos los recursos de Azure. Aplicar el control de acceso a eso es un problema muy interesante. Porque, obviamente, no se puede construir un índice para cada usuario, ¿verdad? Hay un índice de todos los recursos. Y entonces tienes que ser básicamente como "vale, hice la consulta. He encontrado algunos datos. Ahora, ¿cuáles de los datos que he obtenido de vuelta han hecho que este usuario, en realidad, tenga acceso o ponerlo en la propia consulta, y en realidad decir "como hago mi consulta de búsqueda, solo me muestran cosas a las que también esta persona tiene acceso". Y sí, obviamente, es importante hacerlo bien.

A.G.: Totalmente. Con toda esta complejidad, ¿cuál sería tu recomendación en términos de actualización para que la gente siga en esta área, como cualquier tipo de cosa que ayude a los estudiantes y lectores a mantenerse al tanto de todo lo que está pasando?

B.B.: Lo que yo diría es que, sin duda, recomendaría jugar con él. Creo que el chat de Bing es una gran manera de entrar y probarlo, porque es muy importante, creo, para tener una idea de lo que es bueno y lo que no. Porque creo que cuando ves o lees los artículos o escuchas, o incluso cuando ves ejemplos, han sido un poco escogidos. Nunca te van a mostrar malos ejemplos. Y creo que es realmente valioso entrar allí y darse cuenta de que no es perfecto. Incluso más allá de las alucinaciones, que la gente parece que está aprendiendo a manejar, con algunas preguntas simplemente no es muy bueno. Y la experiencia es el camino a seguir. Date una tarea, trata de averiguar cómo de bueno es el sistema.

En particular, creo que es muy bueno resumiendo en general. Me di cuenta de que es bastante bueno en la selección de información y su destilación hacia abajo. Puede ser bueno en cosas como los mensajes de error para compiladores. A veces también puede ser muy malo. Creo que debes tener tu propio sentido de para qué crees que es bueno y para qué crees que es malo.

Esto te dará una idea de para qué ideas podrías usarla. Porque puedes pensar yo "podría utilizar la IA generativa para hacer esto", y luego, en la práctica, ver que no va a funcionar muy bien. Así que esa es la primera parte, y luego creo que la segunda parte es que creo bastante en ensuciarse las manos con un proyecto experimental que sea significativo para ti. Hago un montón de hacking con cosas al azar en mi casa para encender las luces o lo que sea. Tampoco deseches esos ejemplos experimentales si no tienes una conexión personal. Esa conexión personal te ayuda a construir. Por supuesto, no puedes construir toda la aplicación al principio. Necesitas algo pequeño y limitado para asegurarte de que sigues progresando. Creo que ese suele ser mi camino cuando estoy aprendiendo nuevas tecnologías. Realmente quiero tener una idea de cómo funciona y cómo construyo una pieza entera, el esqueleto. Y luego, ya sabes, entonces puedes pasar a decir "ok, ahora tengo el conocimiento suficiente para construir la aplicación real que estaba pensando".

A.G.: Pienso que esos dos puntos son muy precisos sobre cómo es la experiencia de adquisición. Por supuesto con Azure OpenAI, pero también con las diferentes tecnologías que existen o las experiencias de Azure OpenAI en diferentes productos, y cuáles son las limitaciones y las ventajas. Porque hay muy buenas ventajas, pero también restricciones. Por ejemplo, yo estaba comprobando algo relacionado con la búsqueda de información sobre una persona específica. Tal vez ese no sea siempre el mejor escenario de caso de uso porque está relacionado con la lingüística, pero tienes a Adrián González de Microsoft y a otro Adrián González, el jugador de béisbol. Así que sí, estoy totalmente de acuerdo en eso.

Y recuérdame, tú también tienes varios libros en O'Reilly, ¿verdad? Estás en el club de los autores con varios libros. ¿Puedes hablarnos un poco de ellos y de qué tratan?

B.B.: Bueno, he escrito un par de libros diferentes sobre Kubernetes. *Kubernetes: Up and Running*, que escribí con Kelsey Hightower y Joe Beda. Y más recientemente, la tercera edición fue escrita con Lachlan Evanson, que es otro compañero en Microsoft. Y ahora mismo estoy trabajando en la segunda edición de *Designing Distributed Systems*. Y en realidad va a entrar un poco, probablemente no con tanta profundidad como tu libro, en cómo construir sistemas de IA en el contexto de los sistemas distribuidos.

Y luego, el capítulo más interesante que voy a añadir en la segunda edición es lo que voy a llamar el capítulo de los grandes éxitos, que trata de todos los problemas que ha tenido la gente, de todos los errores que comete la gente y que se repiten una y otra vez. Porque vamos a sitios en vivo y ves apagones y autopsias y todo este tipo de cosas. Y después de hacerlo durante unos años ves que hay patrones que se repiten. He estado tomando algunas notas y he escrito un montón sobre los que se repiten smás frecuentemente. Por ejemplo, uno de los que se repite mucho es que nuestra supervisión no creía que la ausencia de errores debía ser un error. Si hubiera muchos errores te darías cuenta. Pero si el proceso va absolutamente tranquilo y no hay nada, podría significar que estás totalmente bien, pero también que no estás procesando nada. Y varias veces hemos visto sistemas que tienen una brecha de monitoreo, que, por alguna razón, dejaron de procesar. Con esta idea de que ninguna noticia era tratada como una buena noticia no alertaron a nadie hasta que un cliente fue como "hey, espera un minuto, ¿dónde están mis entregas?". Podrías estar monitoreando los canales de entrega, algo así en términos de un minorista en línea, ¿verdad? Un minorista en línea podría controlar cuánto tarda un paquete en llegar del punto A al punto B desde el centro de entrega al cliente. Y los sistemas podrían alertar si eso supera las doce horas o lo que sea. Pero si dejas de entregar todos los paquetes, esa alerta no se dispara. Porque no hay entregas, no ha consumido ningún tiempo. Son sutilezas como esa, y no se te ocurren en primer lugar porque estás muy acostumbrado al estado estacionario.

A.G.: Eso se aplica a lo que veremos en futuras ediciones de este libro. Como el tipo de aprendizajes de la industria, el tipo de cosas que no sabemos porque aún no las conocemos. Se basará en la experiencia. Apenas estamos empezando esta ola para la IA generativa, pero sin duda es el mismo caso aquí.

B.B.: Me imagino que va a cambiar rápidamente, en realidad, a medida que más y más gente entre ahí. El primer par de años, cuando la gente se metió, lo mismo sucedió con la nube nativa de código abierto, ¿verdad? Incluso con los marcos de interfaz de usuario. Creo que la mayoría de la gente usa React ahora, pero al igual que hubo fácilmente dos o tres años en los que me sentí como la gente estaba cambiando cada tres meses. Parecía que, cada vez que hablaba con alguien, cambiaban el framework de JavaScript. Estoy seguro de que lo mismo sucederá con la IA, ¿verdad? Porque creo que la gente tarda un poco en averiguar qué abstracciones funcionan realmente. ¿Cuáles son las abstracciones que tienen sentido? ¿Cuáles son los problemas comunes que podemos convertir en bibliotecas? Creo que hay un montón de ingeniería rápida de forma libre sucediendo en este momento. Creo que va a haber mucha más ciencia al respecto. Y no sé si ciencia es la palabra adecuada, pero sí mucho más rigor en este tipo de cosas con el tiempo conforme la gente descubra lo que funciona y lo que no. Las plantillas, las operaciones, las mejores prácticas, las contramedidas. Creo que en algún momento probablemente solo serás capaz de hacer clic en una casilla de verificación y obtener un montón de correcciones y todo ese tipo de cosas, la prevención de las alucinaciones y esas cosas por el estilo.

A.G.: Oye, solo una última pregunta, porque has mencionado la autopsia, pero hay algo que mencionamos en el libro, la autopsia previa. ¿Utilizaste la noción de premortem para ver qué podía salir mal?

B.B.: Sí, lo llamamos red teaming también, donde estás tratando de romper eso, ya sabes, estás tratando de romper cosas a propósito. Y sí, creo que es muy importante. Creo que se comprueban las cosas malas, obviamente, como ha habido casos en la prensa, y de otra manera acerca de, ya sabes, formas de engañar a estos modelos, pero también, honestamente, se puede realizar para ver si hace un buen trabajo. Creo que es más prosaico. Ya sabes, nadie escribe un titular sobre algo que le gusta, esta consulta no fue respondida muy bien. Pero, obviamente, si estás construyendo un producto, es muy importante entender ¿realmente funciona? Y creo que realmente medir es la otra cosa que creo que va a ser muy interesante. Y está creciendo mucho. Es como medir la calidad de un modelo. No creo que hayamos hecho una tonelada de mediciones científicas rigurosas. Quiero decir, hay tablas de puntuación y cosas por el estilo para medir los puntos de referencia, pero no está claro que esté cien por cien conectado a la realidad de una experiencia de usuario una vez que se construye en un producto. Y creo que, al igual que hemos hecho un montón de trabajo en averiguar en el portal de Azure, y cosas por el estilo dónde estamos confundiendo al usuario, dónde tenemos una interfaz de usuario que no es genial, vamos a hacerlo con estos sistemas de chat. Entonces probablemente va a ser ¿cuántas veces hace clic la gente en las indicaciones que sugerimos, o cuántas veces se pulsa el botón de borrar, o, ya sabes, hay un montón de maneras que puedes averiguar, tenemos las respuestas que queréis?

A.G.: Totalmente, porque ahora mismo con los proyectos de tipo benchmarks y evals en LangChain y Azure AI Foundry nos centramos en las partes centrales del modelo. Pero luego mencionas todas las medidas cuantitativas y cualitativas que solemos hacer en el análisis de los productos, por ejemplo. Eso es algo que menciono en el libro. Lo verás en algunos de los capítulos porque, obviamente, esa parte evolucionará mucho, pero tener una idea de las métricas, de lo bien o mal que lo estás haciendo desde la perspectiva del usuario, es crucial. Creo que eso también sería muy útil para las empresas.

B.B.: Por supuesto. Creo que ahora mismo está en pañales. Va a ser muy interesante ver cómo lo resolvemos. Yo también estoy muy ilusionado. Microsoft también está muy interesado en la accesibilidad y la informática para todos. Y creo que también va a cambiar las reglas del juego en términos de usabilidad, porque vemos a gente con dificultades y trabajamos mucho en nuestra UX para la accesibilidad. Aunque creo que un chat o una UX basada en la voz y potenciada por el lenguaje generativo podría ser significativamente mejor que lo que ofrecemos con una UI basada en el ratón o en el sonido.

A.G.: Me encanta el caso del Gobierno portugués, que ha creado un avatar (*https://oreil.ly/jMgb6*) para las personas que no saben escribir y otro para las que saben escribir, pero no pueden hablar. Creo que es ahí a donde queremos llegar. Estamos diciendo que esta IA generativa es equivalente a lo que la interfaz visual era para las líneas de comandos. Y creo que eso es cierto.

B.B.: Sí, va a ser realmente emocionante ver cómo transforma las cosas. Y es divertido formar parte de ello. Supongo que por eso estamos siempre aquí. También es divertido participar en la transformación.

John Maeda: sobre diseño y orquestación de IA

A.G.: Te conozco muy bien porque soy una especie de fan de lo que estás haciendo con tus recursos de aprendizaje, pero conozcamos un poco quién es John y cuál es tu papel en Microsoft, así como tu formación previa.

J.M.: Tengo la suerte de trabajar en medio de la súper tormenta de la IA, hay un proyecto llamado Semantic Kernel que estoy ayudando a impulsar. Es una forma de permitir que más empresas aprovechen este nuevo tipo de IA. Antes de eso trabajé en el sector de la seguridad física. Fui director de tecnología de una empresa de seguridad de mediana capitalización llamada Everbridge. Nos ocupábamos del mundo, de los países, ciudades y empresas. Antes de eso trabajé

en puestos relacionados con los capitales de riesgo. Estuve en el MIT durante un tiempo e investigué, y también trabajé en una empresa emergente en fase avanzada para comprender realmente hacia dónde se dirige el mundo.

A.G.: Increíble. Qué trasfondo tan interesante. Una de las cosas que más me gusta de ti es que haces converger el diseño y el mundo de la IA, que es muy intuitivo para algunas personas. Por supuesto, si estamos interactuando con la inteligencia artificial, queremos tener una interfaz y un diseño con un proceso centrado en el ser humano. Pero ¿cuál es tu opinión sobre la importancia de este tipo de proceso de diseño y de pensamiento de diseño para las aplicaciones de la IA, incluida la IA generativa?

J.M.: Sí, bueno, elaboro un informe anual en South by Southwest sobre la intersección de diseño, tecnología y empresa. Este año se llamaba *Design Against AI*, que tiene dos significados. Uno es que el diseño protesta contra la IA, y el otro es que el diseño compite contra la IA. Así que uno es más una especie de, por decirlo de alguna manera, "ríndete". "Detente". El otro, digamos, es más "tal vez me enfrente a ello". Creo que la gente creativa debería competir con la IA en su lugar. Tratando de ver cómo avanzar en su oficio. Mucha gente dice que se trata de colaborar con la IA en lugar de competir. Dicho esto, creo que este tipo de IA no tiene que ver con las imágenes o el texto. Se trata realmente de las herramientas, las funciones y las acciones. Por eso en Semantic Kernel decimos plugins, planificadores, personas. Hoy en día he oído a gente decir "modelo de acción global", en lugar de "modelo de lenguaje global", porque el modelo de acción global asume que se utilizan funciones, plugins y llamadas a funciones. Creo que ese aspecto verbal de la IA va a ser lo que desbloquee mucho más valor del que podríamos imaginar.

A.G.: Sí, porque es la interacción con las herramientas. Y, en general, a la gente le preocupa que la IA sustituya algunas funciones básicas de la sociedad. Pero algunas personas se están saltando la parte en la que la IA generativa puede ser la interfaz para interactuar con funciones muy complejas, como diseñar 3D o analizar bases de datos SQL. Eso dibuja el signo como interfaz. Modelos y herramientas como Semantic Kernel.

J.M.: Bueno, creo que los plugins son muy potentes. Llámense funciones o herramientas, o como se quieran llamar, cuando se integran con un gran modelo lingüístico, por supuesto, se obtiene un tipo de capacidad de planificación. Y eso es lo que hemos visto con Semantic Kernel. Cuando utilizas GPT-4 le das complementos que pueden planificar. Y una vez que se puede planificar es básicamente escribir código que yo nunca podría haber escrito. Escribe código sobre la marcha básicamente. Desde una perspectiva de diseño, se ha invertido mucho tiempo en hacer la experiencia de usuario perfecta. Eso es algo muy difícil de hacer. Vamos a construir un viaje para llevarte paso a paso a través de él. Aunque, en realidad, con la llamada a la función no necesitas un viaje. Solo tienes que decir "quiero hacer esto", y ya está hecho. No debes tener una interfaz de usuario. Es por eso que escuchas a la gente llamarlo una especie de era de interfaz de usuario cero, donde no tienes un viaje, te teletransportas a la meta.

A.G.: Me encanta esa idea porque, desde mi punto de vista, creo que la parte de la planificación y la llamada a la acción fue la más difícil de explicar.

J.M.: Lo es. Es muy difícil. Sobre todo porque eres un desarrollador que, ahora mismo, está demasiado ocupado enviando código normal. Estás cansado al final de la semana. Ya sabes, es fin de semana, quieres tomarte un descanso y¿qué es esta nueva cosa? ¿El qué? ¿Embeddings? Y además tienes que hacer la comprensión del modelo de lenguaje, las pruebas, ¿el qué?, estas son todas las nuevas herramientas que hay. Ya sabes, Python puede no ser lo tuyo aunque lo codifiques todos los días también. Es como "oh, yo no quiero, ya he jugado con Python", o la situación que sea. Y por eso estamos tratando de hacerlo más fácil para los desarrolladores de la empresa que viven en .NET, Java o lenguajes aburridos. Así que le digo a la gente "Semantic Kernel es para gente aburrida de la IA".

A.G.: Gente aburrida de la IA. Qué buen marketing.

J.M.: Bueno, es porque a las empresas les gusta lo "aburrido". Es decir, también tenemos una rama de Python, pero me parece que las cosas de Python son tan avanzadas que, en realidad, integrarse en una empresa no es tan fácil porque se trata de un desarrollador diferente. Un desarrollador de aplicaciones está más relacionado con el envío de "código real". Así que necesitamos una manera más fácil de hacerlo. Por eso existe Semantic Kernel.

A.G.: Es un posicionamiento muy inteligente. ¿Y cómo se puede definir Semantic Kernel? Has explicado los plugins, las personas, pero si piensas en Semantic Kernel como una entidad, hoy y en el futuro, si somos capaces de echar un vistazo aquí, ¿cuál es tu visión? ¿Cómo ayuda a las empresas?

J.M.: La mayor forma de asistir a las empresas es que te ayuda a ser aburrido porque lo último es lo último, pero el problema con esto es que el día que te pones con ello se vuelve nuevo. Y entonces te distraes bastante más. "¿Qué hago? Ay, Dios mío, cambia todos los días".

Así que Semantic Kernel es un buen seguro para construir sobre una capa de middleware. Cuando las partes inferiores cambian, es fácil adaptarlas a nivel de middleware. Así que es como un seguro para la alta velocidad de cambio de la IA. Y se basa en el plugin porque los plugins son donde la llamada a funciones se vuelve valiosa. Tenemos muchas formas de hacer plugins con código nativo o nativo más código semántico, ya sabes, es como elegir tu propio lenguaje. Y los planificadores están diseñados no solo para aprovechar los plugins y llamarlos automáticamente, sino también para generar un script que puedas leer tú mismo, no un programa Python, sino un plan con formato handlebars. Descubrimos que muchas empresas están contentas de que la IA genere el plan y quieren congelarlo porque saben que funciona. No la necesitan para inventar algo nuevo. Así que planes congelados. Y ahora todos hablamos de agentes. Así que también incorpora agentes.

A.G.: Agentes, estamos hablando de la diferencia con alguien que no puedo revelar ahora mismo, la diferencia entre los agentes y los copilotos.

J.M.: No sé si podría entrar en esa conversación. Creo que es muy meta.

A.G.: Es muy meta, aunque es una cuestión de público. La gente que habla de agentes está probablemente más orientada a los desarrolladores.

J.M.: Sí. Buena observación. Si recuerdas el cambio a la programación orientada a objetos, recuerdo que era una idea radical. Todo era confuso, "¿cómo se hace eso? Estoy tan acostumbrado a programar con métodos lineales, compartimentados. ¿Objeto? ¿Qué es un objeto?". Lo primero que se aprende en la programación orientada a objetos es a no convertir cada cosa en un objeto. Creo que la programación orientada a agentes también, a veces los agentes son útiles. A veces no. Es solo un nuevo patrón.

A.G.: Sí, totalmente. Me gusta ese ejemplo porque yo nací durante la era orientada a objetos. Y pude ver cómo la era anterior iba perdiendo sentido en comparación. Se hacía de forma lineal cuando se necesitaba crear relaciones entre objetos.

J.M.: Y te acuerdas, de repente conviertes todo en un objeto y entonces ya no puedes entenderlo. Se crea una especie de compromiso. Creo que los agentes son una nueva forma de mejorar el resultado de los modelos a través de la iteración, a través de bucles de retroalimentación. Es una forma más inteligente de hacer la estimulación. Está más compartimentado. Pero a veces, si necesitas un flujo de trabajo lineal, podría ser lo que tu aplicación requiere. En ese caso, no necesitas agentes.

A.G.: Interesante. Y desde la perspectiva de Azure OpenAI y cualquier tipo de IA generativa en Azure, ¿cómo ves esa conexión con Semantic Kernel? ¿Y cómo ves en general el papel de la orquestación? Como en Copilot, estamos hablando de Prometheus y otros motores de orquestación. ¿Qué sentido les das? Hay tantas cosas en este ámbito.

J.M.: Hay gente que quiere llamar al modelo directamente, llamar a las API. Estoy seguro de has visto cosas como Ollama o LM Studio se están adaptando a la especificación de la API de OpenAI. Creo que OpenAI se ha convertido en una especie de organismo de interconexión. Y debido a que Azure OpenAI es súper conciso, con un seguimiento rápido, creo que cualquiera en ese ecosistema puede aprovecharse de esa ventaja. Y entonces puede que quieras orquestar directamente para hablar con la API, o quieras hablar en una capa. Y una capa es como la ropa. Hay muchos tipos de marcas de ropa. Y en la marca particular de ropa que es Symantec Kernel los plugins van primero. Y luego los plugins son la base. Lo mejor es que los planificadores también son plugins y nuestros agentes, las personas, también lo son. Decimos que somos plugins hasta el final. Así que somos muy aburridos.

A.G.: Es como una arquitectura multicapa en la que se comunican, y luego tienes distintas opciones para comunicarte con este servicio y con otro.

J.M.: Todo es solamente código. No intentamos hacer un conjuro mágico para que dejes programar. Sigues programando. Y todo es una unidad computacional. Es más bien un complemento. Y puedes hacer planes que también sean plugins, o puedes hacer agentes que sean plugins. Y al final se trata de conectar esos puntos.

A.G.: Increíble. Permíteme hacerte esta pregunta. Tengo a varias personas haciendo la misma pregunta. Aunque puedes decirme si no es una buena pregunta. ¿Cuál es la diferencia, la convergencia, la compatibilidad entre Semantic Kernel y LangChain?

J.M.: Es una pregunta muy común. Sí. Tanto LangChain como Semantic Kernel son proyectos de código abierto. Los proyectos de código abierto se apoyan mutuamente. Solo tengo cosas buenas que decir de LangChain y también de Harrison, esa comunidad. También me encanta LlamaIndex, al que considero como un proyecto hermano o primo, al que adoro. La diferencia realmente está en el hecho de que LangChain está funcionando más rápido con las últimas y mejores ideas de la IA. Pero ese no es el rol de Semantic Kernel. El papel de Semantic Kernel es permitir a las empresas aprovechar esta gran revolución del modelo de lenguaje o del modelo de acción. Y tenderán a moverse más despacio y necesitarán más sensación de seguridad. Así que Semantic Kernel está diseñado con muy pocas dependencias de paquetes, si es que las tiene. Está diseñado para ser amado por el CISO (Chief Information Security Officer). Y está diseñado para ser amado por la contratación porque es libre, pero también es parte del mundo de Microsoft.

A.G.: Sí. Lo cual tiene mucho sentido. Creo que ambos son necesarios.

J.M.: ¡Sí!, quiero decir, como digo, si quieres conducir un Tesla Model S Plaid, entonces LangChain es divertido. Si quieres conducir un Toyota Camry XLE Hybrid, entonces tienes Semantic Kernel. Y lo bueno es que con una rama de Python todo se está estabilizando en 1.0 .NET, que se convirtió en 1.0 primero antes de proseguir su desarrollo. Estamos alineando las versiones de Python y Java. Si eres del equipo de Python, normalmente orientado a la ciencia de datos, y usas Semantic Kernel, todos tus archivos YAML y todo lo demás se traslada fácilmente a la App Dev. Esa es la ventaja.

A.G.: ¿Y cuál es el papel de la orquestación? Sé que es un poco exagerado, pero ¿cuál es su papel orquestación para aportar la información adecuada, en el formato adecuado y en el momento oportuno para el cumplimiento? Puedo estar en Madrid, en España, Europa, está la *Ley de IA*, cosas similares en Canadá, en el futuro en los Estados Unidos. Creo que hay mucho potencial para que esa capa intermedia distribuya la información necesaria a nivel de registro.

J.M.: Eso es lo bueno de que Semantic Kernel se haya construido primero con .NET C#, porque tiene todos los registros en todas partes. Tiene toda la seguridad Azure integrada en su arquitectura. A menudo oyes a gente a la que le encanta cómo se ha diseñado Semantic Kernel porque ha sido diseñado por Microsoft. Si no has visto, o si alguno de tus lectores o espectadores no ha visto cómo envolvemos los plugins, vas a estar gratamente sorprendido porque se necesita muy poco código para permitir la llamada a funciones de los plugins complejos. Y pensarás "espera, ¿este es todo el código que necesito?". Y dices "sí, podemos empezar". A la gente le encanta eso. Y esto fue diseñado por Stephen Toub, una de las leyendas de la arquitectura .NET. Recuerdo cuando dijo que tenía que ser así. Y nosotros dijimos "vale". Y dijo: "Vaya, eso está muy bien". Está muy bien. Pero cualquiera que lo ve se pregunta "¿dónde está el código?". Está todo ahí porque está usando las abstracciones ya disponibles de un lenguaje de clase empresarial.

A.G.: El aprendizaje es el objetivo de esta entrevista y sé que usted es una persona humilde porque no habla mucho de sus actividades y su trayectoria, sino que crea recursos de aprendizaje, algo que personalmente me encanta. Por eso estoy escribiendo este libro. Por eso estamos creando todas estas cosas. Y tengo dos ejemplos, LinkedIn Learning y DeepLearning.AI. ¿De qué tratan, para que la gente siga aprendiendo?

J.M.: Oh, gracias. Veamos, tengo un curso de LinkedIn Learning. Ahora tengo varios, incluido uno de ingeniería de IA para el liderazgo. Porque la ingeniería de IA consiste en liderar el cambio. Y a la mayoría de los desarrolladores les encanta ser introvertidos, pero a veces se convierten en gerentes y tienen que liderar a la gente. Y esto de la IA asusta a la gente. También es muy técnico para entenderlo. Para ello tengo todo un nuevo curso temático sobre una cocina. Además, Microsoft Dev Channel tiene un nuevo programa que hemos hecho, llamado Mr. Maeda's Cozy AI Kitchen. Sí, cocinamos a la IA cada dos semanas. Y tenemos invitados y prueban la IA.

Y el curso DeepLearning.AI fue una oportunidad para hablar con Andrew Ng, que creo que es una de las grandes mentes de nuestro tiempo. Y él dio esta charla en el Wall Street Journal CIO Summit, donde alguien le preguntó si esto va a cambiar cómo son los trabajos de la gente, y todo el miedo que hay alrededor. Y dijo lo mejor que le he oído decir a nadie: "Hay que pensar en la IA como una autoasignación de tareas, no de puestos de trabajo. Cualquier trabajo tiene muchas tareas. Y si hay muchas tareas que no te gusta hacer como humano, que no son de gran valor como humano, entonces autoacoplarlas con IA tiene mucho sentido y puede mejorar tu trabajo. Si se trata de una función de prueba complicada que estás escribiendo, donde estás pensando 'oh, eso va a ser un dolor de cabeza con todos los casos', y ¡boom! Ahí está. O algo como un script de shell que siempre es diferente en cada lenguaje con un poco de sutileza. Solo tienes que decir 'necesito un script de shell'. Hace solo media hora hice eso. 'Necesito un script de shell'. Y luego te das cuenta, 'oh, eso fue fácil'. Y también lo depuras tú mismo. Por lo tanto, es tomar las tareas que no me gusta hacer y hacer las hagan por mí".

A.G.: Ya veo. Por ejemplo, después de un debate tengo que redactar la transcripción, los puntos de acción y el resumen de la información más importante. A nadie le gusta hacer eso, y es quizá el 10 % de mi trabajo porque tenemos muchas reuniones. Pero me gustaría volver a tu experiencia en diseño. Viendo este patrón de adopción en el que las empresas y las personas utilizan la IA generativa, LLM, y están aprendiendo a evaluarlas, a utilizarlas, a orquestarlas, desde el punto de vista del diseño, ¿ves que en un futuro próximo ocurra algo que sea radicalmente diferente desde el punto de vista del diseño UX, UI?

J.M.: Sí. Bueno, definitivamente creo que se está produciendo esta revolución de la interfaz de usuario cero en la que no necesitas mucha interfaz de usuario, experiencia de usuario o psicología cuando la máquina puede descubrir tu objetivo y ejecutar la tarea. Hay una cosa llamada Jobs to Be Done de Clayton Christensen (*https://oreil.ly/Aq12m*). Es casi como si creáramos experiencias de usuario para hacer un trabajo, pero si la máquina sabe qué trabajo quieres hacer y le dices lo que tiene que hacer y lo hace, ¿realmente necesitabas alguna experiencia en primer lugar?

A.G.: Es increíble, tiene gracia. Hoy mismo me preguntaba un estudiante cómo definir las tareas que debe realizar la inteligencia artificial. Y yo decía: "No lo sé, no lo sé".

J.M.: Sí, porque con la llamada a herramientas y la llamada a funciones se lo das, como en Semantic Kernel. Justo la semana pasada tuve un momento raro en el que le di cinco plugins que escribí, y entonces no tuve que construir la lógica de cómo hacer que funcionaran todos. En realidad era demasiado difícil para mí escribir la lógica, y el planificador había construido el flujo de una manera en la que yo no podría.

A.G.: Vaya, eso es increíble. Y para terminar, ya que mencionaste la cocina, si tuvieras que elegir, ¿tienes una receta que digas "esto es algo que alguien necesita aprender para la próxima etapa de adopción"?

J.M.: Oh, buena pregunta. Sí, le digo a todo el mundo que en la cocina hay que darse cuenta de que hay dos tipos de modelos de IA. Un modelo de IA se basa en la compleción, el otro en la similitud. Y uno se llama modelo de embedding. El otro se llama modelo de finalización o finalización de chat. La combinación de estos dos es lo que está haciendo esta revolución increíble. Si solo tienes uno no es bueno. Si solo tienes uno no sirve.

Si tienes la finalización de chat o la compleción no tendrá fundamento. Dirá cosas que no tienen sentido. Si tienes modelos de similitud, que son básicamente de búsqueda, puedes encontrar algo, pero no puedes sintetizar. Los dos juntos hacen una pareja increíble. Es como si uno fuera mantequilla y, el otro, harina. Como si juntos pudieran hacer grandes galletas. Y esta es la receta básica para todo con grandes IA de modelos de lenguaje. Se pueden crear modelos de llamada a funciones, se puede crear un chat sofisticado, se puede crear la automatización de la cadena de suministro. Todo a partir de estos dos modelos. Pero un modelo solo no es suficiente, se necesitan los dos juntos.

A.G.: Tienes razón. Y creo que si lo comparamos con el ser humano sería algo así como el coeficiente intelectual y la inteligencia emocional juntos. Como la capacidad de recordar información, la inteligencia tradicional, pero añadiendo esa capacidad de explicar de una forma adecuada que se adapte a la audiencia. Sí, me encanta.

Sarah Bird: IA responsable para LLMs e IA generativa

A.G.: ¿Quieres empezar explicando tu papel en la organización y lo que haces en Microsoft?

S.B.: Sí. Soy la jefa de producto de la IA responsable de Microsoft. Eso significa que mi equipo es el responsable de averiguar cómo desarrollar una nueva tecnología de la IA de forma responsable. En el caso de gran parte de la IA que creamos en Microsoft, lo hacemos nosotros mismos. Si nos asociamos con otras organizaciones, como OpenAI, trabajamos con ellas para asegurarnos de que se hacen las cosas bien mientras desarrollan la IA. Pero no se trata solo del modelo, sino de cómo distribuimos una aplicación completa de forma segura. Tomamos esa nueva tecnología de la IA y analizamos cuál es

el enfoque completo que debemos seguir para utilizar esta tecnología de forma eficaz.

Por ejemplo, en el caso de GPT-4, una nueva y emocionante tecnología, el primer lugar al que la enviamos estaba en Microsoft Copilot, originalmente llamado Bing Chat. Nuestro equipo se encargó básicamente del desarrollo de la IA responsable. Desarrollamos nuevas mitigaciones, nuevas herramientas de prueba y nuevas técnicas de red teaming. Todo lo que aprendemos lo incorporamos a la plataforma Azure AI, y eso le permite impulsar toda la IA en Microsoft, así como permitir que nuestros clientes que están creando sus propias aplicaciones de IA utilicen esas mejores versiones. Esa es la misión del equipo, averiguar

cómo ponemos realmente en práctica la IA, y luego asegurarnos de que estamos utilizando esas mejores prácticas en todo Microsoft, y capacitando a otros para que también lo hagan.

A.G.: Es una misión preciosa. Y no es nueva. Había ya un camino recorrido en Microsoft con la IA responsable incluso antes de los modelos GPT.

S.B.: Sí, es algo que llevamos haciendo mucho tiempo. Tuve la suerte de formar parte de la fundación del primer grupo de investigación en IA responsable en Microsoft, y este es el grupo FATE, allá por el 2015. Esto es algo que hemos estado haciendo durante casi diez años. Pero hemos recorrido un largo camino durante ese tiempo. Pasaron de ser solo algunas ideas en una investigación a lo siguiente, cuando fundamos la Oficina de IA Responsable, que realmente estaba empezando a establecer cuál era la política o la norma que queríamos seguir. Pero incluso la creación de una política sin mucha experiencia en su aplicación es realmente difícil. Gran parte del camino recorrido desde entonces ha consistido en averiguar cómo lo hacemos realmente, y en iterar entre política, ingeniería e investigación para madurar realmente nuestras prácticas, herramientas y tecnología. Pero incluso con la IA generativa, para mucha gente, el primer momento en que la conocieron fue ChatGPT. Pero en realidad, mucho antes de que ChatGPT saliera al mercado, Microsoft lanzó GitHub Copilot, que fue realmente la primera aplicación de IA generativa que produjimos a escala. Muchas de las cosas que utilizamos en Bing Chat y otras aplicaciones se desarrollaron originalmente para GitHub Copilot, ya que fue la primera aplicación de IA generativa en tiempo real. Azure AI Content Safety (*https://oreil.ly/uB6d-*), el sistema de seguridad que utilizamos en nuestras aplicaciones de IA generativa en la actualidad, se desarrolló por primera vez para GitHub Copilot.

A.G.: Es curioso, porque mucha gente olvida, incluso nosotros mismos, cuando hablamos de los distintos Copilots, que GitHub Copilot es en realidad el paciente cero, el primero y original.

S.B.: Para nosotros fue revelador trabajar en ello porque la tecnología GPT era emocionante, pero parecía que aún tenía potencial, que aún era un juguete. Entonces, cuando el equipo de GitHub nos mostró los primeros prototipos de GitHub Copilot nos dijimos "vaya, esto es real, es realmente emocionante". Pero en ese momento no estábamos seguros, "¿es solo esta aplicación? ¿Cómo de reducida es la tecnología? ¿Cuántos más GitHub Copilots habrá?". Luego, cuando salió la siguiente ola, pasando de GPT-3 a GPT-4, fue cuando nos dijimos "oh, esto ya no es tan reducido, muchos más Copilots van a ser posibles". Ese salto en la tecnología, creo, realmente desbloqueó muchas más aplicaciones, pero GitHub Copilot fue el que mostró el camino primero.

A.G.: Sí, y creo que, desde la perspectiva de la inteligencia artificial responsable (RAI), es la idea o el patrón de adopción de tener una finalización regular, algo que es una interacción singular con la máquina, y luego pasar a algo que está relacionado con el chat, con la memoria, con todas las ventajas y todas las consideraciones. Esa es probablemente la evolución de ese aprendizaje, el dúo de ingeniería y política del que hablas.

S.B.: Sí, desde luego. Hay matices en la aplicación GitHub Copilot. En realidad, me encantó su diseño porque es un paradigma con el que la gente ya está familiarizada, con la autosugestión. Ya nos sentimos cómodos con la idea de "oye, puede que la sugerencia no sea perfecta, pero si me gusta puedo quedármela y seguir editándola". Todos sabemos que nos hace ir más rápido en el lenguaje natural. Pero luego saber si en realidad iba a ser eficaz para el código no era tan obvio. Aunque tuvimos que considerar tanto el riesgo del lenguaje natural, el contenido lleno de odio, el contenido violento, cosas así, y también los riesgos del código, como la capacidad de producir vulnerabilidades de seguridad o debilidades conocidas en el código. Tuvimos que abordar ambas dimensiones. Como la aplicación solo es útil si va más rápido de lo que la gente puede teclear, los requisitos de latencia eran realmente extremos.

Ahora, la transición a Bing y Copilot en las aplicaciones de chat, como has dicho, añade esta dimensión multivuelta. Ahora, si estás tratando de ver una interacción y decir "oye, ¿el sistema de IA lo hizo bien?", en realidad tienes que puntuar una conversación de lenguaje natural multivuelta, y eso es mucho más difícil. Hay una diversidad mucho mayor de temas y tipos de interacción que el sistema va a analizar. Empezamos con una base sólida con GitHub Copilot, pero sin duda con el poder de GPT-4 y el poder del motor de búsqueda, y con la amplitud de las cosas que queríamos cubrir allí, realmente tuvimos que mirar mucho más ampliamente. Fue entonces cuando empezamos a hablar de cosas como la alucinación, porque la precisión es realmente importante, o la desinformación, porque el motor de búsqueda está muy conectado con la integridad de la información. Y así la apertura realmente se amplió con esa aplicación.

A.G.: Debe de ser muy interesante ese momento en el que nos dimos cuenta de que realmente necesitábamos nuevas métricas, porque has mencionado el rendimiento, y teníamos la curva ROC, las puntuaciones F1 y F2 para los temas de clasificación y demás. Y entonces llegamos allí y dijimos "ok, tenemos un nuevo tipo de aplicación que se basa en algo llamado IA generativa. Tenemos que probar su rendimiento. Tenemos las métricas de la lingüística tradicional, como BLUE y ROUGE". A nivel de IA, ¿qué hacemos ahora?

S.B.: La cuestión es que siempre supimos que necesitábamos parámetros para abordar estos riesgos, ¿verdad? Es muy difícil saber si la mitigación es eficaz o si existe un riesgo sin parámetros reales. Y uno de los grandes retos de la RAI durante mucho tiempo fue que estas métricas eran realmente difíciles de conseguir. Por ejemplo, volvamos a decir: "¿Cómo califico una conversación multivuelta?". Así que si estás buscando hacer eso para "odio" (como una métrica de seguridad de contenido AI), nuestras directrices, internamente, tienen más de veinte páginas para puntuar esa conversación, y que se son construidas para los lingüistas expertos. Y eso significa que podemos medir la respuesta por riesgo, pero solo con muy poca frecuencia, como una especie de bucle externo. "Vale, una aplicación está básicamente lista para ser enviada. Podemos ejecutar un conjunto de pruebas que son muy manuales y hacer que el revisor humano las puntúe. Y si los resultados son buenos, genial, podemos enviarla". Pero con eso, no eres capaz de realmente innovar en el bucle interno y probar realmente cosas diferentes, y encontrar cuál funciona mejor.

En realidad, una de las cosas más memorables para mí del desarrollo de Bing Chat en una fase bastante temprana, mientras utilizábamos GPT-4, fue darme cuenta de que realmente tenía el potencial de ayudarnos a automatizar estas métricas. Fuimos capaces de utilizar GPT-4 con un montón de ingeniería rápida, y conseguir que la puntuación fuera similar a la de los seres humanos expertos. Y eso significaba que pasamos de "hey, vamos a ser capaces de comprobar esto muy rara vez, tal vez una vez al mes, tal vez al final, en cada noche, cuando hacemos un cambio en el sistema, podemos ejecutar la prueba de seguridad durante la noche, mirar las puntuaciones, e iterar". Y así se desencadenó toda una nueva ola de innovación responsable en la IA. La tecnología es obviamente un avance significativo para la IA, pero también lo es para la IA responsable y la seguridad, porque se trata de una tecnología nueva y asombrosa que entiende mucho mejor el lenguaje y el contexto. Lo hemos puesto realmente en práctica en nuestro propio desarrollo de la IA.

A.G.: Y usted ha mencionado palabras clave como seguridad, protección, incluso cumplimiento, normativa e IA responsable. Todo está convergiendo en este punto. Todo va hacia algo que al principio era la forma ética de hacer las cosas, como la voluntad de hacer algo que es bueno, hacia algo que es responsable, que rinde cuentas. Y creo que es algo maravilloso desde el punto de vista tecnológico esa evolución orgánica.

S.B.: Sí, creo que con la IA generativa una de las cosas que ha sido emocionante, pero también un reto, francamente, es que con gran parte del trabajo de la IA responsable que hicimos antes solo el desarrollador de la IA podía gestionarlo. Todo el mundo se beneficiaba de ello, pero no era necesario conocer los detalles siempre y cuando se trabajara con un gran proveedor de IA como Microsoft. Y listo. Con la IA generativa acabamos necesitando tanto para la seguridad como para la protección utilizar un enfoque de defensa en profundidad en el que el desarrollador del modelo tiene que hacer cosas, el desarrollador de la aplicación tiene que mirar el metaprompt y la información de base, y el desarrollador de la aplicación final tiene que mirar cómo interactúa el ser humano. ¿Qué aspecto tiene esa UX?

Queda mucho por hacer para utilizar esta tecnología con eficacia. Y no es de extrañar, se trata de una tecnología mucho más general y potente. Ha pasado de ser algo que solo estaba al alcance de un pequeño número de expertos en la IA responsable a algo en lo que ahora deben pensar todas las organizaciones, todos los profesionales de la seguridad y todos los desarrolladores de la IA. Ha sido realmente divertido ver ese crecimiento y el apoyo al trabajo, pero también la explosión de la demanda significa que hay mucho más que hacer. Y eso es muy emocionante, pero también puede ser un reto.

A.G.: Es muy apasionante. Y creo que está muy en consonancia con el tipo de artefactos y material que la Iniciativa de Inteligencia Artificial Responsable de Microsoft está poniendo a disposición de las organizaciones tanto a nivel técnico como organizativo.

Estoy pensando en la evaluación del impacto, el kit de herramientas HAX para las interfaces. ¿Cuál es tu favorito? Si tuvieras que elegir distintos materiales útiles para las organizaciones en materia de IA responsable, ¿cuál sería tu selección?

S.B.: Oh, es tan difícil. Me encantan todas las cosas de la IA responsable. Pero creo que lo que has señalado es muy importante porque es una mezcla de prácticas, políticas y tecnologías. Hay que tener en cuenta todo el espectro, y los clientes y las organizaciones nos lo están pidiendo. Así que, por ejemplo, una de las cosas que más me gusta es que hemos publicado nuestra Norma de IA Responsable, que es realmente la guía sobre cómo hacemos esto en general. Las organizaciones pueden consultarla. Pueden adoptar algo similar si les conviene. También la publicamos para que nos den su opinión. La gente puede decirnos lo que piensan que nos falta, lo que están encontrando que funciona, lo que están encontrando que no. Y así todo comienza con nosotros. Pero si quieres ponerlo en práctica, primero tienes que empezar con un proceso como la evaluación de impacto, en la que realmente identificas el riesgo. A continuación, debe ser capaz de medir el riesgo de manera efectiva. Así que acabamos de lanzar nuevas evaluaciones de seguridad para la IA generativa, que son las pruebas que realizamos nosotros mismos para medir realmente estos riesgos. Y ese es en realidad el avance del que te hablaba antes.

Y también es necesario poder mitigar el riesgo. Azure AI Content Safety es una gran manera de mitigarlo. Es la capa del sistema de seguridad. El conjunto de herramientas HAX realmente ayuda con la aplicación, la capa UX. También hemos publicado guías de ingeniería de avisos y plantillas de metaapuntes para ayudar con la capa de avisos. Para adoptarlos, hay que tener una visión holística de todos ellos. Otra cuestión que los clientes nos plantean a menudo es cómo realizar un red team, cómo llevar a cabo ese tipo de validación experta final. Hemos publicado directrices para los equipos rojos, pero sabemos que los recursos de los equipos rojos son limitados. Así que acabamos de lanzar PyRIT, que es una herramienta que ayuda a acelerar la productividad de los equipos rojos ayudándoles a obtener más ideas para el próximo asunto a tratar, básicamente, utilizando la IA para asistirles de la misma manera que estamos utilizando la IA para apoyar muchas otras funciones ahora con lo que hemos desarrollado.

Nos estamos dando cuenta de que la gente necesita todas estas piezas. Gran parte del trabajo consiste en asegurarnos de que entienden todo el espectro de las prácticas, políticas y herramientas que van a necesitar para lograrlo. Y queremos que a todo el mundo le resulte fácil cogerlas y empezar a utilizarlas, pero también personalizarlas según sus necesidades. Sabemos que cada dominio es diferente, que cada organización es diferente, y por eso no queremos que todo sea a la manera de Microsoft. Queremos que sea muy fácil para la gente empezar con el estado del arte de la IA responsable y luego adaptarlo a sus necesidades.

A.G.: Sí, y esto es útil. En mi caso, lo estoy utilizando con los socios, integradores, firmas consultoras, y con clientes también que me piden inspiración o algunas buenas prácticas sobre cómo pueden enfocar la IA responsable. Tradicionalmente, se trataba de definir los principios de la IA, como que queremos ser responsables, transparentes, etc. Pero ahora estamos yendo más allá para elaborar esto a nivel organizativo y técnico.

S.B.: Sí, y creo que la gente nos pregunta ambas cosas: "¿Cómo hago una práctica como el equipo rojo o la evaluación que hemos mencionado?". O preguntan "¿cómo abordo un riesgo potencial concreto, como la alucinación o los ataques de inyección inmediata?". Vemos que la gente busca orientación en ambas dimensiones. Y la respuesta para algo como la alucinación es "aquí están los pasos: aquí es donde se identifica el riesgo, aquí es donde se mide el riesgo, cómo es el red team, aquí están las capas de mitigación para eso". En realidad es un patrón horizontal y vertical, pero oímos a la gente pedir orientación en ambos sentidos.

A.G.: Sí, en efecto. Y creo que has mencionado las experiencias con GitHub, o Microsoft Bing/Copilot, que creo que han sido muy ilustrativas para todos los que intentan crear su propio copiloto o cualquier otra plataforma, incluso para los competidores. Recuerdo a la gente diciendo: "Jordi Ribas (CVP de Microsoft) y el equipo publican información cada semana, y esto es muy útil para todos". Es muy emocionante pasar del modelo a la plataforma, y todo lo que ello conlleva.

S.B.: Sí, seguimos aprendiendo cada día a medida que la tecnología se hace más accesible para más gente, hay muchos casos de uso nuevos y apasionantes que se le ocurren a la gente. Pero creo que aquellos primeros días fueron muy especiales. El ritmo de aprendizaje era increíblemente alto. Y fuimos los primeros en traer a expertos de toda la empresa para trabajar en ello. Algunas personas de Microsoft Research se ofrecieron voluntarias para trabajar en ello a tiempo completo. Teníamos estas grandes mentes trabajando juntos, iterando todos los días. Y creo que, para mucha gente, esa experiencia también cambió, en cierto modo, su trabajo después en sus directrices de investigación, porque entraron y vieron realmente cuáles son los verdaderos retos que tenemos ahora, pero también el increíble potencial de la tecnología. Esa experiencia práctica en la que se aprendía tanto, y todos aprendíamos juntos, creo que influyó mucho en la forma en la que hemos hecho la IA en Microsoft y en la perspectiva de muchas personas al respecto. Creo que fue una época de innovación muy especial para nosotros.

A.G.: Debe de ser increíble. Me imagino esos días y esas discusiones, el trabajo diario. Fue muy emotivo también desde el punto de vista del consumidor solo por ver las novedades y todas las nuevas funcionalidades, no solo los modelos, sino todo lo que eso conlleva. ¿Cuál es tu visión para los próximos..., es muy difícil no decir dos o tres años, pero solo para el próximo año, de cómo evolucionará esto, el tipo de cosas que podremos ver, el tipo de retos que podremos tener, qué crees que pasará?

S.B.: Sí, creo hay un par de patrones que estamos reconociendo. Definitivamente, uno de ellos es multimodal, ¿verdad? Muchas de las aplicaciones siguen siendo principalmente texto, pero hay mucho más potencial cuando se pueden entender diferentes modalidades: imágenes, audio, vídeo, etc. Estamos empezando a ver ejemplos muy interesantes de esta tecnología. Creo que el año que viene habrá mucha más multimodalidad, y eso sin duda conlleva nuevos tipos de riesgos desde el punto de vista de la IA responsable. Creo que hay mucho entusiasmo por la próxima ola de tecnología y los agentes de IA, por tener la tecnología que puede realizar más acciones. Eso, por supuesto, aumenta enormemente el espacio de cosas en las que hay que pensar en términos de IA responsable, pero también el nivel de calidad e imprecisión que se necesita, porque si se está realizando una acción un error puede tener un impacto mucho mayor.

Esas son las dos grandes cuestiones que tengo en mente, pero, quizá intentando ver la imagen completa, Kevin Scott (director de tecnología de Microsoft) dice a menudo que ahora mismo esta tecnología está en una curva exponencial, que solo vemos los siguientes puntos de la curva cada uno o dos años, cuando aparece la siguiente ola tecnológica. Creo que muchos de nosotros nos preguntamos: "¿De verdad la próxima va a ser exponencialmente mejor que la GPT-4?". Y si lo es, ¿qué significa eso realmente? Como nuestras mentes tienen dificultades para pensar en términos exponenciales, realmente nos enfocamos en hacer la proyección linealmente. También existe la posibilidad de que vayamos a estar viendo otro avance extremo en algún momento cercano. Y así, creo que una de las preguntas abiertas apasionantes es ¿cómo de mejor será la próxima ola tecnológica?

A.G.: Sí, creo que será exponencial el tipo de rendimiento que veremos y el tipo de consideraciones que mencionas. Como he dicho, hay muchas dimensiones que debemos tener en cuenta en el camino hacia la creación de nuevas aplicaciones. Un buen ejemplo de esto es lo que vimos con OpenAI cuando lanzó Sora y lo sacó a la luz mostrando los beneficios, pero también compartiéndolo con diferentes partes de la comunidad para analizar las consideraciones potenciales, porque podemos hacer muchas cosas con esta tecnología.

S.B.: Sí, creo que, como tecnólogo, deseas, pero sin expectativas, estar presente cuando la tecnología experimente una transformación crítica, cuando realmente cruce el umbral de ser una mera idea dentro de una investigación a algo que está realmente listo para ser puesto en práctica. Así que le recuerdo a mi equipo todos los días que tenemos que disfrutar de cada momento porque, obviamente, creo que el impacto de la tecnología no hará más que crecer, y eso también será muy emocionante, pero nada es como el principio en cuanto al cambio que conlleva, el ritmo de aprendizaje y todo lo demás. Así que estamos disfrutando del viaje, pero también somos muy conscientes de que estamos en una posición de liderazgo en la que tenemos que dirigir la dirección del futuro de esta tecnología, y tenemos que ayudar al mundo a ser capaz de utilizarla de manera eficaz, así como asegurarnos de que no se utiliza de maneras que creo que la sociedad realmente no quiere. Por eso creo que también somos muy conscientes del peso de la responsabilidad de estar aquí en esta posición al principio, y asegurarnos realmente de que tomamos las decisiones que creemos que van a ser correctas para el futuro.

Tim Ward: el impacto de la calidad de los datos en la implantación del LLM

A.G.: Por supuesto, eres el director general de CluedIn, pero ¿cuál es tu papel en la empresa? ¿Qué hace CluedIn en materia de gestión de datos, calidad de datos, etc.?

T.W.: En realidad estoy contigo desde una habitación de un hotel en Seattle. Estoy literalmente a doscientos metros del cuartel general de Microsoft en Redmond, así que he estado trabajando con ese grupo toda la semana. Esto tiene un poco que ver con mi papel. Dirijo el equipo de CluedIn, soy el CEO de CluedIn, pero vengo de una base de ingeniería de software muy orientada al producto. Llevo algún tiempo diseñando productos y creando productos empresariales. Lo que hacemos en CluedIn es aportar algunos elementos bastante críticos y necesarios a los clientes de Microsoft, y eso sucede en forma de calidad de datos y gestión de datos maestros (MDM).

La calidad de los datos es probablemente uno de esos aspectos de los que todos somos conscientes, y sabemos que tenemos que arreglar. La MDM es en cierto modo uno de esos temas misteriosos que creo que la gente podría incluso decir que es sinónimo de calidad de los datos. ¿Qué es la MDM frente a la calidad de los datos? En CluedIn, realmente, vemos que hay bastantes similitudes entre lo que soluciona la calidad de los datos y la MDM. Lo que realmente hemos hecho es encontrar esos diferentes elementos o categorías, y aquí está el truco: CluedIn es una herramienta dirigida a los usuarios no técnicos. Eso es así porque creemos que la calidad de los datos nos parece una de esas cosas obstinadas con las que siempre estamos tropezando, y sabemos que tenemos que hacerlo. Lo que creemos, y lo que hemos visto con nuestros clientes, es que nunca fuimos capaces de involucrar a la empresa y que fuera responsable de ello. A menudo, las herramientas eran demasiado complejas, por lo que me complace decir que ofrecemos esas capacidades a cualquiera que esté en el ecosistema de Microsoft. Tienen Fabric, tienen quizás Purview, tienen Azure Data Factory. Pero, en algún momento, necesitan saber cómo incorporar a las empresas y hacer que también desempeñen un papel en esta cadena de suministro de datos.

A.G.: Bueno, es sorprendente porque estoy seguro de que con esta oleada inicial de la IA generativa se oyó algo así como "ya no necesitamos datos, así que no tenemos que preocuparnos por la calidad". Luego pasó lo que pasó: la gente decía que le gustaría personalizar el desarrollo y utilizar sus propios datos, pero "espera, no nos hemos ocupado de la calidad de los datos durante un tiempo, así que… ¿qué hacer?".

T.W.: Exacto. Ahora bien, hay una especie de condicionante para la carrera en el sentido de que, para obtener un valor y conocimientos con los datos, y en concreto con la IA, probablemente necesitamos que la IA nos ayude con la parte de la calidad de los datos. El yin y el yang entre la resolución de la calidad de los datos y la obtención de valor con la IA tiene un carácter recursivo que se autoalimenta. Creo que has dado en el clavo con tu analogía.

A.G.: Antes de entrar en detalles sobre la calidad de los datos, porque creo que merece un debate, ¿cómo fue 2023 para CluedIn desde el punto de vista de la inteligencia artificial generativa? Sé que has estado trabajando en muchas cosas, incluido tu propio producto. ¿Cómo lo has vivido?

T.W.: Desde muchas facetas. La primera es que, al ser una empresa solo "ligeramente" más pequeña que Microsoft, supongo que adoptamos la IA nosotros mismos, solo internamente como empresa, muy pronto, y empezó con GitHub Copilot. Luego fue progresando. Por suerte, gracias a nuestra excelente relación y asociación con Microsoft, tuvimos un acceso anticipado a Azure OpenAI en una vista previa privada. Fue algo de lo que nos dimos cuenta al instante, "vaya, así es como vamos a construir esto en nuestros propios productos". Esto también nos dio un poco de tiempo para aprender acerca de los guardarraíles que eran necesarios.

Tú y yo sabemos, Adrián, que GenAI forma algunas demostraciones bastante espectaculares, pero estando en el espacio de gestión de datos, y el gobierno y la calidad de los datos, a menudo la discusión pasa a ¿cómo me aseguro de que nuestras iniciativas de la IA generativa sobrevivan a la naturaleza tumultuosa de la empresa? ¿Son seguras? ¿Está gobernada? ¿Tengo un registro de auditoría de lo ocurrido? ¿Hay alguien responsable de los datos que se utilizan? ¿Qué pasa con todas las cuestiones de soberanía de datos sobre dónde están los datos? Desde el principio mantuvimos esas conversaciones internamente, pero también con nuestros primeros clientes, que nos decían: "En cuanto empecéis a implementar la IA en vuestra plataforma, por favor, hacédmelo saber, porque parece que hay una gran oportunidad de aplicar la IA a las propias prácticas de gestión de datos, no solo utilizándola como una pieza de software de consumo final".

A.G.: Eso tiene todo el sentido desde el punto de vista de Copilot de interactuar, de añadir algo a la interfaz de usuario, estamos diciendo, la MDM o calidad de los datos en general, son tradicionalmente algún tipo de tarea técnica, pero queremos llevar esto a un negocio porque conocen sus datos, conocen la información, así que podemos poner esta capa para infundir la IA generativa, y eso es lo que ustedes hicieron, y de hecho muy pronto.

T.W.: Sí. Yo diría que ese ha sido el mayor vacío que no hemos sido capaces de llenar en el negocio, porque a menudo les damos este software y les decimos "oye, he comprado esta gran plataforma MDM para ti, solo tienes que poner todas tus reglas de calidad de datos ahí". Entonces alguien viene y dice "vale, dice que ponga una expresión regular. Perdón, ¿qué es una expresión regular?". He sido ingeniero de software durante diecinueve años, y todavía no sé cómo construir expresiones regulares, pero estamos pidiéndole a la gente que de alguna manera haga esto, y así es como van a jugar un papel. Y creo que por eso a menudo estas iniciativas se devuelven a TI, naturalmente, porque esto parece una tarea idónea para ellos. Entonces TI dice: "No, tengo mis herramientas, tengo Fabric, y tengo Azure Data Factory, que me permite desempeñar mi papel, pero me pide que sea muy técnico". Podrías argumentar, Adrián, "¿no llevamos treinta años intentando generar más negocio? ¿Qué ha cambiado? Bueno, aparte de que la tecnología ha cambiado en general, cada vez es más fácil acceder a distintos programas y, por supuesto, la nube ha contribuido a ello.

La otra pieza es que nos han dado, con un bonito lazo, una manera fácil de interactuar con LLM; que es ese abismo, es ese puente entre puedes decirme lo que pretendes y yo lo traduciré por debajo en lo que el sistema subyacente necesita. Porque la cosa es que, para detectar patrones en los datos, especialmente de forma determinista, las expresiones regulares son en cierto modo la forma en la que lo hacemos. Necesitas alguna función subyacente que sea capaz de hacer eso, especialmente de una manera económica rentable. No podemos en este punto, que es una de las cosas que estoy esperando, no podemos simplemente lanzar un gran modelo de lenguaje para cada problema. De hecho, no deberíamos. Yo personalmente no dormiría tan bien si me diera cuenta de que toda mi cadena de suministro se basa en un modelo que a veces hace las cosas bien y a veces las hace mal. Es ese puente, cómo utilizo el conocimiento general para salvar esa cosa técnica que estas herramientas todavía te pedirán que hagas, aunque ahora no es tanto como "oh, necesito ser técnico para hacerlo".

A.G.: Estos son los casos en los que, cuando interactuamos con las herramientas, o estamos procesando información, o estamos intentando completar un archivo JSON utilizando la IA generativa, el propio motor se vuelve más determinista. Es como si no le diéramos tanta creatividad porque estamos intentando encontrar esa conexión con el sistema. En tu caso, tienes un software, tienes una capa backend con todos los datos, estás conectado a los datos. Creo que ese es el ejemplo perfecto de evolución en las interfaces. Cuando Bill Gates dijo que esto es como la evolución de la línea de comandos a Windows, y luego de Windows a este tipo de interfaz de la IA generativa. ¿Cómo ves la relación? Sé que esto no es una respuesta que pueda ser respondida ahora, podría ser para más adelante y más allá según la hoja de ruta de los diferentes productos. Pero ¿cómo ves la relación actual entre una empresa como CluedIn, o incluso la solución de MDM y la calidad de los datos, y el motor Azure OpenAI?

T.W.: Creo que la relación es en cierto modo simbiótica, y un buen ejemplo es la arquitectura de plugins para Azure OpenAI. El hecho de que puedas conectar algo como Uber, KAYAK o TripAdvisor y el LLM lo sepa. En plan "sé cuándo quieres una charla común y conocimientos generales", pero luego también puedo hacer el movimiento inteligente de decir, "en realidad, ¿cuándo solo quieres hablar con KAYAK o TripAdvisor lo que deseas es reservar un viaje?". Algo muy similar ocurre en el lado de la gestión de los datos a través del copiloto de CluedIn que tenemos en nuestras plataformas, muy similar a lo que tienes en Microsoft 365 o Power BI, o en el futuro Fabric. En este momento, si tuviéramos un gran conjunto de datos con un millón de registros sin entrenar realmente nuestro propio modelo en esos datos, no hay ninguna manera fácil, y económica mucho menos, de ver a través de las ventanas de contexto ¿cuál es el valor en la columna 4 en la fila 464 000? Pero la simbiosis es ¿cómo puedo traducir ese lenguaje a un lenguaje subyacente que pueda realizar esa consulta de una manera muy eficiente? Podría ser traduciéndolo localmente a SQL. En nuestro caso, se trata de traducirlo localmente a algo así como una consulta de búsqueda elástica que dice "voy a construir la consulta, por lo que el LLM no está realmente buscando en un millón de registros, está transponiendo en el entorno local".

Escucha, creo que en algún momento tendrás estos tokens ilimitados donde podrás decir "quiero un millón de filas en el contexto", o potencialmente va a ser "carga esos datos en un modelo", y tu copiloto se está ejecutando fuera de tu modelo personalizado. Y Azure AI Foundry es una gran herramienta que facilita la creación de tu propio copiloto de Llama y Mistral y cosas por el estilo, y también lanza tus propios datos desde tipos de archivo bastante heterogéneos. Todo, desde PDF a imágenes, a CSV, a Excel, a texto, a vídeo, e incluso C # y archivos SQL. En algún momento llegarás a un punto en el que ni siquiera necesitarás hacer esa traducción local en todas las situaciones. Podrías hablar literalmente con todo tu conjunto de datos con una sensación nativa en el chat.

A.G.: Sí, en otra conversación con el Dr. John Maeda, él mencionaba la noción de plugins, todo interactúa, e incluso el código se construye en función de las necesidades. Es como una llamada a una función, pero imagínese una llamada automática a una función, en la que el modelo puede darse cuenta de que necesito comprobar mi almacenamiento o mi base de datos Cosmos, necesito comprobar cualquier fuente de información que tenga. Aún más, me estaba imaginando (y sé que esta entrevista se trata de hacerte preguntas), aunque esto ni siquiera está relacionado con las hojas de ruta o lo que sea, que en el futuro tienes tu estado de datos, entonces estás manejando los datos generales de gobierno con una solución de alcance, entonces vas a los detalles de la calidad de los datos y la MDM para preparar todos los datos, y luego hay una manera suave de hacer dos clics para empujarlos a un almacén de datos.

T.W.: Tengo que hacer un comentario sobre esto, Adrián, porque cuando OpenAI salió a la luz, casi en cuestión de días surgió el concepto de LangChain, en el sentido de que quiero encadenar varias cosas y, por supuesto, una de las cosas que dijimos es que teníamos que incluir esto. Lo que queremos a través de la arquitectura de plugin es decir "ve a buscar todos los archivos de empleados que tenemos, tráelos, enlázalos en el mismo concepto e intercambia la semántica de los nombres de las columnas por mí". Si tienes F name, first name, first, por supuesto que se lo traga fácilmente, pero en muchos casos puedes traer un sistema SAP, y son nombres de columnas no tan obvios, son acrónimos alemanes en muchos casos. Y debe ser capaz de masticar eso y decir "sé lo que quieres decir", y luego encadenar las cosas, y después de eso comprobar cada columna y aplicar los controles de calidad de los datos apropiados, y eso es lo que me encanta, el hecho de que puedes ser muy dinámico. Que no estás siendo prescriptivos y dices: "No, por favor, cumple esta norma de números de teléfono", que va a funcionar, sino también el hecho de que puede ser muy dinámico y fluido en la forma de interactuar.

Estoy en el espacio del gobierno de datos, pero, para ser honesto, no sé los códigos ISO de las partes superiores de mi puesto, no sé lo divertida que esa persona sería en una fiesta si en realidad supiera esto, y lo que quieres es el modelo extenso de lenguaje —la verdad es que, si sabe todo eso, conoce los códigos ISO, domina lo que estos hacen y la cadena de reacciones—. Creo que esto es lo que hace que el uso de GenAI pase de ser algo que te ahorra cinco o diez segundos a algo que realmente te ahorra horas de investigación o de prueba y error. Y ahí es donde creo que la clave está en llevarlo a los productos, tenemos este tipo de estándar o conjunto de reglas éticas sobre el uso de la IA en nuestro producto, incluso tomamos un par de ellos inspirándonos en Microsoft también. Uno de ellos es "tus datos son tus datos, nunca vamos a utilizar datos de clientes cruzados para entrenar este modelo general".

Pero uno de los que hemos añadido nosotros mismos es "no IA por el bien de la AI", y lo que eso significa es que, si construimos algo en nuestra plataforma, y en realidad probablemente podrías hacer lo mismo de la manera antigua, probablemente más rápido o relativamente igual, ¿por qué molestarse en usarla? Un buen ejemplo sería: es técnicamente impresionante en un chat decir "encuéntrame todos los empleados que tienen más de 64 años", pero en realidad, en el momento en el que acabas de utilizar nuestro constructor de reglas, probablemente ha tomado la misma cantidad de tiempo hacerlo a mano que usando la IA, y en ese punto es como ¿cuál es el valor ahí? Y yo diría que no tanto. Hay casos en los que es inteligente, por ejemplo, si yo dijera: "Ve a buscar a todos nuestros clientes en la región nórdica", y no tengo que decir "donde el país es Dinamarca o Islandia", o esto y lo otro. Eso está muy bien, te has ahorrado quince segundos, pero en realidad en lo que deberíamos centrarnos es en cómo te ha ahorrado cierta complejidad. ¿Cómo ha aumentado la simplicidad? Y cuáles fueron las cosas que te ahorraron una o dos horas, o tres días. Eso es en lo que realmente estamos tratando de concentrarnos en aquí en CluedIn.

A.G.: Sí, me encanta esa visión de cómo la arquitectura integral encadena distintas funciones que gestionan los datos y las actividades de la IA de cualquier empresa. Pero estoy viendo casos en los que la gente utiliza la IA generativa para recrear chatbots todo el tiempo, por ejemplo, porque quiero que sea determinista, quiero utilizarla como una base de conocimientos, y entonces tengo diez preguntas, diez respuestas, y creo que eso no es necesariamente algo que quizá queramos hacer con la IA generativa. ¿Tienes historias interesantes o ideas sobre cómo la calidad de los datos ya está afectando, ya sea de forma negativa o positiva, a las implementaciones de la IA generativa con Azure OpenAI o cualquier otra tecnología? Por ejemplo, clientes que dicen que, como hemos estado trabajando en la calidad de los datos y tenemos este estado de datos propiamente dicho, hemos visto la diferencia.

T.W.: Una de las cosas más interesantes de la forma de chatear con los datos es que hace aflorar la mala calidad de los datos más rápidamente que cualquier otro factor, como la búsqueda o algo parecido. Y creo que también se debe a que la gente tiene grandes expectativas puestas en los LLM, así que incluso cuando hace algo un poco tonto en mi cabeza pienso: "Te lo agradezco mucho, esto es increíble", como con mis hijos, perdonaré a mi ChatGPT más a menudo de lo que no lo hago, y creo que uno de los casos es cuando empiezas a introducir tus propios datos en un LLM, lo que ocurre es que la interfaz de chat empieza a sacar a la luz tus problemas de calidad de datos con mucha claridad.

Un buen ejemplo sería un caso en el que se extraen datos de los empleados de RR. HH., como parte de un proceso de incorporación de este mismo departamento, para hacer que los nuevos empleados no se sientan confundidos y tengan que ir y averiguar: "¿Con quién hablo sobre esto y aquello?". Ahora, por supuesto, tienen un sistema de recursos humanos donde todo está etiquetado con información útil: por ejemplo, esta persona es un ingeniero de software, y tiene estas responsabilidades, aunque también, con la gran cantidad de empleados, era improbable que esa sería la mejor manera de hacerlo, por lo que el factor de forma de ser capaz de utilizar tu propio lenguaje natural era grande. Lo que ocurría es que cuando escribías algo como "¿puedes darme los datos de contacto de la persona que más sabe sobre Azure OpenAI?", o algo así, la respuesta era muy fiable y decía: "No hay problema, tengo este y este otro número de teléfono". Y ya sabes, hay un par de retos con eso, el número uno es que estás más fusionado ahora, la segunda cosa es que, sin la atribución adecuada, no eres 100 % consciente de si la IA está inventándose esto.

Uno de los grandes elementos de Azure AI Foundry, y si estás usando ese lugar en particular para alojar tus copilotos y cualquier cosa que hayas hecho con tus modelos personalizados, obtienes la atribución a un nivel de entrada de archivos de forma gratuita. El problema es que el linaje de los datos no empieza ahí, comenzó hace mucho tiempo en un lugar diferente, pero lo obtienes en uno de los lugares donde aterrizó, así que puedes ponerlo en tu modelo de IA. Aunque, en realidad, el linaje de lo que pasó con ese archivo, dónde estaba el sistema de origen, qué pasó por el camino, quién cambió qué, por qué cambiaron esto..., esto es algo del linaje que cosas como Microsoft Purview aportan a nivel de activos, y CluedIn nos está aportando a nivel de registros. Purview puede decir "estos cuatro activos en los datos de los empleados se introdujeron en su modelo, genial". Entonces CluedIn dice "mira que Martin allí, y que Martin lo otro", no hay manera para mí de unir estos datos, pero sí, en realidad, de ponerlos juntos en el mismo registro, y así una vez que estás utilizando el Copilot con estos datos más limpios, las respuestas son mucho más precisas, y mucho más fiable porque se puede ver... "aquí está el número de teléfono de Martin, oh, y de ahí es de donde lo saqué". Eso es lo que me hizo decidirme por él, así que se vuelve tan extremadamente claro cuando empiezas a usar el copiloto, te quedas como "la tecnología es genial y es súper interesante, ¿acaba de inventar esto?". Y sabrás por estos modelos de IA que no son autoconscientes. No pueden hacerte saber si se ha inventado algo. ¿No es esa una extraña diferencia entre los grandes modelos lingüísticos y nosotros? Yo soy consciente de si he creado algo nuevo, pero el LLM no.

A.G.: Y depende. Me gusta mucho, porque imagina que eres un científico de datos y estás realizando un análisis exploratorio de datos. Si no tienes el contexto adecuado en el negocio, no eres capaz de entender si algo que ves en los datos, o incluso en tu propio análisis, será realmente cierto, y estaba pensando en esa noción de EDA o análisis exploratorio de datos como la siguiente barrera, porque probablemente lo has visto en tus proyectos. Los mejores análisis exploratorios de datos son los que incluyen a personas con una formación matemática y técnica, pero también a personas con una formación empresarial.

Por lo general, los empresarios no realizan AED porque carecen de los medios técnicos para explorar los datos y plantearles preguntas.

Pero esta noción que aportas, explorar los datos y comprender que algo va mal, lleva a la discusión en la que la gente habla de la "alucinación del modelo". No me gusta esa expresión, alucinación, porque no es como un humano, pero estaban hablando del modelo y siento que este encadenamiento de capacidades muestra que no se trata solo del modelo, sino también de los datos. Porque puedes tener el mejor modelo, por ejemplo GPT-5, y aunque sea muy preciso, si lo combinamos con nuestra información, lo cual es factible para muchos escenarios, hay que cuidar esos datos para que el LLM recupere la información buena. ¿Cuál es tu visión de estos temas sobre la IA generativa en relación con CluedIn para este año y los venideros? ¿Cómo ves esta evolución de una plataforma a nivel funcional?

T.W.: La parte en la que me di cuenta de que los LLM eran algo muy potente fue la primera vez que fui consciente de que podía traducir mi entrada en una salida específica, en la que podía decir "esto es lo que quiero, y ¿puedes devolverme tu respuesta, como esta estructura JSON?". Entonces volví a nuestro equipo y dije "muy bien, vamos a mirar a través de toda la funcionalidad que incluye, y quiero que vayamos a través y realmente entenderlo, ¿podría utilizar la IA en cada parte diferente de la plataforma?". Y podrías mirar algunas de las cosas, por ejemplo, que cuando la gente hace un cambio se origina una pista de auditoría, y usted puede pensar "no, eso es como un registro, ¿por qué la IA tendría que ver algo con eso?". Y te das cuenta, bueno, algunos de estos registros con el tiempo cambian mucho, y en lugar de tener que ir a través de un enorme changelog, ¿puedo resumir la historia del cambio? Y podrías, literalmente, poner esto en muchos lugares diferentes y tener un efecto positivo neto.

Para mí, la visión es ¿dónde están las mayores victorias? ¿Dónde están las ventajas que suponen dos horas en lugar de veinte segundos? Tenemos que centrarnos en las cosas que realmente ahorran tiempo, y alcanzar algún tipo de métrica de negocio, ganar más dinero, reducir los costes operativos, reducir el riesgo, la complejidad, etc., para que podamos hacer las cosas sin estresarnos todo el tiempo. Yo diría que, hasta cierto punto, este espacio de la IA avanza tan rápido que, en el caso de ChatGPT o incluso del modelo DaVinci, no hemos aprovechado todo su valor. Hay tantas cosas que se podrían empezar a hacer, y, por supuesto, la parte bonita es que nos levantamos cada día y pensamos "esa misma pregunta ahora es más fiable con una respuesta, y realmente no tengo que hacer nada más que cambiar a un modelo que también soporte esa funcionalidad, como las llamadas a funciones, o finalizaciones, o así". Para mí, la visión del uso de GenAI por parte de CluedIn es muy consciente, se necesita a la IA para resolver el problema de la calidad de los datos de una forma más completa. Si todavía utilizas técnicas tradicionales que son deterministas, puedo dormir por la noche porque va a hacer lo mismo, cada vez.

Y entonces, pienso que nuestro trabajo aquí en CluedIn es "tengo que coordinar que el proceso de gestión de datos, por lo que finalmente puede aportar al negocio, y hacerlo responsable de la calidad de los datos", porque hasta este punto creo que es uno de los elefantes en la habitación del que nunca se habla. ¿Por qué nunca se aborda la calidad de los datos? ¿Por qué nunca se resuelve? Eso es difícil, y sí, lo es, pero en realidad la cosa es que nunca que hemos generado oportunidades de negocio alguien ha dicho: "Bien, a ver esta lista de clientes, los datos provienen de quince lugares diferentes", y me encanta el hecho de que, incluso en sus propios quince sistemas, es perfecto.

El problema, cuando empezamos a reunir datos, es que hay cosas, a pesar de toda la gobernanza que podamos establecer en el mundo, que toman su propio camino, y alguien tiene que ser responsable de ello. Y las TI seguirán desempeñando un papel en ello sin duda en cosas como: "Puedo proporcionarle los datos de forma fiable, puedo obtenerlos con rollback, podemos procesarlos de nuevo realmente rápido, podemos escalar", pero al final del día alguien de la empresa viene y dice: "Eso está mal y lo sé porque trabajo con ellos todos los días". Y yo, que soy ingeniero, sé cómo trabajar con los datos, pero no sé cómo hacer esas cosas, no tengo ni idea de cómo mirar un registro y comprobar si cumple todos los patrones correctos. Pero yo no sabía que ellos eran en realidad la misma empresa, y hay un impacto real que sucede si no caes en que podría ser tan simple como enviar la factura a la dirección de correo electrónico equivocada, y luego te preguntas por qué no nos están pagando, y entonces te das cuenta de que no es el equipo que lo paga. Y te dices: "Vaya, ya llevo treinta días de retraso, y siendo realistas, tengo que enviarles otra factura y esperar otros treinta días", y provocar quizá un problema de liquidez. Y eres consciente de que ahí es donde realmente afecta a la cuenta de resultados, y tienes que estar expuesto a esa realidad para apreciar el esfuerzo de mejorar la calidad de los datos. La IA, en cierto modo, exacerba su necesidad, porque en cuanto la usas destaca de forma realmente obvia por su factor de forma.

A.G.: Me encanta esta parte del debate. Estaba pensando en las funciones y responsabilidades de la gobernanza de datos en la empresa, incluso si se toma un marco como DAMA o lo que sea, con las diferentes funciones. Este es un nuevo arquetipo, esto es como el Ultrón (referencia de Marvel) de las funciones de DAMA, como si tuvieras un Ultrón (bueno, tal vez no un Ultrón, pongamos un Jarvis), un Jarvis trabajando para ti, para hacer las cosas que, seamos honestos, los humanos no están haciendo, porque es un proceso manual y no tenemos tiempo para hacerlas cada vez, todos los días, de una manera adecuada.

Seth Juárez: de los modelos generativos de IA a una plataforma LLM completa

A.G.: ¿Cuál es tu papel en Microsoft? ¿Qué haces en la organización?

S.J.: Trabajo en la plataforma Azure AI como gestor de programas. Mi trabajo consiste en realizar incubaciones y narraciones. Esas son las dos funciones que tengo. Cuando digo incubaciones me refiero a construir cosas. Por ejemplo, si queremos explicar cómo funciona algo construiremos prototipos, etc. Si esos prototipos difieren de lo que hace nuestro producto, lo tenemos en cuenta a la hora de priorizar el producto, y lo que construimos, para asegurarnos de que la narrativa funciona, lo que nos lleva a la segunda parte. También hacemos cierta narrativa técnica, que consiste en explicar qué está pasando y cómo funcionan estas cosas. De nuevo, siempre que la historia ideal no coincide con la realidad del producto se lo transmitimos a nuestro grupo de producto, y a veces incluso nos ponen a cargo de ciertas características. Somos como cualquier persona, el objetivo principal son las incubaciones, la creación de muestras y cosas que ayuden a la gente a entender cómo hacerlo, y luego la narrativa técnica que se deriva de ello.

A.G.: Eres como El Vigilante de Marvel, viendo todo lo que ocurre a nivel de producto con los aceleradores, los repositorios, los prototipos y las nuevas funcionalidades.

S.J.: Así es. Pero no soy solo yo. Obviamente hay un par de nosotros que trabajamos en esto. Por ejemplo, puede que conozcas a Cassie. También ha aparecido en el AI Show, pero ella y yo trabajamos juntos en esto.

A.G.: Maravilloso. Gracias por la introducción. Has visto toda la evolución de Azure OpenAI Service, y la convergencia con el resto de Azure AI Foundry. ¿Cómo ves algo que empezó como un modelo, y ahora se está convirtiendo en una plataforma, y una muy buena con mucha funcionalidad?

S.J.: Es una gran pregunta. Resulta que hay un montón de modelos de IA, y la plataforma de IA Azure lleva varios años, quizá ya media década, en el negocio de sacar a la superficie modelos, permitirte personalizar estos modelos y luego dejar que crees tus propios modelos. La idea de que aparezca un nuevo modelo, la razón por la que fue increíble para nosotros, es porque ya teníamos la infraestructura necesaria para hacer brillar estos modelos. Aunque la nueva serie de modelos GPT, y los LLM y los modelos de IA en general, puedan parecer algo nuevo en lo que respecta a la infraestructura y a la forma en que se ejecutan, no es una novedad para nosotros. Pudimos ponernos en marcha rápidamente y entregar estos modelos a la gente a escala, lo que es realmente bueno, obviamente en asociación con OpenAI.

A.G.: Esa fue una de las cosas que me sorprendió durante estos últimos meses, ver este modelo como servicio. Básicamente, poder consumir las API rápida y fácilmente, eso era casi mágico para cualquier desarrollador ahí fuera.

S.J.: Sí, y lo bueno es que la razón por la que parecía mágico es que llevamos haciendo esto, como he dicho, varios años con nuestros servicios cognitivos o servicios de IA. Hemos estado ofreciendo, por ejemplo, texto a voz, voz a texto, translación, etc., como API. Y estos, si lo piensas, también son básicamente modelos como servicio. Lo que ocurre es que están más en la capa de aplicación, pero en realidad es lo mismo. Estos modelos como servicio son similares. Los pesos son diferentes, y la estructura del modelo es diferente, pero las cosas que se necesitan para ejecutarlos son bastante similares.

A.G.: Sí, me gusta esta convergencia con AI Studio y el catálogo de modelos. El hecho de ver todos los modelos disponibles ahí fuera, y no solo Azure OpenAI. ¿Cómo ves la evolución de esta plataforma, en la que tenemos diferentes modelos, un catálogo completo, tan fácil de desplegar, con las API ahí fuera? Donde simplemente las consumimos, tenemos Llama, Mistral, y luego tenemos este ecosistema de flujo rápido que sé que es otra parte de la plataforma, toda evaluación, etc. ¿Qué está pasando? ¿Cómo lo ves?

S.J.: Sí, es una pregunta increíble. Resulta que queremos mercantilizar la capacidad de la gente para encontrar, consumir y refinar los modelos. Eso es básicamente lo que queremos hacer. En mi opinión, la IA generativa es una de las más interesantes. Por ejemplo, si tienes una idea y quieres añadirle IA, lo básico es ir al catálogo de modelos, ver si puedes encontrar algo, echar un vistazo a algunos de nuestros servicios y ver si puedes incorporarlo. Mi opinión particular sobre esto, y es algo de lo que me estoy dando cuenta, es que ocurre algo parecido cuando, a principios de la década de 2000-2005, si no tenías una aplicación para el teléfono, una aplicación para el iPhone, la gente decía "¿eres una empresa técnica?".

Tengo la sensación de que la gente pensará lo mismo cuando se trate de experiencias de IA dentro de tus aplicaciones, que si no incluyes estas cosas que normalizan la interacción humana con los ordenadores sentirán que tu aplicación está fundamentalmente rota. Estamos llegando a un punto en el que ya no tendremos que adaptarnos a los ordenadores, sino que los ordenadores se adaptarán a nosotros mediante la IA haciendo que las experiencias sean más naturales. Así que creo que tenemos que empezar a pensar en cómo podemos añadir esas sutilezas y suavizar los bordes de nuestro software, y cómo puede ayudar la IA con esas experiencias. Mi sensación es que vamos a empezar a ver estas cosas incluidas al por mayor en casi todo lo que hacemos, hasta el punto de que alguien vendrá a ti en 2025 y te dirá: "Vaya, ¿tu aplicación no tiene IA? Tal vez deberías añadirla, porque la gente sentirá que puede estar fundamentalmente rota".

A.G.: Me encanta. Esto está muy relacionado con el debate que mantuve con el Dr. John Maeda sobre Semantic Kernel, y la influencia del diseño para la inteligencia artificial, y luego esta reflexión sobre cómo la IA aporta un nuevo tipo de interfaz que va mucho más allá de la interfaz visual que conocemos hoy en día. Y sé que esto es solo una opinión personal, algo que te imaginas, pero ¿cuál es tu visión de lo que va a pasar en los próximos uno o dos años?

S.J.: Dos cosas, y van a parecer diametralmente opuestas, pero funcionan juntas. La primera es la expansión y proliferación del uso de estos modelos dentro del software. Estos modelos se van a utilizar para hacer todo tipo de cosas, para que las experiencias sean más agradables, para que se centren más en el usuario y el cliente. Vamos a ver una gran expansión del uso de estos modelos, y ya lo estamos viendo hoy. Solo hace un año y un par de meses que salió ChatGPT, y ahora todo el mundo espera que forme parte de la experiencia. Así que se está haciendo más grande en términos de volumen de personas que utilizan estas cosas.

Pero también hay cosas que van a hacerse más pequeñas. Habrá modelos GenAI más específicos que se harán más pequeños y que se utilizarán de forma más específica para hacer cosas concretas. Los modelos GenAI que tenemos ahora son bastante generales y grandes. Sin embargo, se pueden crear pequeños modelos lingüísticos (SLM) mucho más pequeños, pero más específicos. Cuanto más pequeño sea el modelo, más específica será la tarea que puede realizar. En los próximos dos o tres años veremos la proliferación de pequeños modelos lingüísticos, incluso en los dispositivos. Estas experiencias se trasladarán a una experiencia local nativa, así como a una experiencia en la nube más amplia, y juntos estos modelos trabajarán para centrarse realmente en lo que es la experiencia del cliente para cada tarea que está resolviendo, así como una forma general de resolver, realmente, otros problemas lingüísticos. Esto es para los modelos lingüísticos, por ejemplo. Como decía, son dos cosas diametralmente opuestas, las cosas van a ser más grandes en términos de volumen de personas que las utilizan, y las cosas van a ser más pequeñas en términos de los modelos que la gente utiliza, y ambas se van a utilizar en combinación, incluso creo que con bastante eficacia.

A.G.: Eso creo, sí. Para el segundo punto que has mencionado, quiero destacar este tipo de arquitectura multicapa o multimodal sobre la que podríamos despachar nuestro primer modelo en función del tema que identifique. Podemos incluso afinar ese primer modelo y luego utilizar GPT-4 para un propósito y otro modelo para el otro. ¿Cómo lo ves?

S.J.: Creo que es una buena forma de decirlo. Vamos a hablar de multimodalidad, es decir, de múltiples modelos, y de esa otra multimodalidad, de múltiples modalidades, como el habla, la visión y el texto, por ejemplo.

A.G.: ¿Y si combinamos modelos de distintos proveedores?

S.J.: Me parece estupendo. En Azure, concretamente en Azure AI, realmente no nos importa qué modelos traigas y estamos tratando de forjar alianzas con mucha gente. El año pasado anunciamos una asociación con Meta (*https://oreil.ly/ehdf3*), y algunos de los modelos de Llama 2 ya están ahí. Recientemente hemos anunciado otra asociación con Mistral (*https://oreil.ly/SU0PT*), y tenemos Mistral Large directamente en nuestro catálogo de modelos, y algunos de estos modelos incluso se pueden tunear.

Pero la realidad es que la plataforma de Azure AI está construida sobre algo que llamamos Azure Machine Learning Studio, una plataforma de aprendizaje automático de propósito general para que puedas construir cualquier modelo que desees. En teoría, se podría partir de algo como PyTorch o TensorFlow, construir un modelo propio o hacer cualquier código, y se podrían entrenar esos modelos directamente en Azure Machine Learning y mostrarlos en AI Studio. La realidad es que no nos importa qué modelos de IA traigas, si son cosas que hemos forjado a través de asociaciones o cosas que literalmente has creado tú mismo, todas esas cosas deberían estar y estarán disponibles para ti en tus aplicaciones.

A.G.: Incluso esa selección de modelos de Hugging Face, básicamente tenemos una gran variedad de buenos modelos por ahí.

S.J.: Desde luego, Hugging Face es un socio increíble. Han hecho un trabajo realmente bueno elaborando montones de funcionalidades, y esperamos que podáis desplegarlas y utilizarlas de forma fiable en vuestras aplicaciones.

A.G.: Sí, y has mencionado las operaciones de aprendizaje automático (MLOps), ahora operaciones LLM, y sabemos que se trata de un área nueva. Hemos hablado de la IA responsable. Pero si vamos al aspecto central de medir el rendimiento de los modelos, ¿cómo lo ves? Porque esto evoluciona y se hace cada vez más complejo, pero también más intuitivo. Hace un año no era fácil saber cómo medir el rendimiento de un LLM, pero creo que ahora está más claro. ¿Hacia dónde vamos con esa parte?

S.J.: Gran pregunta. Empezaremos primero con DevOps. DevOps no es un concepto antiguo, pero sí bastante conocidoEs una unión de personas, procesos y productos para permitir la entrega continua de valor. MLOps es lo mismo. La unión de personas, procesos y productos permite una entrega continua de valor, pero con machine learning, LLMOps es lo mismo con LLMs. La idea de unificar este taburete de tres patas, personas, procesos y productos es súper importante. Porque lo que pasa con DevOps, LLMOps y MLOps es que un producto no va a resolver su problema de proceso, y no va a resolver un problema de las personas. Si la gente no invierte en el proceso, entonces ninguna herramienta va a satisfacer esa necesidad.

Creo que lo primero que hay que destacar es que no existe una varita mágica, un elixir o un producto que vaya a resolver un proceso, y el hecho de que la gente acepte el proceso. Eso es lo primero. Lo segundo es que, una vez que la gente quiere participar en un proceso, la cuestión es qué hacemos en LLMOps para que este proceso sea fiable y útil, en lo que se refiere a cómo evaluamos las indicaciones que hacemos, y cómo evaluar o cómo asegurarnos de que la cosa funciona en producción. En Azure AI Foundry tenemos varias formas de hacerlo.

Hay dos tipos de evaluaciones que creo que existen (pero, obviamente, este es un espacio en evolución, por lo que estamos aprendiendo mucho aquí también). En ese sentido, los dos tipos son sin supervisión de los controles y con los controles supervisados. Las supervisadas son probablemente las más sencillas. Imagina que llamas a un LLM y quieres asegurarte de que obtiene una respuesta similar a la tuya. Básicamente, necesitarías tener un conjunto de datos de entrada y las salidas esperadas. Para mí, eso es una prueba supervisada porque tienes la respuesta que quieres. Hay una serie de métricas que puedes hacer. Por ejemplo, puedes tomar la respuesta que es la verdad y proyectarla en, por ejemplo, una embedding Ada o cualquier otra embedding, y tomar la respuesta que te da el LLM, proyectarla en una embedding LLM y luego medir el ángulo. Tal vez haya una tolerancia particular que te dé una cercanía semántica o un significado. Es una forma de comprobarlo.

También se puede utilizar lo que llamamos métrica GPT star, en la que se obtiene la verdad sobre el terreno y, una vez obtenida, se aplica a esta métrica, como la similitud, y se pregunta al LLM, como problema lingüístico, en qué medida se parecen estas cosas en una escala del uno al cinco. Le das un poco de aprendizaje. Es un ejemplo de dos metodologías de aprendizaje supervisado, una más empírica y otra más estocástica, porque utiliza el LLM real para hacerlo. La otra también es estocástica porque utiliza embeddings, pero tienes una forma de proyectar estas cosas y luego medir una métrica real.

Luego hay otras que a mí me gusta llamar no supervisadas, que analizan la estructura de lo que se pregunta y el contexto, y con la respuesta miden la integridad estructural de todo el conjunto. Permíteme ofrecerte un ejemplo: la fundamentación, que es una medida de cómo de fundamentada está la respuesta en el contexto que se le dio a la LLM. Por ejemplo, y este es el ejemplo canónico que utilizamos, tenemos una tienda de exteriores "Contoso" y haces una pregunta sobre tiendas de campaña. Fíjate en que tienes la pregunta y luego la respuesta, pero la estructura interna del prompt flow o LangChain o lo que sea que estés usando obtiene información de una fuente de datos, que sabemos que es cierta. Para mí, ese es el contexto y, por lo general, se integra directamente en la pregunta en algo que llamamos recuperación: augmented generation (RAG). Recibes la pregunta, obtienes algunos datos, los pones en el prompt. Con esta llamada en particular a la LLM tienes una pregunta, tienes la respuesta y luego el contexto que se buscó.

Con estas tres cosas vamos a medir algo llamado "groundedness", que es el grado de conexión de la respuesta que obtuvimos en el contexto, esto es, la respuesta que se generó a partir del contexto, y que obtuvimos. Esta es una interacción normal. Puede que me hagas una pregunta y yo empiece a responder con hechos y buena fe, y puede que tú digas: "No, eso no es lo que quería decir", y eso está muy bien. Queremos que el LLM se base en eso.

Hay una medida en una escala de uno a cinco de cómo de certera es la respuesta en el contexto que buscamos y la pregunta que se le dio, lo que es súper agradable. Resulta que esta medida es otra métrica GPT estrella en la que damos la pregunta/contexto/respuesta y luego decimos: "En una escala de uno a cinco, ¿cómo se basa la respuesta en el contexto?". Y luego hacemos algunos pocos disparos de aprendizaje en el indicador real. Esto es algo que también se puede controlar. Por ejemplo, puede cambiar toda la pregunta para que coincida directamente con sus prioridades de aprendizaje. Digamos que eres una empresa de actividades al aire libre, pones esas cosas ahí y es capaz de hacerlo. Esos son los dos tipos de evaluaciones que veo más frecuentes. Una supervisada en la que tienes la verdad sobre el terreno, y mides la verdad sobre el terreno frente a las respuestas, y luego evaluaciones no supervisadas, en las que mides la consistencia interna de la verdad frente a las respuestas que proporcionas.

Hay otras como la fluidez, la coherencia, la relevancia, y todas ellas son métricas no supervisadas de GPT star, e incluso puedes inventar las tuyas propias. Hay algunas ingeniosas que la gente ha inventado, como la métrica de disculpa, que es cuántas veces se disculpa, y queremos minimizar eso. Pero has entrado básicamente en un mundo donde puedes evaluar estas cosas de una manera que se adapte a tus necesidades de negocio, tu voz, y tal vez incluso tu verdad básica, si eso tiene sentido.

A.G.: Por eso la plataforma evoluciona tanto junto con los flujos de evaluación que tenemos en la plataforma como lo que podemos hacer con estas métricas. Por cierto, lo has explicado mejor que en el libro. Por eso quería entrevistarte, ¡porque sé que eres muy bueno explicando estos términos! Esto es increíble.

S.J.: Sí, como he dicho, recuerdo que hablé con gente no técnica, gente de negocios, y estaban preocupados por el uso de estos LLM porque se preguntaban cómo podíamos asegurarnos de que estaban haciendo lo correcto. Se lo mostré y me dijeron: "Ah, entonces puedo usar el inglés o el idioma que quiera porque están formados en varios idiomas para evaluar estos modelos". Y yo les dije "absolutamente, y eso no es todo". Para esas pruebas no supervisadas, fíjate en que no necesitas la verdad sobre el terreno. Al desplegar en Azure AI Foundry, tienes algo llamado colector de datos del modelo, que te permite capturar la entrada/contexto/respuesta y guardarla en tu almacenamiento (no espiamos nada de esto, nos lo tomamos muy en serio). Luego, incluso en producción, eres capaz de crear trabajos que miran estos datos y miden esas mismas métricas, e incluso te alertan cuando esas cosas se salen de control.

Ahora estamos entrando en el LLMOps real, que permite la entrega continua de valor. Esa es la cuestión. Si el valor baja tienes que ser alertado y debe ser arreglado, y luego tienes que volver al proceso. Con estas evaluaciones no supervisadas y las métricas puedes ejecutar un subconjunto de los datos de producción si así lo deseas, lo que hace esto aún mejor para las personas que se preocupan por estas cosas mientras permanecen en el tiempo de inferencia o producción.

A.G.: Es increíble. Solo quiero ver la hoja de ruta de lo que está por venir en este aspecto, porque se habla mucho de LLMOps, pero es una discusión inicial por razones obvias. Es un campo bastante nuevo. Si tuvieras que recomendar un recurso, aparte del AI Show, la documentación y todos los recursos oficiales de Microsoft, ¿qué recomendarías a los alumnos y a las personas que están escuchando el debate, que consideres bueno para su proceso de mejora de las competencias?

S.J.: Sí. Diré esto, y esto va a ser contraintuitivo otra vez porque me gusta ser contraintuitivo. Tú eres tu último recurso. Tengo la sensación de que no hay nada que leer, mirar o pensar sobre este tema que supere realmente el hecho de ponerse manos a la obra y probar algo. Eso es lo que te sugiero que hagas. Intenta algo, haz una pregunta, haz que surja la respuesta y mira a ver qué pasa. En mi modelo mental, tal vez esto te ayude: no debes pensar en estas "cosas LLM" como repositorios de conocimiento. No son bases de datos que tienen información. Son básicamente calculadoras o sintetizadores de lenguaje. Piensa en tu pregunta como la aritmética del lenguaje que estás introduciendo en el LLM y piensa en la respuesta tal cual es.

Por ejemplo, este párrafo más este otro menos este, ¿qué aspecto tiene? Utilizo LLM como este todo el tiempo, incluso esta mañana. Escribí un revoltijo de pensamientos que quería desarrollar para que estuvieran más estructurados y GPT-4 fue súper amable y me dijo "sí, deberías escribirlo así". No era perfecto, pero me permitió empezar con un borrador, conseguir algo más refinado, y ahora podría convertirme en editor. Editar es mucho más fácil que crear. Piensa en los LLM como calculadoras lingüísticas y empieza a utilizarlas para resolver tareas. Una vez que hagas que eso sea tu propio recurso, vas a llegar súper lejos. No es difícil empezar con estas cosas, solo ves el punto final y necesitas poner un indicador y que salga algo.

A.G.: Sí, hay muchos ejemplos de cuadernos en los que la gente puede jugar con la API y hacer pruebas para ver cómo reacciona. Esta noción de calculadora me encanta. Se alinea con la noción de copiloto para una persona que va a interactuar con el sistema utilizando la capacidad lingüística de los modelos. Es asombroso.

Saurabh Tiwary: la nueva era de Microsoft Copilot

A.G.: Para quienes no lo sepan, ¿podrías explicar quién eres y cuál es tu función en Microsoft?

S.T.: Dirijo un equipo llamado Turing que ha estado formando LLM y aplicándolos. Es un equipo aplicado, por lo que utiliza estos modelos en una gran variedad de productos, desde el navegador Edge hasta la respuesta a preguntas de Bing, o si recibes correos electrónicos en Outlook, verás esas predicciones de texto mientras escribes, verás las frases completas, así que hay un montón de funciones por el estilo. Más recientemente, mi equipo ha estado impulsando la experiencia Copilot en muchos de los Copilots que Microsoft ha anunciado. Por ejemplo, en la mayoría de los más utilizados, como Windows Copilot, Edge Copilot, Bing, incluso en el ámbito empresarial. El backend de todos esos Copilots es el mismo que un modelo de extensibilidad, y por eso mi equipo lo está construyendo.

A.G.: Es increíble. Cuenta la leyenda que creaste al equipo Turing junto con ese primer conjunto de GPU, con las que estabas preparando los primeros modelos. De eso hace ya algún tiempo.

S.T.: Sí, fue hace bastante tiempo, unos ocho o nueve años, al menos en lo que respecta a los productos. Obviamente, Microsoft Research ha estado impulsando los últimos avances durante mucho tiempo. Pero en lo que respecta al producto, compré las primeras GPU, construí los primeros clústeres y ejecuté la capa de software sobre ellos, de forma que se pudiera hacer un entrenamiento a gran escala (que ahora no es a gran escala en ningún sentido) en un clúster pequeño. Y luego hacer que evolucionara a un grupo de GPU ejecutándose en Azure, y ahora estamos aquí, donde incluso las GPU de inferencia son masivas.

A.G.: Has mencionado Microsoft Bing Chat, y ahora Microsoft Copilot. ¿Cómo ha sido ese viaje? Porque creo que, después de GitHub Copilot, este ha sido el mejor exponente de experimentación y aprendizaje; incluso ha sido compartido por Jordi Ribas y el equipo en el blog, y era increíble ver lo que estabais haciendo. ¿Cómo ha sido?

S.T.: Es una experiencia fenomenal. Obviamente, el equipo se ha esforzado mucho por añadir funciones, mejorar las experiencias, etc. Permítame que te cuente un poco la historia. Como decía, en el pasado formábamos a nuestros propios LLM y estábamos convencidos de que la IA conversacional sería el siguiente paso en el camino. Incluso antes de que ChatGPT o GPT-4 salieran al mercado teníamos nuestra propia experiencia conversacional, como una experiencia de chat, que estábamos ejecutando de forma sigilosa en India y los países MSIB (Malasia, Singapur, Indonesia y Filipinas). Llevamos varios años trabajando en ello, yo diría que un par de años antes de que saliera ChatGPT. Estuvimos iterando sobre los mecanismos de seguridad, como no tocar temas controvertidos, cómo abordar los jailbreaks, etc. Ya estábamos experimentando con muchas de estas cosas a una escala mucho menor, y la superficie y el mecanismo de interacción también eran un poco diferentes.

Pero, incluso dentro de ese experimento, nos dimos cuenta de que había mucha participación de los usuarios, en el sentido de que recuerdo que una de las conversaciones más largas se prolongó durante trece o catorce horas. El usuario estuvo hablando con el bot durante este tiempo incluyendo, no sé, quizá 1800 mensajes de ida y vuelta entre el usuario y el bot. En realidad, ese experimento inicial nos dio una base de referencia, de modo que cuando tuvimos acceso a GPT-4 teníamos nuestros caminos trazados. Por lo tanto, en un período de tiempo bastante corto creo que obtuvimos acceso a GPT-4, alrededor de agosto o septiembre de 2022, y luego lo lanzamos en cuatro o cinco meses, el 7 de febrero de 2023. Lanzamos lo que se llamaba la experiencia Bing Chat, que ahora es la experiencia Microsoft Copilot.

Ha sido un viaje fantástico, con muchas noches trabajando hasta tarde. En realidad, el equipo trabajó durante el Día de Acción de Gracias, las vacaciones y cosas por el estilo, pero fue un viaje muy emocionante, sobre todo por ver cómo iba poblando todas las superficies diferentes que Microsoft tiene, ya sea Word, PowerPoint, M365, Edge, Bing, así como a través de nuestra familia de aplicaciones, la familia de aplicaciones móviles. Las asociaciones han sido fantásticas. La empresa ha trabajado como una sola para propagar esta creencia o misión sobre Copilot en todas estas superficies. Si damos un paso atrás, es simplemente fenomenal haber sido capaces de hacer algo así.

A.G.: Es cierto. Desde el terreno, veo como esta creencia de que hay una noción de Copilot que está en todas partes, alineada con todos los productos. Incluso esta arquitectura integral de lo que es un Copilot es ciertamente nueva, pero es algo emocionante. Creo que una de las cosas más increíbles fue ver el día a día, la noche a noche, la semana a semana, del progreso de Bing Chat, Microsoft Copilot, y todos los aprendizajes que estabas compartiendo con la industria, incluso con los competidores en el blog, yo estaba como "¡esto es oro!". Incluso todas las mejoras, realmente podía sentir las mejoras en el producto. Ese ritmo de innovación es algo que creo que es difícil de reproducir.

S.T.: Quiero felicitar a los miembros del equipo, han trabajado muy duro en Microsoft para conseguir este objetivo común y ofrecer una experiencia agradable y útil. No se trata solo de las conversaciones. Al fin y al cabo, nuestra misión es hacer que todas las personas y organizaciones del mundo sean más productivas. Con este objetivo no queremos limitarnos a charlar. También queremos que la gente consiga cosas, que haga cosas. Dentro de esa misión, ¿cómo conectamos todos los Copilots, añadimos funciones como estos plugins y GPT? De hecho, algunas de las cosas que podrían venir pronto incluso se dirigen hacia la finalización de tareas, etc. Estamos tratando de hacer que el producto evolucione de una forma muy significativa.

A.G.: Sí, y la noción de Copilot de extremo a extremo. La gente se pregunta qué es Copilot exactamente. Pues está este y el otro Copilot, todos los Copilots de los productos. Pero esta noción de Copilot de extremo a extremo que va mucho más allá del modelo... no es solo el modelo, es la orquestación, la combinación con Copilot para 365, etc. Con toda esta arquitectura en mente, ¿cómo se diseña algo que es tan masivo e interesante desde el punto de vista de la combinación de capacidades?

S.T.: El principio de diseño de Copilot es que sea en el verdadero sentido un Copiloto, como lo hay en los aviones. Que si estás interactuando con cualquier pieza de software de Microsoft, ya sea Teams u Outlook, o dondequiera que estés, el Copiloto esté a tu lado para ayudarte. Obviamente, no será una experiencia estática dependiendo de la interfaz en la que te encuentres, así que si estás en el nivel del sistema operativo, en el nivel de Windows, puede que quieras hacer comandos a nivel de sistema, como, por ejemplo, activar el modo de enfoque o cambiar mi configuración de Bluetooth o abrir una aplicación. Si estás en Outlook, puede que quieras resumir tu correo electrónico mientras mantienes conversaciones de propósito general también.

Lo hemos diseñado para que, independientemente de la superficie en la que utilices Copilot, tengas una experiencia ligeramente distinta, condicionada por la superficie en la que te encuentres. Ahí es donde estamos impulsando esta idea por defecto de Copilot, que estará ahí para ayudarte a hacer tu trabajo o tu tarea, o lo que sea que estés planeando hacer, con una experiencia mucho mejor que si lo hicieras solo.

A.G.: Sí, y una de las tareas originales, es decir, la principal, es la búsqueda. ¿Cómo reventaste con tu equipo la noción de búsqueda en Internet combinando los LLM con la búsqueda tradicional? ¿Cómo se llegó a esa idea? Me parece alucinante.

S.T.: Sí, llevo bastante tiempo trabajando en las búsquedas. Una de las cosas que pensábamos era que, si nos fijamos en nosotros como usuario, ya sea yo, tú o cualquier otra persona, ¿por qué queremos buscar? La búsqueda es en realidad una simplificación de lo que la tecnología puede ofrecernos y los usuarios, o nosotros como humanidad, nos hemos acostumbrado a usarla de una manera particular, que es que, por ejemplo, verás en la búsqueda, si miras en los registros de búsqueda, un montón de consultas que son muy parecidas en dos palabras, tres palabras, del total. Verás algo como "mejor escuela primaria", por ejemplo. Ahora es muy abstracto. La razón por la que la gente busca, el problema que la persona quiere resolver con una búsqueda como "mejor escuela primaria" es algo parecido a "tengo un hijo que ha estado yendo a esta escuela preparatoria y está buscando algo que esté cerca y sea de buena calidad". O tal vez el usuario está planeando comprar una casa, y se está preguntando si debe comprar la casa en este barrio en particular o en otro lugar, y así sucesivamente. Tambien puede haber muchas intenciones más profundas que el usuario no expresa en los motores de búsqueda porque ha aprendido de las experiencias anteriores.

Quienes lleven mucho tiempo en este negocio quizá recuerden Ask Jeeves, que existía hace unos veinte o veinticinco años. Con Ask Jeeves te decían que te expresaras con frases largas, y que él encontraría la información. En aquella época la tecnología no era muy buena, y la mayoría de las veces, cuando se hacían preguntas como "estoy intentando comprar una casa, ¿podría decirme cuál es el mejor colegio de esta zona?", incluso cuando escribimos esas palabras clave, si nos fijamos en una sesión de usuario o en cómo nos relacionamos, lo que ocurre es que intentamos hacer clic en un resultado de búsqueda, leemos algo de contenido, luego hacemos clic en otra cosa, luego modificamos las consultas, y, en este ejemplo, puede que descubramos que hay diferentes opciones de colegios públicos y privados. Podríamos decidir que deberíamos buscarlas en función de si son asequibles o no, y así sucesivamente. Dado que los grandes modelos lingüísticos se han vuelto mucho más potentes, podemos intentar comprimir ese esfuerzo un tanto complejo que, como humanos, hemos desglosado en conjuntos muy específicos. "Hagamos esta primera consulta, miremos los resultados, luego modifiquémosla, luego preguntemos lo otro, y luego lo otro". Al final, puedes abrir un mapa y luego decir "dónde está esa región y dónde está la casa, y cuál es la distancia", etcétera.

En lugar de eso, con los LLM y con esta experiencia Copilot puedes escribir lo que realmente quieres. Puedes decir: "Soy nuevo en esta zona, estoy pensando en comprar una casa, tengo dos hijos pequeños, ¿dónde puedo encontrar buenos colegios en esta región?", etc. Puedes expresar todo eso. Entonces el modelo, como copiloto, lo descompone porque sabe que tiene acceso al motor de búsqueda, al propio modelo. Ahora dividirá la complejidad de tu escenario en subcomponentes más pequeños, emitirá consultas de búsqueda, mirará los resultados, hará un seguimiento de nuevo, etc., y luego proporcionará esa visión global. En lugar de que tú hagas todas estas tareas, el modelo te ayudará a hacerlas. Esa fue nuestra idea inicial, porque hemos visto a nuestros usuarios luchar en una sesión probando muchas cosas diferentes, iterando, haciendo cambios, etc. En fin, es la historia que hay detrás de esta experiencia de búsqueda mejorada con Copilot.

A.G.: Supongo que empezasteis con los modelos y luego vino la parte de la orquestación, ahora hablamos de LlamaIndex, LangChain, Semantic Kernel, pero Prometheus estaba ahí. Ese concepto de orquestar el conocimiento y combinar piezas, habilidades, etc.

S.T.: Sí, uno de retos para la gente que ha estado jugando, o intentando construir bots usando LLM, con una de estas opciones como LangChain y cosas así, que inicialmente no lo aparece (pero que ocurre cuando empiezas a hacer cosas más complejas), es que cuando tienes una base de datos, o una interfaz a través de la cual puedes sacar información, es muy fácil escribir un prompt, y puedes añadir cosas por ahí. En el caso de Microsoft hay muchas, muchas cosas complejas diferentes a las que el sistema puede acceder. Por ejemplo, incluso para Bing hay un índice de búsqueda que está ahí, y esa es una interfaz. Pero también tenemos nuestro motor de anuncios, hemos introducido la creación de imágenes, tenemos GPT4-V para la comprensión de imágenes. Hemos introducido el concepto de plugins para acceder a la información de vuelo en tiempo real de KAYAK.

Una vez que empiezas a añadir muchas de estas piezas, lo que ocurre es que si empiezas a utilizar el método basado en instrucciones sin procesar, estas se volverán enormes, e incluso la calidad del modelo se resentirá porque ahora tiene que seguir instrucciones, un conjunto de instrucciones muy largo, y, al igual que los humanos, si le das demasiadas instrucciones al final de la página no sabrás demasiado bien lo que estaba escrito comparándolo con la parte superior. Se observan comportamientos similares aquí también, que la calidad del modelo puede no seguir todo según la intención correcta de lo que está escrito. Por lo tanto, tuvimos que construir un motor de orquestación más sofisticado que puede hacer prompting basado en el estado, puede hacer prompting dinámico para que el prompt que se envía al modelo sea mucho más pequeño. Es un motor muy sofisticado que nos permite ofrecer una experiencia realmente atractiva a nuestros usuarios.

A.G.: Totalmente. Está el modelo, la orquestación y la tercera pata de esta silla, creo, es la interfaz de usuario. ¿Cómo experimentasteis con esa experiencia, cómo adaptarla, hay un proceso de aprendizaje para los usuarios desde la búsqueda tradicional por palabras clave hasta algo en lo que vamos a interactuar y luego comprender los resultados? ¿Cómo fue eso, toda esa experimentación?

S.T.: Sí, ahora mismo hay algunas interfaces estándar que muchas empresas que se están introduciendo en este sector han establecido. Pero como fuimos casi los primeros en salir al mercado, tuvimos que diseñar e iterar mucho al respecto. Desde el día cero, cuando lanzamos el producto, hasta donde está ahora, ha pasado por un montón de mejoras iterativas. Una de las primeras cosas que hicimos fue introducir la interfaz conversacional en nuestro motor de búsqueda. La cuestión era que la mayoría de los usuarios ni siquiera saben que existe este producto. Entonces, ¿cómo van a participar? Porque quizá tú y yo estemos más conectados a la tecnología y hayamos leído las últimas noticias, pero ¿cómo se relaciona un usuario común con este tipo de tecnología? ¿Cómo sabe siquiera que existe? Una de las cosas más sutiles que hicimos fue que en Bing.com había iconos para ir a Copilot en los que se podía hacer clic y continuar. Si te desplazas con el ratón, puedes cambiar sin problemas entre las conversaciones y los resultados de búsqueda. Así se consigue una forma muy natural en la que yo escribo esta consulta, y, la mayoría de las veces, el usuario escribirá la consulta para obtener los resultados de la búsqueda. Obtiene los resultados de la búsqueda, pero puede hacer un desplazamiento con el ratón, solo un par de clics. Y aterriza en la interfaz conversacional y puede tener esa conversación.

Había otras cosas muy sutiles que hacíamos, por ejemplo, para responder las preguntas o el tiempo, los deportes, etc. Teníamos estas consultas de seguimiento, que mostramos en la propia página de búsqueda de Bing. Cuando haces clic en ellas entras en la interfaz de chat. Así es como tratábamos de educar, en lugar de tener un tutorial o una barra de notificación que dijera "ahora puedes hacer esto", teníamos estas formas sutiles en las que "ahora, si haces clic en esto, si entras en una interfaz de conversación, Copilot responderá a tu pregunta", y el usuario sabrá que hay algo más, más inteligente, más rico, entre bastidores, con lo que podrá seguir interactuando.

A.G.: Sí, está totalmente orientado al producto. Así que la gente se meterá en un producto y aprenderá de forma orgánica a manejar esta nueva funcionalidad, muy inteligente. Como este libro trata sobre Azure OpenAI, sobre esta transición, esta evolución hacia la noción de Microsoft Copilot, esta nueva era de la IA que estamos viviendo hoy en día..., ¿cuál es tu visión de lo que viene y de la evolución en la industria o incluso de los próximos temas de investigación que crees que podrá ser interesante echarles un vistazo?

S.T.: Es una pregunta muy importante y desafiante. Mucha gente ha afirmado que el último año ha sido transformador y que han sucedido muchas cosas. Pero dadas las líneas de tendencia que estamos viendo, pienso, y es difícil de creer, que el ritmo de cambio en realidad se acelerará y no se ralentizará, esa es nuestra creencia. Sé que hemos lanzado Copilot en muchas superficies, pero, tal y como lo vemos hoy, va a evolucionar de estas interfaces conversacionales basadas en texto a una experiencia mucho más rica muy rápidamente. Escribir es una acción y hay lugares concretos, así que, por ejemplo, las aplicaciones de mensajería, entre otras, nos han enseñado que se puede escribir y mantener conversaciones de ida y vuelta. Seguimos ese modo. Pero los modelos son cada vez más potentes, piensa en la verdadera multimodalidad, igual que la de los humanos.

Por ejemplo, cuando estoy hablando contigo estoy viendo esta ventana de Microsoft Teams, estoy viendo tu cara, también veo tu nombre escrito al lado. Como humano, no entro en un modo de texto o de imagen, como si estuviera mirando la cara y ahora voy a leer el texto, etc. Para mí, todo es muy fluido cuando miro la pantalla. De forma similar, incluso para el Copiloto, empezaremos a ver cosas en las que el compromiso será muy natural. La gente podría hablar y el modelo podría producir una imagen. Podrían poner una imagen con algún texto y el modelo podría responder, etc. No se trata de pasar por una serie de procesos, como "este modelo ha sido llamado", "texto a voz", etcétera. Uno de los ejes más potentes será que los modelos empiecen a funcionar a nivel de píxel. Así que, en lugar de un modelo de texto, o modelo de imagen, este solo mirará los píxeles y algunos de esos píxeles terminarán siendo texto y algunos de ellos terminarán siendo imágenes, y eso está bien.

Otra cosa que creo que es hacia donde se dirige el mundo es hacia este comportamiento de los agentes. Es decir, en este momento yo estaba dando antes el ejemplo de búsqueda de que había una tarea muy compleja, y como usuario estábamos interactuando con el motor de búsqueda desglosando ese problema en piezas muy pequeñas, la emisión de esas consultas, mirando a los resultados, y que eran el orquestador en nuestra mente, haciendo esta cosa compleja a pesar de que nunca dijo explícitamente "somos el orquestador". Creo que lo mismo es cierto incluso con nuestro Copilot hoy, están limitados hasta cierto punto porque la recopilación

de información es demasiado. Estamos tratando de hacer algunas de las finalizaciones de tareas con la referencia KAYAK.

En última instancia, uno de los ejemplos populares en nuestro Copiloto es: "¿Puedes planear un itinerario para mí?". Si me voy de vacaciones, haz lo que sea, elige tu lugar favorito. Londres, por ejemplo. Buscará, elegirá varios lugares, etc. Puede crear un itinerario, y también puede recomendarte hoteles y demás. Pero, en última instancia, lo que quieres hacer es planificar las vacaciones. Porque ahora mismo, por ejemplo, mi mujer me encarga esa tarea a mí, y es súper doloroso. Tengo que ir a leer todas las críticas, asegurarme de que los hoteles son buenos, están cerca de los lugares a los que queremos ir, etc. Tengo que hacer un montón de estas cosas, luego ir a la página web, buscar el hotel, hacer la reserva, etc.

Yo diría que no es un proceso sencillo. Requiere bastante carga cognitiva, además de tiempo y energía. Pero si lo pensamos, muchas de estas capacidades están ahí, en la web. Están diseñadas para los humanos porque podemos abrir un navegador, hacer clic en los resultados, reservar cosas, etcétera. Creo que hacia donde se dirigen estos modelos es hacia tener este comportamiento agéntico o un comportamiento similar al de un agente en el que solo tienes que decírselo, obviamente con alguna interfaz de usuario, etc. Obviamente, no puedes ejecutarlo de forma totalmente autónoma. "Quiero ir a Londres durante X días. ¿Puedes planificar ese viaje?", pero planificar aquí significa realmente planificar ese viaje, y no solo una interfaz de texto. A dónde ir y empezar a hacer reservas, buscar vuelos y todo eso. Incluso comprobar el tiempo, si bueno o no. Si no lo es, si va a llover un día en particular, tal vez quieras planear algunas actividades diferentes, etc. El Copiloto puede empezar a hacer ese tipo de cosas en nombre de los usuarios, como abrir páginas web, hacer clic en cosas, y todo eso son interfaces arbitrarias. Creo que hacia ahí se dirige el mundo.

A.G.: Sí, creo que sí. Ni siquiera es la orquestación. Es una arquitectura multicapa en la que tú vas y realizas todas estas acciones, y en lugar de ser nosotros mismos el agente y reservar todas las vacaciones, el hotel y el viaje, etc., tenemos un sistema que se basa en las interfaces existentes que tenemos hoy, los frontends y los backends.

S.T.: Piensa en ello como si fuera tu propio asistente personal. Si tuvieras uno que realmente te conociera bien. Por otro lado, si contras a un nuevo asistente al principio será como "vale, solo haz cosas sencillas", etc. Pero en algún momento, cuando crezca la confianza y sepas que esa persona puede hacer esas cosas y entiende tus intereses y límites, etc., puede empezar a actuar en tu nombre mucho más. Creo que ahí es donde estos modelos irán. En el día cero, obviamente, no van a hacer nada porque la gente va a estar asustada pensando "¿por qué ha hecho esta elección en particular y no esta otra?". Pero a medida que las cosas evolucionen, creo vamos hacia ese futuro.

A.G.: Creo que sí, es muy prometedor lo que veremos en los próximos uno, dos y tres años. Por eso no te pido su visión para los próximos cinco años, porque sé que es imposible hacerlo. Mira, esto es súper interesante, es una visión maravillosa. Estoy tan feliz de que estés compartiendo toda esta información aquí. ¿Tienes una última recomendación para que nuestros lectores sigan explorando?

S.T.: Creo que este campo avanza tan rápido que, personalmente —porque llevo en él los últimos nueve o diez años—, muchos de las redes sociales en general son útiles, Twitter, si sigues al conjunto adecuado de personas y demás. Ahora mismo, de hecho, las cosas han evolucionado mucho. Hay boletines informativos que ofrecen lo último y que utilizan LLM para simplificar y resumir muchas de las conversaciones, de modo que se puede tener un conjunto de información sintetizada y, obviamente, se puede profundizar un poco más si algo es de interés. Creo que esas son probablemente las vías más interesantes.

Puedo poner otro ejemplo. En general, las conferencias se utilizaban para divulgar conocimientos. Ahora mismo, si nos fijamos en el espacio del aprendizaje profundo, las conferencias sirven sobre todo para establecer contactos. Los artículos ya publicaron en arXiv (*https://oreil.ly/O9tW3*) hace entre tres y seis meses. Si fueran útiles, ya se habrían discutido hasta la saciedad cuando se celebrara la conferencia. Incluso la comunidad investigadora se ha formado a sí misma. Entonces diré que lo mismo es cierto para nosotros también. Yo diría que nos mantengamos a la vanguardia y a la última. Creo que las cosas evolucionan muy deprisa en este mundo.

A.G.: Muy rápido. Incluso este libro ha evolucionado mucho, no sé cuántas iteraciones cada semana, solo para seguir actualizando y añadiendo toda la información.

S.T.: Puede que incluso después de publicar tengas que iterar, no sé, como un libro apuntado a un apéndice o algo así.

A.G.: Sí, apéndice, segunda, tercera edición..., casi todos los meses.

Conclusión

Los expertos entrevistados en este capítulo ofrecen perspectivas exclusivas relacionadas con el estado actual de la IA generativa y los LLM (por ejemplo, por qué es importante la calidad de los datos para los patrones RAG, las nuevas tendencias LLMOps para el seguimiento del rendimiento de los modelos, los casos de uso avanzados, la infraestructura nativa en la nube subyacente), pero también ideas sobre su futuro. Hay dos temas recurrentes aquí: la multimodalidad para que los modelos analicen diferentes tipos de información y la evolución de los agentes de IA, como una especie de automatización combinada de pasos que conducen a tareas más complejas y completas, todo ello sin olvidar la implementación responsable y segura de los sistemas de la IA generativa.

En general, este último capítulo ha sido mi forma de reunir todos los temas de los capítulos anteriores y tratarlos de una forma muy aplicada con un sorprendente conjunto de profesionales. Desde los bloques tecnológicos y las arquitecturas hasta las consideraciones organizativas. Desde Azure OpenAI Service hasta el resto de las "piezas" relacionadas que permiten sus desarrollos de IA generativa nativa en la nube.

Así es, este es el final del viaje de este libro. Más de doscientas páginas llenas de explicaciones, ejemplos y temas técnicos relacionados con la IA generativa y Azure OpenAI. Pero esto es, por supuesto, solo el principio. Las empresas están adoptando Azure OpenAI, y los equipos de producto de Microsoft están trabajando para hacer que la plataforma evolucione añadiendo no solo nuevos modelos de IA, sino también características de producto relacionadas con la operativa de despliegues a nivel empresarial. Se trata de una carrera increíble, y la era generativa no ha hecho más que empezar. Este libro es una pequeña contribución para que los adopters de la IA de todo el mundo saquen el máximo partido de Azure OpenAI Service. Así que se puede seguir innovando.